北大版新一代对外汉语教材·商务汉语教程系列

汉语商务通

中级阅读教程

董瑾 主编
辛平 王晓光 编著

北京大学出版社
PEKING UNIVERSITY PRESS

图书在版编目(CIP)数据

汉语商务通.中级阅读教程/董瑾 主编.—北京：北京大学出版社，2005.11
(北大版新一代对外汉语教材·商务汉语教程系列)
ISBN 978-7-301-07839-6

Ⅰ.汉… Ⅱ.董… Ⅲ.汉语–阅读教学–对外汉语教学–教材 Ⅳ.H195.4

中国版本图书馆CIP数据核字(2005)第097203号

书　　　　名：	汉语商务通·中级阅读教程
著作责任者：	董　瑾　主编
插图版式：	刘德辉
责任编辑：	吕幼筠
标准书号：	ISBN 978-7-301-07839-6/H·1156
出版发行：	北京大学出版社
地　　址：	北京市海淀区成府路205号　100871
网　　址：	http://www.pup.cn
电子邮箱：	lvyoujun99@yahoo.com.cn
电　　话：	邮购部 62752015　发行部 62750672　编辑部 62752028　出版部 62754962
印刷者：	北京大学印刷厂
经销者：	新华书店

787毫米×1092毫米　16开本　20.5印张　520千字
2005年11月第1版　2012年10月第4次印刷

定　价：60.00元

未经许可，不得以任何方式复制或抄袭本书之部分或全部内容。
版权所有，侵权必究　　举报电话：010-62752024
电子邮箱：fd@pup.pku.edu.cn

前言

进入新世纪以来,在经济全球化的背景下,中国经济的快速发展引发了"汉语热",掌握汉语成为许多人把握机会、谋求发展的重要选择。其中,商务汉语热更是持续升温。为了适应这种需要,许多对外汉语教学机构开设了商务汉语课程,中国国家汉办也适时推出了HSK(商务)。作为从事商务汉语教学的教师,我和我的同事在教学中深切感到编写合适的教材的必要性与紧迫性。这是我们编写本套教材的最初动因。

本套教材以具有一定汉语基础的非学历生为主要对象,亦可作为经贸类及经贸汉语本科生的预备阶段的教材,也可为在华外国公司职员的自学用书。本套教材包括《中级听力教程》、《中级口语教程》及《中级阅读教程》。本套教材具有以下特点:

一、突出经贸特色、实用性强

本套教材体现了我们对商务汉语教学的性质、特点与难点的深入思考。对于专用语言教学之一的商务汉语教学,我们秉承了一贯的语料贴近生活、语境自然真实的做法,所选语料具有真实性与宽泛性。在以经贸话题为纲、突出交际功能的同时,注重商务汉语词汇的学习。这种定位是基于这样的事实:语言是学以致用的,在这里"用"包含两个层面:一是经济其实已经渗透到我们生活的方方面面,它不仅是一个学科概念,同时也是我们生活本身;二是有着巨大的市场和发展潜力的中国吸引着越来越多的留学生从事与中国有关的经贸工作。本套教材在一定程度上实现了与HSK(商务)的接轨,除了满足学生日常生活所需的汉语表达需要外,也为学生搭建通往经贸的桥梁。

二、横向联合、适用范围广

本套教材的编写者来自北京大学、对外经济贸易大学、北京师范大学及北京外交人员语言文化中心等不同的对外汉语教学机构,近年来均在各自的院校从事商务汉语的教学与研究工作。在教材的编写过程中彼此的想法互相碰撞与激发,故本套教材既吸收了各自院校关于商务汉语教学的课程设计、教学方法等方面的有益经验,又不囿于单一院校的教学框架,横向联合的优势使之成为适用范围广、使用弹性大的教材。

三、配套教材、各具特色、综合提高

考虑到汉语教学的一般性规律,本套教材从听、说、读三方面入手进行综合训练,以期用一年左右的时间全面提高学生的汉语特别是商务汉语水平。三册教材横向互补,同时又各具特色:《听力教程》选材轻松活泼、课文风格多样、语言生动有趣,力求激发学生的学习兴趣;《口语教程》将主课文分为A、B部分,从反映留学生的日常经济生活(租房、交通、购物、旅游等)的A过渡上升到反映中国当代经济生活的深层次话题的B,从简到难、从具体到抽象,使得学生在自然的状态中掌握商务汉语;《阅读教程》所选话题涉及到贸易、金融、保险、营销等经贸领域,注重阅读技巧与商务汉语词汇学习的有机结合,着力提高学生对经贸时文的把握能力。

本套教材在编写过程中,得到了北京大学出版社郭力老师的关心与支持,在此深表感谢。感谢吕幼筠女士为本套教材付出的心血,在她的鼓励、督促与建设性批评下,我们加倍努力,才使这套教材得以高效、高质的出版。感谢为本套教材的出版辛勤工作的所有人员。

经贸汉语教学与教材的研发仍处于不断摸索的阶段,希望本套教材能对经贸汉语的教学有所帮助,我们也衷心期望来自专家、学者,特别是作为本套教材使用者的您的宝贵意见。

董　瑾
2005年4月于北京

编写说明

使用对象

本教材的使用对象为具备一定汉语基础的外国留学生，既可以作为商务或经济专业留学生的基础教材，也可以在对外汉语商务、经济类选修课使用。

编写原则

随着中国经济的发展，留学生对商务汉语的学习需求日益增加，如何适应这种需求、提高商务汉语教学的效率，是编者在教学实践中不断思考的一个问题。通过对教学实践的反思，对学生需求的分析，编者对对外商务汉语教学的理念问题有了更深刻、更清楚的认识，这些认识就成为我们编写本教材的基本理念。这些理念涉及教材内容的选择、课文的排列和练习的设计等。本教材的总体设计思路是常用商务汉语词语的学习和阅读技巧的掌握兼顾，互为经纬。通过学习，可以基本掌握商务、经济类文章中的常用词语，扩大专业汉语词汇量，熟悉中文经济类文章的常用句式、文章的结构、体例以及写法，提高对经济类文章的理解能力，加深对中国经济的了解。

教材体例

本教材包括16课，每课由生词、词语练习、课文、综合练习、补充阅读和相关链接六部分组成。每课包括两篇主课文、两篇补充阅读和两篇相关链接，这六篇材料主题相近或者相关，材料数量多，教师上课时有充分的选择余地。材料内容都是近期经济生活中的常见热点问题。练习有两种：课文学习前的词语练习和课文学习后的综合练习，综合练习中包括对课文内容的理解性练习，还包括应用性练习，如课堂讨论、课后调查等。相关链接部分有的是对课文内容的补充，有的是对课文中出现的经济名词的解释，教师在使用时可根据具体情况适量选用。

张英教授给本教材的编写提出了宝贵的意见，本书编辑吕幼筠女士为本书的出版付出了大量的心血，在此表示衷心的感谢。

本教材的日文翻译和韩文翻译分别由张浩诗和林恩爱完成，英文翻译由王玉响完成，刘德辉负责本教材的插图绘制工作，程朝明、杨占发、谢念为本书的编写收集了部分素材，程儵然、相儒风在语法练习的编写中给我们提供了很多帮助，在此一并表示感谢。

本教材已被列入中国国家对外汉语教学领导小组办公室规划教材，衷心感谢国家汉办教学处宋永波处长对本教材出版的大力支持。由于编者水平有限，本教材一定存在着不妥之处，欢迎使用者提出宝贵意见。

编者
2005年10月

目 录

第 一 课	中国经济的发展	1
第 二 课	商务与生活	16
第 三 课	求职与就业	31
第 四 课	收入与消费	50
第 五 课	旅游度假	67
第 六 课	经营与销售	83
第 七 课	中国汽车业	100
第 八 课	外资企业与中国	116
第 九 课	中国与WTO	133
第 十 课	贸易争端案例	149
第十一课	商务谈判	165
第十二课	银行与保险	189
第十三课	金融市场	206
第十四课	理财师的理财方案	225
第十五课	中国房地产	241
第十六课	住房	257
词汇总表		274

第一课 中国经济的发展

> **导读** 本课将介绍中国国内生产总值(GDP)的增长情况以及在增长中存在的问题,你将学到和国内生产总值相关的内容。

一

热身话题

1. 你了解你们国家近年来 GDP 的增长情况吗?
2. 你知道中国近几年 GDP 的增长情况吗?

生词语

1.	获悉	(动)	huòxī	to learn
2.	动力	(名)	dònglì	motive power; impetus
3.	强劲	(形)	qiángjìn	powerful; forceful
4.	旺盛	(形)	wàngshèng	exuberant; vigorous
5.	消费	(动)	xiāofèi	consumption; to consume
6.	趋旺		qū wàng	to tend to become prosperous
7.	粗放	(形)	cūfàng	extensive
8.	煤	(名)	méi	coal
9.	供应	(动)	gōngyìng	to supply
10.	资源	(名)	zīyuán	resources
11.	沾沾自喜		zhānzhānzìxǐ	be pleased with oneself
12.	结构	(名)	jiégòu	structure
13.	百分点	(名)	bǎifēndiǎn	percentage
14.	涨幅	(名)	zhǎngfú	markup
15.	滞后	(动)	zhìhòu	to lag
16.	粮食	(名)	liángshi	foodstuff
17.	城镇	(名)	chéngzhèn	cities and towns

第一课 中国经济的发展

专有名词

国务院　　　　　　Guówùyuàn　　　　　　the State Council

 专业词语

1. 通胀　　　　tōngzhàng　　　inflation; inflation of currency
2. 通缩　　　　tōngsuō　　　　tighten up the money supply; deflate; currency deflation
3. 可支配收入　kězhīpèi shōurù　disposable income
4. 纯收入　　　chún shōurù　　　net income

 词语练习

一 —— 词语搭配

宏观(　　)　消费(　　)　(　　)旺盛　(　　)粗放
资源(　　)　涨幅(　　)　(　　)强劲　(　　)趋旺

二 —— 写出下列词语的反义词

内在 ——　　　　宏观 ——　　　　涨幅 ——
滞后 ——　　　　相对 ——

三 —— 选词填空

资源　滞后　强劲　潜力　约束　旺盛

1. 近年来,高楼大厦盖了很多,但是道路建设却相对(　　　　)。
2. 进入夏季以来,空调的销售势头非常(　　　　)。
3. 虽然她已经六十岁了,但是精力还很(　　　　)。

4. 所有的公司都应该受法律、法规的(　　　　)。
5. 相对于人口来说,中国的(　　　　)并不丰富。
6. 在旅游方面,这一地区很有(　　　　)。

课文

2004年中国经济继续快速增长

记者今天上午从国务院召开的发布会上获悉,去年中国GDP增长9.5%。国家统计局局长介绍说,中国经济经历了从1993年到1997年连续5年的反通胀时期和1998年到2002年的反通缩时期,从2003年开始进入了新的经济增长期。2003年GDP增长达到9.3%,2004年增长9.5%。

9.5%比较准确地反映了中国经济的发展水平。中国经济增长的内在动力确实很强劲,投资需求非常旺盛,消费也随着生活水平、经济收入的提高趋旺。特别是中国农村,由于农业经济发展加快,使农民收入不断增加,农村市场的潜力是非常巨大的。另一方面,国际经济发展比较好,对中国的出口也有利,所以2004年中国经济增长相对较快。

但我们也应该看到中国经济的增长方式还是相当粗放的。当前,煤、电、油等供应还比较紧张,资源的约束表现得更为突出。所以不能因为增长9.5%而沾沾自喜,要更加注重增长的效益、质量和结构。

2004年全年居民消费价格比上年上涨3.9%,涨幅比上年提高2.7个百分点,主要是受上年涨价滞后因素的影响。从构成看,食品价格上涨9.9%,其中涨幅最高的是粮食价格,达到26.4%;其次是蛋价,上涨20.2%;房屋销售价格上涨9.7%。全年城镇居民人均可支配收入9422元,农民人均纯收入2936元,是1997年以来增长最快的一年。

(据《北京晚报》2005年1月25日《国家统计局局长上午公布2004年GDP成绩单,9.5%的增速有其必然性》)

 语言点

1. **国际经济发展比较好,对中国的出口也有利**

    "对……有利"相当于"有利于……",表示对某事有好处、有帮助。常用"对……不利"表示相反的意思。

    例句:
    1) 比赛分组的结果对中国队有利。
    2) 政府制定了很多对高新技术产业有利的政策,可以说现在是发展高新技术产业的最佳时期。

2. **涨幅比上年提高2.7个百分点**

    "百分点":统计学上称百分之一为一个百分点,特指以百分数形式表示的相对指标的变动幅度。百分点的量词是"个",前面的动词常用"减少"、"增加"、"增长"、"降低"等。

    例句:
    1) 2002年的世界经济增长2.8%,与2001年的增速相比,增长了0.6个百分点。
    2) 今年全市居民的人均可支配收入比上一年增加了0.5个百分点。

语言点练习

一 用指定句型或词语完成句子

1. 人民币升值_____。（对……有利/不利）
2. 同前一年相比，_____。（百分点）
3. 多吃蔬菜和水果，_____。（对……有利）
4. 今年国际原油价格不断上涨，和去年相比，今年的油价_____。（百分点）

二 选择合适的词语填空

资源　增长　不利　粗放　百分点

改革开放以来，中国的经济迅速发展。随着经济的发展，人民的生活水平日益提高。和过去相比，衣食住行都发生了巨大的变化。每年高速（　　　）的经济给中国人带来了很大的希望，但中国是人口大国，而资源又非常紧缺，高速增长的经济消耗了大量的（　　　），中国经济目前还处于（　　　）的发展阶段。据统计数据，中国 GDP 增长一个（　　　），消耗的水量是发达国家的四倍。如果这样发展下去，对中国未来的经济和环境都是十分（　　　）的。

综合练习

一 解释画线部分在本句中的含义

1. 记者今天上午从国务院召开的发布会<u>上获悉</u>，去年中国 GDP 增长达到 9.5%。
2. 中国经济的增长方式还是<u>相当粗放</u>的。
3. 当前，煤、电、油等供应还比较紧张，<u>资源的约束</u>表现得更为突出。
4. 不能因为增长 9.5% 而<u>沾沾自喜</u>，要更加注重增长的效益、质量和结构。
5. 2004 年全年居民消费价格比上年上涨 3.9%，涨幅比上年提高 2.7 个百分点，主要是受<u>上年涨价滞后</u>因素的影响。

二　用你自己的话解释一下经济"通缩"和"通胀"的含义，并举例说明

三　在课文中找出促使2004年中国经济增长的因素

四　根据本文，2004年消费价格上涨的主要原因是什么

五　你认为目前中国经济发展中存在的主要问题是什么

补充阅读

2004年北京经济增长13.2%，农村收入落后城市8年

2004年北京实现地区生产总值4283.3亿元，比上年增长13.2%，为1995年以来的最高增速。北京地区的消费已从满足基本生活需要向住房、交通、通信等消费热点发展。

统计显示，2004年全年城市居民人均可支配收入15637.8元，比上年增长12.6%；人均消费支出为12200.4元，比上年增长9.7%。同期农民人均纯收入7172元，比上年增长10.4%；人均生活消费支出4886元，比上年增长5%。2004年，北京全面取消农业税，减轻农民负担8000多万元；对63.2万户种植小麦和玉米的农户直接补贴资金1.1亿元。全市粮食生产扭转了连续13年下滑的局面。尽管如此，城乡居民收入的差距仍值得注意。据估计，目前北京地区农村收入落后城市8年，不仅城乡收入差距大，城乡居民享受到的共同服务也有差距。

据统计，2004年全年北京消费品零售额2191.8亿元，增长14.4%。其中，吃类商品零售额610.8亿元，增长22.7%；穿类商品零售额242.1亿元，增长15%；用类商品零售额1224.6亿元，增长8.2%。2004年，全市固定电话用户达847.4万户，比上年增长23.9%；全市移动电话用户达到1335.9万户，增长20.5%；移动电话普及率达到每百人90.6部，增长17.6%。

（据《新京报》2005年1月22日
《2004年北京经济增长13.2%，农村收入落后城市8年》）

🎧 生词语

1.	通信	（名）	tōngxìn	communication
2.	支出	（名）	zhīchū	payout; expenditure
3.	取消	（动）	qǔxiāo	to cancel; to do away with
4.	农业税	（名）	nóngyèshuì	agricultural tax
5.	负担	（名）	fùdān	burden
6.	种植	（动）	zhòngzhí	to grow
7.	小麦	（名）	xiǎomài	wheat
8.	玉米	（名）	yùmǐ	corn
9.	补贴	（动）	bǔtiē	subsidy; allowance
10.	扭转	（动）	niǔzhuǎn	to turn back; to reverse
11.	下滑	（动）	xiàhuá	to decline; to go down

🎧 阅读练习

一 目前北京地区消费热点出现了什么变化

二 根据文章填写表格

2004年北京消费品统计表

	全年消费品零售额(亿元)	吃类商品零售额(亿元)	穿类商品零售额(亿元)	用类商品零售额(亿元)
增长率(%)				

三 ——— 根据本文说说农村地区经济增长情况

相关链接

2004年国内生产总值增长图

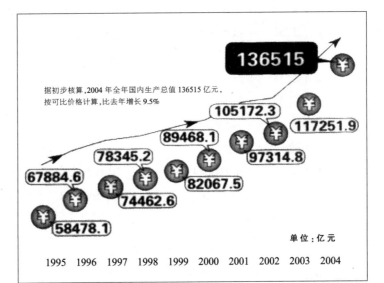

据初步核算,2004年全年国内生产总值136515亿元,按可比价格计算,比去年增长9.5%

136515
117251.9
105172.3
97314.8
89468.1
82067.5
78345.2
74462.6
67884.6
58478.1

单位:亿元

1995　1996　1997　1998　1999　2000　2001　2002　2003　2004

2004年末,全国民用汽车保有量达到2742万辆,比上年增长15%。

其中私人汽车1365万辆,增长12%;民用轿车保有量达到920万辆,其中私人轿车600万辆。

2004年末,全国固定及移动电话用户总数达到64727万户,比上年末增加11457万户。

截止到2004年底,电话普及率达到51部/百人。

全年国内旅游出游人数达11亿人次,增长26.6%;旅游总收入4711亿元,增长36.9%。

2004年全年入境的旅游、商务、探亲等人数10904万人次,比上年增长19.0%。

(据《新京报》)

二

 热身话题

你认为中国经济快速发展的同时存在什么问题？

 生 词 语

1. 试点	（名）	shìdiǎn	to make experiments
2. 启动	（动）	qǐdòng	to start
3. 环境	（名）	huánjìng	environment
4. 核算	（动）	hésuàn	business accounting
5. 框架	（名）	kuàngjià	frame
6. 按照	（介）	ànzhào	according to
7. 数据	（名）	shùjù	data
8. 固体	（名）	gùtǐ	solid
9. 废物	（名）	fèiwù	waste
10. 历时	（动）	lìshí	to last
11. 模式	（名）	móshì	pattern; mode
12. 耗减	（动）	hàojiǎn	depletion
13. 代价	（名）	dàijià	cost; price
14. 空白	（名）	kòngbái	blank
15. 严峻	（形）	yánjùn	severe; rigorous
16. 犹豫	（动）	yóuyù	to hesitate
17. 奠定	（动）	diàndìng	to establish; to settle

 专有名词

1. 国家环保总局　　Guójiā Huánbǎo Zǒngjú　　State Bureau of Environmental Protection
2. 国家统计局　　Guójiā Tǒngjìjú　　State Statistical Bureau

专业词语

GDP（国内生产总值）　　guónèi shēngchǎn zǒngzhí　　gross domestic product

词语练习

一、词语搭配

奠定(　　　)　(　　　)框架　核算(　　　)　(　　　)模式
估算(　　　)　(　　　)严峻　启动(　　　)　(　　　)代价
耗减(　　　)　(　　　)模型

二、选词填空

试点　代价　空白　严峻　启动　模式　数据

1. 中国发展经济不可能完全照搬西方(　　　)。
2. 这项发明填补了国内的一项(　　　)。
3. 收集(　　　)是研究工作中很重要的一步。
4. 目前中国能源形势十分(　　　)。
5. 进行节能改造的项目已经开始(　　　)。
6. 近年来中国的经济发展了，但是也付出了很大的(　　　)。
7. 国有企业改造开始的时候是在几个(　　　)企业进行的。

课文

绿色GDP试点启动

据国家环保总局消息，国家环保总局和国家统计局2005年年初已经启动绿色GDP的试点工作。这项工作只在十个省市展开,这十个省市分别是北京市、天津市、河北省、辽宁省、浙江省、安徽省、广东省、海南省、重庆市和四川省。

试点工作包括三方面的内容:一是试点省市研究《中国环境经济核算体系框架》,提出完善的建议,建立适合当地环境的经济核算体系框架。二是开展污染损失调查,按照国家技术组提

供的调查表收集数据,完成大气污染损失、水污染损失、固体废物污染损失以及重大环境污染事故经济损失核算。三是开展环境核算,按照国家提供的环保调查表,进行企事业单位环保支出项目调查,确定内部环境污染治理成本等。

试点工作将历时一年,分四个阶段进行:2005年1—3月为技术准备阶段,2005年4—7月是研究调查阶段,2005年8—12月为全面核算阶段,2006年1—2月是核算总结阶段。

实施绿色GDP并不是一件容易的事。有关专家指出,目前国际上还没有一套公认的绿色GDP核算模式,也还没有一个国家就全部资源耗减成本和全部环境损失代价计算出完整的绿色GDP,中国绿色GDP核算制度建设也基本还是空白。

国家环保总局表示,鉴于中国当前环境与资源的严峻形势,无论有多大困难,绿色GDP的研究与试验工作都必须毫不犹豫地向前推进,为国家未来可持续发展战略的实施奠定坚实的基础。

(据2005年3月1日《新京报》)

🎧 **语言点**

1. 这十个省市分别是……

   "分别",副词,分头、各自,不共同。

   例句:

   1) 在这次比赛中,中国游泳选手分别获得了男子冠军和女子亚军。
   2) 听说她生病住院的消息,她的朋友们分别到医院去看望她。

2. 按照国家提供的环保调查表,进行企事业单位环保支出项目调查

   "按照",介词,表示遵从依照某种标准、原则。

   例句:

   1) 按照要求,我们还差得很远。
   2) 按照政府的规定,这类工程首先要经过环保评估,然后才能开始建设。

3. 鉴于中国当前环境与资源的严峻形势

   "鉴于",介词,引导出行为的依据,有"考虑到"、"察觉到"、"由于"等意思,多用于书面。

   例句:

   1) 鉴于当时家里的经济情况,他放弃了进大学学习的机会。
   2) 鉴于水资源极度紧张的局面,这几家工厂开始迁往其他地区。

🎧 **语言点练习**

一、选词填空

按照　鉴于　分别

1. (　　)目前的进度,大概到年底这条路就修好了。
2. (　　)中国的水、电、气资源短缺的现实,将停建一批高耗能的项目。
3. (　　)规定,没有取得驾驶执照的人一律不得驾驶摩托车。
4. 我(　　)用电话和E-mail的方式通知了他。
5. 这是两个不同性质的问题,应该(　　)对待。
6. (　　)中国的国情,修建造价上百万元的公共卫生间是不合适的。

二 —— 用指定词语完成句子

1. ＿＿＿＿＿＿＿＿＿＿＿＿＿＿＿＿＿，建造这种样式的民居不太合适。(鉴于)
2. ＿＿＿＿＿＿＿＿＿＿＿＿＿＿＿＿＿＿＿，他休学治疗比较好。(鉴于)
3. ＿＿＿＿＿＿＿＿＿＿＿＿，她分别＿＿＿＿＿＿＿＿＿＿＿。(按照)
4. 昨天,他＿＿＿＿＿＿＿＿＿＿＿＿＿＿＿＿＿＿＿进行了接触。(分别)

综合练习

一 —— 解释画线部分在句子中的意思

1. 试点工作将<u>历时一年</u>,分四个阶段进行。
2. 目前,国际上还没有<u>一套公认的</u>绿色 GDP 核算模式。
3. 中国绿色 GDP 核算制度建设也基本还是<u>空白</u>。
4. 为国家未来可持续发展战略的实施<u>奠定坚实</u>的基础。

二 —— 文中第二段提到污染损失调查主要指的是哪些污染造成的损失

三 —— 为什么说实施绿色 GDP 不是一件容易的事情

四 —— 本课有五段,请你简单地概括每段课文的主要意思

补充阅读

中国经济从没有像现在这样被世界关注,究竟该如何看待中国经济?记者日前就这个问题采访了著名经济学家肖灼基,肖灼基提出了三点看法。

第一,不要轻言中国经济过热。虽然从 2002 年下半年开始,中国经济增长率进入上升阶段,这符合中国经济的周期规律。当前主要的经济关系是比较协调的,可概括为五个同步:经济增长与结构调整同步,经济增长和

企业经济效益提高同步,经济增长和涉外经济的发展同步,经济增长和财政收入增加同步,经济增长和城镇居民的收入增长同步。

  第二,房地产是中国经济新增长点,不要轻言泡沫。房地产的发展对国民经济起很大的推动作用,是推动经济增长的一个重要方面。随着房地产的发展,改善了居民的住房条件,城市面貌得到改观,同时给国家提供了税收,增加了就业人口,对宏观经济的发展功不可没。

  第三,中国的国际收支情况良好,不要轻言人民币升值。如果人民币升值,首先会给国内带来诸多不利因素:降低中国出口商品竞争力,国外商品将冲击国内市场,尤其是农产品市场;不利于外国投资者,也影响到三资企业吸收外国投资的良好势头。现在中国的 GDP 对进出口贸易的依存度已经超过 50%,人民币升值会对国家经济的各方面产生影响,会造成市场混乱。

(据《北京晚报》2003 年 11 月 18 日《中国的三个不要轻言》)

生词语

1. 轻言	(动)	qīngyán		to say easily
2. 过热	(形)	guòrè		overheated
3. 周期	(名)	zhōuqī		period; cycle
4. 规律	(名)	guīlǜ		law; rule
5. 涉外	(形)	shèwài		concerning foreign affairs
6. 财政收入		cáizhèng shōurù		financial income; financial revenue
7. 推动	(动)	tuīdòng		to promote; to drive
8. 面貌	(名)	miànmào		features; looks
9. 改观	(动)	gǎiguān		to change the appearance
10. 税收	(名)	shuìshōu		tax revenue
11. 功不可没		gōngbùkěmò		to be highly meritorious
12. 国际收支		guójì shōuzhī		international balance of payments
13. 冲击	(动)	chōngjī		to impulse; to impact

14. 依存度　　　（名）　　yīcúndù　　　　　　depending degree

   阅读练习

一　给这篇文章加个合适的题目

二　在你决定是否读这篇文章时，你会先读哪些部分

三　请你概括一下人民币升值会给中国经济带来的影响

相关链接

绿色GDP

　　绿色GDP就是从现行统计的GDP中，扣除由于环境污染、自然资源退化、教育低下、人口数量失控、管理不善等因素引起的经济损失成本。和通常的GDP相比，绿色GDP可以理解为"真实的GDP"，它不但反映了经济增长的数量，更反映了质量，能更为科学地衡量一个国家或区域的真实发展和进步。

　　2004年3月，国家环保总局和国家统计局成立了双边工作小组，开始联合开展绿色GDP的研究工作。2004年6月底，两局联合举办了建立中国绿色国民经济核算体系国家研讨会，并在此基础上建立起绿色GDP核算体系框架。

　　中国的总体目标是：争取用三至六年的时间初步建立起符合中国国情的绿色GDP体系框架。

（据2005年3月1日《新京报》）

第一课　中国经济的发展

第二课 商务与生活

> **导读**
> 本课将学习几篇广告,有的是旅行社线路的介绍,有的是房屋招租广告,也有的是学校培训班的广告,目的是了解广告的常用词语以及写法,并训练查找信息的能力。

一

 热身话题

1. 你在中国旅行过吗?你去过什么地方?
2. 你参加过旅行团吗?

 生 词 语

1. 黄金周	(名)	huángjīnzhōu	the Golden Week (the two week-long holidays for National Day and Labor Day)
2. 回落	(动)	huíluò	to fall after a rise
3. 时节	(名)	shíjié	season; time
4. 特价	(名)	tèjià	special offer; bargain price
5. 住宿	(动)	zhùsù	to stay; to get accommodation
6. 抵达	(动)	dǐdá	to arrive; to reach
7. 体验	(动)	tǐyàn	to experience
8. 悠久	(形)	yōujiǔ	long-standing; long-drawn-out
9. 仙境	(名)	xiānjìng	fairyland; wonderland; paradise
10. 嵌砌	(动)	qiànqì	to nest
11. 精彩	(形)	jīngcǎi	splendid; wonderful
12. 串联	(动)	chuànlián	to establish ties; to contact
13. 推出	(动)	tuīchū	to recommend
14. 组合	(动)	zǔhé	to make up; to compose
15. 往返	(动)	wǎngfǎn	to go there and back; to journey to and for
16. 特快	(形)	tèkuài	express

🎧 专有名词

1. 西安　　　　Xī'ān　　　　　　Xi'an
2. 兵马俑　　　bīngmǎyǒng　　　terracotta warriors and horses
3. 四川　　　　Sìchuān　　　　　Sichuan
4. 九寨沟　　　Jiǔzhàigōu　　　　Jiuzhaigou
5. 黄龙　　　　Huánglóng　　　　Huanglong
6. 乐山　　　　Lè Shān　　　　　Le Mountain
7. 峨眉山　　　Éméi Shān　　　　Emei Mountain
8. 成都　　　　Chéngdū　　　　　Chengdu
9. 大雁塔　　　Dàyàntǎ　　　　　Dayan Tower
10. 昆明　　　　Kūnmíng　　　　　Kunming
11. 石林　　　　Shílín　　　　　　Shilin
12. 大理　　　　Dàlǐ　　　　　　 Dali
13. 丽江　　　　Lì Jiāng　　　　　Li River
14. 黄果树　　　Huángguǒshù　　　Huangguoshu
15. 贵阳　　　　Guìyáng　　　　　Guiyang
16. 云南　　　　Yúnnán　　　　　Yunnan Province
17. 贵州　　　　Guìzhōu　　　　　Guizhou Province

🎧 词语练习

一　词语搭配

(　　)宜人　　(　　)回落　　推出(　　)　　体验(　　)
(　　)精彩　　(　　)悠久　　游览(　　)　　乘坐(　　)

二　选词填空

体验　悠久　精彩　组合　游览　乘坐　抵达

1. 比赛非常(　　　　)，观众席上爆发出一阵阵热烈的掌声。
2. 春节时，我去中国同学家(　　　　)中国的传统节日。

3. 黑鸭子演唱组是由三位女歌手(　　　　)在一起的,她们的水平都很高。
4. 首先(　　　　)赛场的是中国射击运动员。
5. 这个公司历史(　　　　),产品的信誉极佳。
6. 昨天他们(　　　　)的包机降落在首都机场。
7. 昨天我们一起(　　　　)了长城。

课文

出发！去旅游

五一黄金周过后,气候宜人,且价格回落,是出游的大好时节。旅行社特别推出西安兵马俑和四川九寨沟、黄龙、乐山、峨眉山、成都特价团,住宿九晚,全程十天。

从北京乘飞机首先抵达西安,游兵马俑、大雁塔和古城墙,体验十三朝古都的悠久文化。第二站飞成都,游览人间仙境九寨沟,黄龙的彩池、雪山、峡谷、森林,层层嵌砌,被誉为"人间瑶池"。第三站参观乐山大佛后乘缆车上峨眉山。

这次专团的精彩之处在于把人间仙境与古老文化相串联,把美丽的风光与古老的文化相结合。

旅行社还推出五月的另一线路,昆明、石林、大理、丽江、黄果树、贵阳十日游,把五月的云南和贵州精品组合在一起,往返乘坐特快空调列车,五月特价2980元。

语言点

1. **五一黄金周过后,气候宜人,且价格回落,是出游的大好时节**

    "且",连词。

    (1) 表示递进关系。多连接分句,有"并且"、"而且"的意思。

    (2) 表示并列关系,连接并列的形容词。

    例句:

    1) 这款手机质量好,且容易携带。

    2) 他们新买的房子不错,交通便利,且风景优美。

2. **这次专团的精彩之处在于把人间仙境与古老文化相串联**

    "在于",动词。指出事物的本质、原因之所在,正是、就是。

    例句:

    1) 这个公司的问题在于缺少资金。

    2) 能否成功主要在于产品的质量,而不在于广告做得好不好。

语言点练习

一 用"在于"完成句子

1. 今年上半年汽车销量下降的原因＿＿＿＿＿＿＿＿＿＿＿＿＿。
2. 中国经济能够迅速发展＿＿＿＿＿＿＿＿＿＿＿＿＿＿＿＿＿。
3. 他们之所以能够成功＿＿＿＿＿＿＿＿＿＿＿＿＿＿＿＿＿＿。
4. 他的学习成绩迅速提高＿＿＿＿＿＿＿＿＿＿＿＿＿＿＿＿＿。

综合练习

一 根据课文内容判断正误

1. "五一"以后出游很便宜。　　　　　　　□
2. 从北京到成都再回北京需要八天的时间。□
3. 去西安、成都都是坐飞机去。　　　　　□

4. 成都被称为人间仙境。　　　　　　　　　　　□

5. 这条线路可以看古迹也可以看到风景。　　　□

6. 去云南、贵州都是坐火车去。　　　　　　　□

二　简单介绍这两条线路要游览的地方

三　分别介绍这两条线路的特点

四　根据你的爱好设计一条旅游线路

五　A先生第一次来中国,只有八天游览时间,请你帮他设计一条旅游路线

补充阅读

夕阳红精品旅游

中华旅行社多次成功组织了中老年旅游活动,在"五一"旺季过后,再次根据季节精选路线,推出中老年旅游产品。

A. 大连、旅顺、金石滩、烟台、威海、蓬莱、青岛、崂山,船卧八日,1480元。

B. 成都、九寨沟、黄龙、峨眉山、乐山、长江三峡、丰都鬼城、小三峡、三峡大坝、宜昌、武汉、黄鹤楼,双卧十一日,2080元。

C. 昆明、石林、世博园、大理、丽江、西双版纳、野象谷、香格里拉、泸沽湖女儿国,四飞十一日,4880元。

D. 平遥、洛阳、西安五日游,由西安返京时乘飞机。

为了满足各种需要,还推出了精彩专列团,特快空调卧铺、全程陪同、随团医护。

E. 长沙、韶山、昆明、石林、世博园、大理、丽江、贵阳、黄果树十三日,3380元。

F. 张家界、天子山、索溪峪、黄狮寨、贵阳、黄果树瀑布、遵义、娄山关、乌江渡九日,2480元。

生词语

1. 夕阳红	（名）	xīyánghóng	the Red Setting Sun
2. 旺季	（名）	wàngjì	busy season; rush season
3. 季节	（名）	jìjié	season
4. 精选	（动）	jīngxuǎn	to choose carefully
5. 大坝	（名）	dàbà	dam
6. 陪同	（动）	péitóng	to accompany

专有名词

1. 大连	Dàlián	Dalian
2. 旅顺	Lǚshùn	Lushun
3. 烟台	Yāntái	Yantai
4. 威海	Wēihǎi	Weihai
5. 青岛	Qīngdǎo	Tsingtao
6. 崂山	Láo Shān	Lao Mountain
7. 长江三峡	Chángjiāng Sānxiá	the three gorges of the Yangtze River; Changjing (Yangtze) Gorges
8. 宜昌	Yíchāng	Yichang
9. 武汉	Wǔhàn	Wuhan

阅读练习

一 —— 如果你想坐船去旅行，你会选择哪条线路

二 —— 如果你不能坐飞机，你可能选择的线路是什么

三 —— 如果你只有六天的假期，你可以选择的线路是什么

四　如果你想看历史古迹，你会选择哪条线路

相关链接

阳光旅行社6月份旅游线路

- 丽江、香格里拉、泸沽湖六日双飞
- 阳朔、桂林三日汽车逍遥特色游
- 上海、苏州、杭州、周庄四日水乡之旅
- 成都、九寨沟、黄龙五日双飞
- 成都、九寨沟、黄龙、乐山、峨眉山七日双飞
- 黄山、九龙瀑、宏村四日双飞团
- 怀集燕岩、世外桃源、广宁竹海大观二日游
- "酒醇、茶浓"贺州、怀集燕岩、世外桃源、广宁竹海大观休闲三日游
- "酒是故乡醇、茶是故乡浓"贺州二日游
- 厦门鼓浪屿二日二晚汽车豪华团
- 海南四日三晚游(含机场建设费)
- 三亚三日双飞超级贵宾豪华团
- 桂林、漓江、阳朔三日双飞
- 桂林、阳朔、荔浦四日品质游
- 昆明、大理、丽江六日双飞(标准)
- 昆明、大理、丽江、中甸(香格里拉)、泸沽湖八日双飞
- 张家界四日双飞
- 九寨沟、黄龙(牟泥沟)、峨眉山、乐山双飞七日游
- 九寨沟、黄龙(牟泥沟)双飞五日游
- 武夷山双飞四日游
- 武夷山双飞三日游

二

 热身话题

你在中国租过房子吗？是通过什么方式租的？

 生词语

1. 均价	（名）	jūnjià	average price
2. 按揭	（动）	ànjiē	mortgage
3. 入住	（动）	rùzhù	live in
4. 玻璃	（名）	bōli	glass
5. 视角	（名）	shìjiǎo	angle of view; visual angle
6. 感官	（名）	gǎnguān	sense organ
7. 现房	（名）	xiànfáng	spot house
8. 便捷	（形）	biànjié	convenient
9. 顺畅	（形）	shùnchàng	unhindered; smooth
10. 配套	（形）	pèitào	to form a complete set
11. 设施	（名）	shèshī	establishment
12. 齐全	（形）	qíquán	all complete
13. 固定	（形）	gùdìng	fixed; regular
14. 路程	（名）	lùchéng	distance travelled; journey
15. 居住	（动）	jūzhù	to live
16. 科贸	（名）	kēmào	science technology and trade
17. 临	（动）	lín	to close to
18. 隔	（介）	gé	at a distance from
19. 充足	（形）	chōngzú	abundant; plentiful
20. 网络	（名）	wǎngluò	network

词语练习

一、词语搭配

(　　)便捷　(　　)顺畅　采用(　　)　俯瞰(　　)
(　　)齐全　(　　)充足　位于(　　)　接入(　　)

二、选词填空

途经　享受　付款　周边　配套　设施　固定　临　隔

1. (　　)街的房子价钱都比较高。
2. 目前(　　)电话已基本在城市普及了。
3. 虽然(　　)方式很多,但是目前大部分人还是习惯使用现金。
4. 现代化的家庭用品能给人带来(　　)。
5. 一般来说,高等院校的(　　)都有一些酒吧。
6. 以前去长春必须(　　)天津,现在有直达车了。
7. 有没有和这个相机(　　)的背包?
8. 这个地方虽然风景很好,但是通信(　　)十分落后。
9. 这两个商店之间(　　)着一条河。

招租、出售广告

课文

A. 环形广场

位置:西城区红花立交桥
交通:城市铁路、地铁及40条公交线路途经
付款方式:一次性付款、分期付款、银行按揭
均价:12500元/平米(百平米以上送地下车位)
入住时间:2005年6月

停车位:1000个(地下)

  采用全透明的玻璃幕墙设计,带来360度全视角的感官享受,百米的空中可以俯瞰运河、左岸公园等。

B. 上度大厦
商务办公楼,现房
位置:朝阳区大桥街8号
交通:地处市中心,周边交通便捷,道路顺畅
付款方式:一次性付款
均价:20000元/平方米

  地处国际商务区,办公条件好,配套设施齐全,地下固定停车位,500元/部/每月。

C. 会展中心
高层楼房,分A、B座
位置:三环路沿线,只租不售,基本租期一年,均价一天4.5元/平方米(车位另租)
交通:距北京站、北京西站仅15分钟路程,距首都机场高速公路20分钟路程
入住时间:2005年5月18日

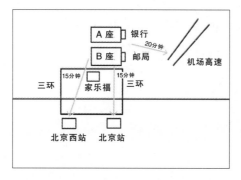

  不仅可以作为办公用房,也是理想的居住之所。附近有家乐福超市、华普超市、百盛购物中心,写字楼一层有邮局、银行。

D. 科贸中心

高层现房

位置：城市西北部，位于科技园区的中心位置，南临科学院物理研究所，和软件大厦隔街相望

预定入住时间：2007年12月18日

租金：5.6元/平方米/天

车位充足，地上、地下均有。与中国电信合作，网络接入，提供ADSL、ISDN。

语言点

1. **付款方式：一次性付款**

   "只"，副词。表示限于某个范围，有"光"、"仅仅"的意思。

   例句：
   1) 他去商场的时候往往只看不买。
   2) 在中国，他只去过北京，其他城市他都没去过。

2. **距北京站、北京西站仅15分钟路程**

   "仅"，副词。限制数量或者范围，强调范围小、数量少。

   例句：
   1) 北大的留学生很多，仅我们学院就有600多人。
   2) 黄金周出行的人很多，仅5月1日一天，到颐和园参观的就有几万人。

语言点练习

— 用下列词语完成句子 —

1. 这个孩子_____就能认识三千个汉字了。（仅）
2. 这家公司在开始的时候_____。（仅）

3. 他每天的早餐都是一样的，_____，从来不吃别的。（只）
4. 这家公司_____，不生产电视机、电冰箱等。（只）
5. 他们家离地铁很近，走路的话_____。（仅）

综合练习

一 找出满足下列条件的楼盘

1. 租一个写字楼，商住两用的。（   ）
2. 你打算租个写字楼开电脑公司。（   ）
3. 你喜欢坐地铁出行。（   ）
4. 你习惯在地上停车。（   ）
5. 你们公司打算买一处景观比较好的办公楼。（   ）

二 某公司打算在中国成立一家分公司，你会向他们推荐哪处写字楼并说明理由

补充阅读

教育培训广告

1. 红色五月：3＋2培训计划

住宿、学习、推荐就业＋奖学金，软件英语实践

外资IT企业全程参与教学及实战英语辅导，教学区设在高档写字楼内，充分感受IT企业工作环境，超值奖学金助您一臂之力。祝您从这里迈向成功！电话87653421。

2. 急需软件人才

如何跨入喜欢的行业？如何得到满意的工作？如何拥有骄人的高薪？如何让父母亲人满意？如何享受精彩的生活？

拨打电话8973452，你可免费学习IT基础知识，免费体验软件项目

开发,免费获得专家职业规划。

3. 电脑动漫

这里是动漫人才成长的基地。这里有五色小虫在跳动,有闪客大侠的威风,这里是动漫爱好者的天堂。

主要课程为动画设计和影视节目的后期制作,入学签订就业协议,毕业推荐就业。咨询热线:100987。

4. 动画课堂

日、韩动漫名师引进国际动漫课程,零基础也能轻松掌握动画设计,适合中、小学生,从入门开始。

 生词语

1.	推荐	(动)	tuījiàn	to recommend
2.	奖学金	(名)	jiǎngxuéjīn	scholarship
3.	软件	(名)	ruǎnjiàn	software
4.	外资	(名)	wàizī	foreign capital
5.	企业	(名)	qǐyè	enterprise; corporation
6.	参与	(动)	cānyù	to participate in
7.	实战	(形)	shízhàn	actual combat
8.	辅导	(动)	fǔdǎo	tutor
9.	超值	(形)	chāozhí	overflow
10.	一臂之力		yíbìzhīlì	a helping hand
11.	迈	(动)	mài	to stride
12.	跨入		kuà rù	to stride
13.	骄人	(形)	jiāorén	be proud by others
14.	高薪	(名)	gāoxīn	well-paid
15.	拨打	(动)	bōdǎ	to dial
16.	项目	(名)	xiàngmù	item
17.	开发	(动)	kāifā	to develop; to exploit
18.	动漫	(名)	dòngmàn	cartoon

19. 闪客	（名）	shǎnkè	flash
20. 大侠	（名）	dàxiá	superior
21. 天堂	（名）	tiāntáng	heaven; paradise

阅读练习

一 找出符合下列条件的学校

1. 由外国老师来讲动漫课。（   ）
2. 学IT知识同时还能学英语。（   ）
3. 学完以后，能制作影视节目。（   ）
4. 专家可以帮你制订职业规划。（   ）
5. 学习好可以得奖学金。（   ）
6. 可以感受到实际工作环境。（   ）

二 你认为这四则培训学校的广告哪个做得比较好？为什么

三 如果要给一个电脑学校做广告，你会怎么做

相关链接

出租房信息

编号	城区	地址	类型	户型	面积(m²)	价格(元/月)
43617	宣武	马连道入口	公寓	一居	30	1200
43616	朝阳	东三环劲松桥	公寓	两居	108	3500
43565	朝阳	西大望路	公寓	四居	168	7500
43564	朝阳	亮马桥	公寓	两居	143	9000
43530	朝阳	大望桥南	公寓	一居	87	6500
43528	宣武	广大路2号楼	公寓	一居	58	3000
43515	海淀	顺利路24号	公寓	两居	68	1600

第二课　商务与生活

房屋出售信息						
编号	城区	地址	类型	户型	面积(m²)	价格(万元)
42347	丰台	六里桥	二手房	两居	105	62
41903	通州	北关	二手房	两居	102	43
32630	昌平	北七家	二手房	两居	99	28
41065	石景山	老山	二手房	两居	68	28
41279	朝阳	朝阳公园北	二手房	一居	50	34
40947	朝阳	朝阳小营	二手房	两居	102	71

第三课 求职与就业

> **导读**
> 通过本课你可以了解到在求职或就业过程中不同人群的心态及想法,重点学习有关求职、就业等内容。

一

 热身话题

1. 如果你是一名应届毕业生,你想一毕业就工作吗?为什么?
2. 如果你去求职,你期望得到一份什么样的工作?

 生词语

1.	就业		jiù yè	to take up an occupation
2.	深造	(动)	shēnzào	to take a more advanced course of
3.	出路	(名)	chūlù	exit; escape
4.	暂时	(副)	zànshí	temporarily
5.	待业	(动)	dàiyè	to wait for a job
6.	创业	(动)	chuàngyè	to carve out
7.	比例	(名)	bǐlì	proportion; scale
8.	形势	(名)	xíngshì	situation; circumstance; condition
9.	务实	(形)	wùshí	pragmatic
10.	求职者	(名)	qiúzhízhě	job seeker
11.	前途	(名)	qiántú	journey; future; prospect
12.	行业	(名)	hángyè	vocation; profession; calling
13.	就职		jiù zhí	to assume office; to take up an appointment
14.	薪资	(名)	xīnzī	salary; wage; pay
15.	激励	(动)	jīlì	to encourage; to impel
16.	机制	(名)	jīzhì	mechanism
17.	对口	(形)	duìkǒu	geared to the needs of the job

18. 学有所用		xuéyǒusuǒyòng	study for the purpose of application
19. 福利	（名）	fúlì	welfare; well-being
20. 期望	（动）	qīwàng	to hope; to expect
21. 月薪	（名）	yuèxīn	monthly pay
22. 择业		zé yè	to choose occupation
23. 看重	（动）	kànzhòng	to value; to think a lot of
24. 遇到	（动）	yùdào	to barge up against; to fall across
25. 经验	（名）	jīngyàn	experience
26. 不佳	（形）	bùjiā	poor; bad
27. 技巧	（名）	jìqiǎo	skill; technique
28. 简历	（名）	jiǎnlì	resume
29. 包装	（动）	bāozhuāng	to make up; to pack
30. 学历	（名）	xuélì	record of formal schooling; educational background
31. 真诚	（形）	zhēnchéng	true genuine; sincere
32. 实力	（名）	shílì	strength
33. 打动	（动）	dǎdòng	to move; to touch
34. 训练	（动）	xùnliàn	to train; to drill
35. 顺利	（形）	shùnlì	smooth; successful

词语练习

一 用词语中画线的字组词

求<u>职</u>（　　）（　　）（　　）　　月<u>薪</u>（　　）（　　）（　　）
<u>就</u>业（　　）（　　）（　　）　　简<u>历</u>（　　）（　　）（　　）

二 选词填空

遇到　深造　看重　左右　前途　激励　对口　门槛　期望

1. 许多学生大学毕业后都打算出国(　　　)。
2. 有人认为只有考上重点大学才有发展(　　　)。
3. 为了让员工更加努力地工作,公司往往采取各种(　　　)措施。

4. 人的一生会（　　）各种各样的困难。
5. 很多招聘单位要求毕业生必须具有硕士以上学历，（　　）很高。
6. 一些用人单位对毕业生是否有工作经验十分（　　）。
7. 毕业生对薪资的（　　）值越来越低。
8. 他是一个很有想法的人，别人很难（　　）他。
9. 专业不（　　），所学的知识用不上，令他十分头疼。

课文

2005年毕业生求职就业问题调查报告

2005届高校毕业生求职及就业情况如何？下面是一家网站面向全国所做的一项调查结果。

（一）毕业生就业心态

90%的毕业生选择一毕业即就业，只有6%的毕业生选择继续深造，不着急寻找出路，打算暂时待业的毕业生有2%，而打算创业的毕业生仅有2%。与该网站对2004届毕业生的调查相比，选择继续深造和创业的毕业生比例有所下降，而选择就业的毕业生比例上升了近10个百分点。

（二）毕业生就业更务实

严峻的就业形势使毕业生变得更加务实。30%的求职者认为理想的工作就是在有前途的行业里就职；15%的毕业生并不要求高薪资，而是强调公司有激励员工的良好机制；要求专业对口、学有所用以及要求薪资、福利好的毕业生分别有19%和17%；有10%的毕业生认为在优秀的企业就职就是理想的工作；另外有9%的毕业生期望能在喜欢的城市工作，并有落户指标。

(三)毕业生对薪资期望不高

50%的2005届毕业生期望的薪资是每月1001—2000元,37%的毕业生希望的月薪是2001—3000元,希望薪资达3001—4000元的求职者占7%。在择业过程中,毕业生最看重的是单位如何,此后分别是薪资高低、单位门槛高低和竞争激烈程度。可见,对薪资的期望仍是左右毕业生就业的重要因素之一。

(四)毕业生求职中遇到的最大困难是无工作经验

41%的毕业生在求职中遇到的最大困难是没有工作经验;就业受英语水平不佳、专业能力不强和求职技巧(包括简历包装)不够等因素影响的毕业生分别是17%、15%和16%;由于学历不高的占11%。在就业困难面前,52%的毕业生会用真诚和实力打动对方;认为有必要加强求职技巧训练,以顺利就业的占14%。

(据2005年1月4日《精品购物指南》树奈《心态迫切务实——半数毕业生薪水期望值不足两千元》)

语言点

1. **90%的毕业生选择一毕业即就业**

    "一……即……"同"一……就……",表示一个动作出现后,另一个动作紧接着就出现。前后两个动词不同,可以是同一个主语,也可以是不同的主语。

    例句:
    1) 他一领到薪水即花光了。
    2) 公司一倒闭,员工就下岗了。

2. **与该网站对2004届毕业生的调查相比**

    "与……相比"同"跟……相比","与"引出用来比较的对象。

    例句:
    1) 与去年同期的石油价格相比,今年油价上涨了3%。
    2) 跟发达国家相比,中国仍属于发展中国家。

3. **严峻的就业形势使毕业生变得更加务实**

    "使"表示"让"、"致使"、"使得"的意思。

    例句:
    1) 他出色的工作使老板很满意。
    2) 木材涨价使实木家具的价格也随之上涨。

4. **在择业过程中,毕业生最看重的是单位如何**

    "在……中"表示一定的范围,一般用在主语前面。

    例句:
    1) 在商务汉语学习中,他对中国的企业文化有了进一步的了解。
    2) 在激烈的市场竞争中,他们的产品销售一直很好。

5. **可见,对薪资的期望仍是左右毕业生就业的重要因素之一**

    "可见"用于复句中,承接上文做出判断或结论。

    例句:
    1) 公司的办公楼很豪华,可见该公司比较有实力。
    2) 很多高学历的毕业生找不到合适的工作,可见现在求职越来越困难。

语言点练习

一　用所给句式回答问题

1. 你大学毕业后打算做什么？（一……即……）
   _____
2. 今年找工作难不难？（与……相比）
   _____
3. 招聘时，公司如果对求职者的要求太高会出现什么后果？（使）
   _____
4. 他在公司工作得怎么样？（在……中）
   _____
5. 对于丈夫来说，她是一个好妻子；对于孩子来说，她是一个好母亲。对这样的女性我们怎样形容她？（可见）
   _____

二　用指定的词语完成句子

1. 他_____，总是按时完成作业。（一……即……）
2. 姐姐虽然比妹妹大，但_____，姐姐还是很显年轻。（与……相比）
3. 公司管理不好，_____。（使）
4. 他学习成绩很好，_____他总是第一名。（在……中）
5. 公司连年亏损，_____。（可见）

综合练习

1. 大多数毕业生是什么样的就业心态？
2. 毕业生就业的务实心态表现在哪几个方面？
3. 大多数毕业生对薪资的要求是多少？
4. 毕业生求职中遇到的最大困难除了无工作经验外，还有什么？
5. 你对应届高校毕业生求职有什么看法？有什么建议？

补充阅读

公务员职业调查报告

某报社2004年进行了一项有1773人参与的职业吸引力调查。

近几年,报考公务员的人数不断攀升,不难看出公务员这个职业对年轻人的巨大吸引力。在人们的印象中,公务员的工作清闲、稳定,社会地位高。在人才竞争日趋激烈的今天,稳定会在更大程度上左右着人们的选择。调查的结果也证明了这一点:共有六成的调查参与者表达了想当公务员的意愿。其中,32%的人表示"如果有机会一定去";28%的人选择了"如果没有更好的机会就去"。

24岁的赵先生已经在媒体做了两年记者。他曾经先后两次报考公务员,但都与公务员工作失之交臂。尽管当时他愤愤地发誓说再也不报考公务员了,可当记者问起他时,他仍然觉得如果有机会的话,还是应该争取一下。他说:"媒体的工作好是好,工资也不低,但是太忙了,压力也挺大的。再说记者吃的是青春饭,而公务员却是越老越值钱。也许真进了机关会觉得无聊,但毕竟压力小了很多。还有,公务员的工资虽然不高,但是其他方面的补助也不少。"

尽管公务员职位在吸引人才时有这样的优势,但6年来,中国有超过2.2万人辞去公务员职位。调查中,有24%的人同意"政府机关太沉闷"的说法;同时,有12%的人选择了"不喜欢,坚决不去";还有1%的人承认自己"刚离开公务员岗位"。这又是为什么呢?

现为公务员的李先生认为,人们离开机关的原因,工资低是一方面,而跳槽的真正原因则是由于看不到今后的发展空间,觉得前途无望。他还说:"当公务员要熬年头、看资历,对年轻人来说,坚持就是胜利。问题的关键在于你要的是不是这种生活。大部分人还是想干些事业的,但是在这样的环境中又谈何容易呢?"

(据 www.chinanews.com 2005年2月11日谢洋
《公务员职业调查:城外的人想进去,城里的人要出来》)

生词语

1. 公务员	（名）	gōngwùyuán	civil servant; official
2. 吸引力	（名）	xīyǐnlì	attraction; charm
3. 报考	（动）	bàokǎo	enter oneself for an examination
4. 清闲	（形）	qīngxián	vacant; leisured
5. 地位	（名）	dìwèi	position; place; status
6. 成	（量）	chéng	one tenth
7. 意愿	（名）	yìyuàn	wish; desire; aspiration
8. 媒体	（名）	méitǐ	medium
9. 失之交臂		shīzhījiāobì	just miss the opportunity
10. 愤愤	（形）	fènfèn	angrily
11. 发誓		fā shì	to swear
12. 值钱	（形）	zhíqián	costly; valuable
13. 机关	（名）	jīguān	establishment; organ
14. 无聊	（形）	wúliáo	bored
15. 毕竟	（副）	bìjìng	after all; at all; all in all
16. 补助	（名）	bǔzhù	subsidy; allowance
17. 辞去	（动）	cíqù	to resign
18. 职位	（名）	zhíwèi	position; post
19. 沉闷	（形）	chénmèn	oppressive; depressing; tedious
20. 跳槽		tiào cáo	to job-hop
21. 前途无望		qiántú wú wàng	at hopeless ends
22. 熬	（动）	áo	to endure
23. 年头	（名）	niántóu	year
24. 资历	（名）	zīlì	longevity
25. 谈何容易		tánhéróngyì	be easier said than done; by no means easy

阅读练习

一　根据文章内容回答问题

1. 你能理解"城外的人想进去，城里的人想出来"这句话吗？请用调查报告的结果来说明它。
2. 为什么公务员这个职业对年轻人有吸引力？
3. 为什么有些公务员却要辞职？

二　解释画线部分在句子中的意思

1. 在人才竞争日趋激烈的今天，稳定会在更大程度上<u>左右</u>着人们的选择。
2. 共有<u>六成</u>的调查参与者表达了想当公务员的意愿。
3. 他曾经先后两次报考公务员，但都与公务员工作<u>失之交臂</u>。
4. 再说记者吃的是<u>青春饭</u>，而公务员却是<u>越老越值钱</u>。
5. 当公务员要<u>熬年头</u>、<u>看资历</u>，对年轻人来说，<u>坚持就是胜利</u>。

相关链接

国家公务员将实行能级改革

涉及中国近500万名公务员的《国家公务员法（草案）》一周前提请全国人大常委会审议。草案对公务员职级的划分做出较大调整，在当官之外，公务员即使没有职务的升迁，也可以通过职级晋升获得待遇的提高。

目前公务员中只有8%的人在副处级职务以上，92%的公务员职务层次都在科级以下，长期得不到晋升，而公务员待遇主要与领导职务挂钩。能级改革实际上就是为公务员又辟出一条晋升渠道，形成职务晋升和能级提升的"双通道"。简单说来，能级改革让老同志有了想头，让年轻同志有了奔头。即使在行政提拔上没有指望，但在基层岗位上干得时间长、工作出色，就可以获得能级晋升，还有相应的经济补贴，这让很多人有了工作动力。

实行能级管理，开拓了公务员职业发展空间，辅以相应的经济待遇，在一定程度上有高薪养廉的效果。能级改革不仅是提高基层公务员的经济待遇,更是对中国根深蒂固的官本位的冲击。

(据《北京青年报》2005年1月4日
《〈国家公务员法(草案)〉提请审议:普通职工与局长同级》)

二

热身话题

1. 你了解外企员工有哪些权益吗?
2. 去外企当白领对你有吸引力吗?为什么?

生词语

1.	列为	(动)	lièwéi	to rank
2.	裁员	(动)	cáiyuán	to reduce the staff
3.	对象	(名)	duìxiàng	target; object
4.	保护	(动)	bǎohù	to protect; to defend
5.	权益	(名)	quányì	rights and interests
6.	补偿	(名)	bǔcháng	compensation
7.	提前	(动)	tíqián	ahead of schedule
8.	解除	(动)	jiěchú	to relieve; to get rid of
9.	经营	(动)	jīngyíng	to tend; to deal in
10.	状况	(名)	zhuàngkuàng	condition; status
11.	致使	(动)	zhìshǐ	to cause; to result in
12.	无法	(动)	wúfǎ	unable; no way; incapable
13.	履行	(动)	lǚxíng	to perform; to carry out

14. 给予	（动）	jǐyǔ	to give; to render
15. 收入	（名）	shōurù	income; earning
16. 离职		lí zhí	to leave one's post
17. 一次性	（形）	yícìxìng	disposable
18. 医疗	（名）	yīliáo	medical treatment
19. 补助费	（名）	bǔzhùfèi	allowance
20. 上年	（名）	shàngnián	last year
21. 平均	（形）	píngjūn	average
22. 倍	（量）	bèi	times
23. 免征	（动）	miǎnzhēng	to exempt from
24. 失业		shī yè	to lose one's position
25. 待遇	（名）	dàiyù	treatment

专业词语

1. 外资企业	wàizī qǐyè	foreign-funded enterprises
2. 不可抗力	bùkěkànglì	force majeure; act of God
3. 个人所得税	gèrén suǒdéshuì	personal income tax
4. 失业保险金	shīyè bǎoxiǎnjīn	unemployment compensation

词语练习

一 组 词

例如：工作（商务工作）（工作愉快）

裁员（　　　）（　　　）　保护（　　　）（　　　）
解除（　　　）（　　　）　履行（　　　）（　　　）
给予（　　　）（　　　）

二 词语搭配

平均	补偿
提前	状况
经济	工龄
经营	解聘

课文

外企被裁员工的权益与补偿

在外资企业工作,如果某一天被列为企业裁员的对象,被裁的员工都有哪些受保护的权益并应如何获得经济补偿呢?

首先,如果员工在劳动合同期内企业要提前解除劳动合同,必须向员工说明提前解除劳动合同的原因。例如企业由于生产经营状况发生严重困难需要进行经济性裁员,或是由于客观情况发生重大变化(发生不可抗力或出现致使劳动合同部分或全部无法履行的其他情况)需要裁员等。这也就是员工应有的知情权。

其次,就是经济权。除了按国家的规定,根据员工在企业服务的工作年限,每满一年给予相当于本人一个月工资收入的经济补偿金(按离职前十二个月平均收入计算)外,还有其他十项

具体费用是员工有权获得的。

第三,被裁员工取得的一次性补偿收入(包括企业支付的经济补偿金、医疗补助费和其他补助费等),在当地职工上年平均工资三倍数额内的部分,免征个人收入所得税。

第四,失业待遇。被裁员工与企业解除劳动合同后,可以在户口所在地的街道办理失业登记,并根据规定按月领取失业保险金。

(据 2005 年 2 月 11 日中国市场网
《外资企业裁员:该考虑的权益与补偿》)

 语 言 点

1. 如果员工在劳动合同期内企业要提前解除劳动合同……

"在……"表示动作发生的时间,可以是"在……阶段"、"在……以后"、"在……期间"等。

例句:

1) 在合同有效期内,可以继续进行产品生产。

2) 在刚开始学习汉语阶段,一定要学好拼音。

2. 例如企业由于生产经营状况发生严重困难需要进行经济性裁员,或是由于客观情况发生重大变化需要裁员等

"或"同"或者",表示选择。也可以把多个"或"连用。

例句:

1) 他没有找到工作的原因可能是专业不对口,或自己的期望值太高。

2) 他打算毕业后去独资企业或合资企业工作。

3. 除了按国家的规定,根据员工在企业服务的工作年限,每满一年给予相当于本人一个月工资收入的经济补偿金外,还有其他十项具体费用是员工有权获得的

(1) 在"除了……外,还有……"中,"除了……外"是对已经知道的情况

进行排除,"还有……"是补充其他一些内容。

例句:

1) 他除了是一家企业的总经理外,还有其他一些头衔。

2) 这家公司除了给员工上了医疗保险外,还上了养老保险。

(2) "相当于"表示前后可比的两方面在某些地方差不多。

例句:

1) 他的工资很高,一个月的薪水相当于我一年的收入。

2) 去年这家商场的利润相当于那家工厂的利润。

4. 根据规定按月领取失业保险金

"按"表示按照时间、数量等标准。

例句:

1) 他按季度交房租。

2) 按2005年10月28日修订后的个人所得税法,个人收入在1600元以上的部分,应按不同的比例缴纳个人收入所得税。

语言点练习

一 选择合适的词语填空

在 或 相当于 除了 按

1. 他认为自己最适合在银行_____证券交易所工作。
2. 自工作以来,她总是_____月给父母寄钱。
3. _____公司工作期间,他的工资涨过两次。
4. 他的工作效率很高,他干一小时_____别人干三小时。
5. 快毕业了,_____写毕业论文外,还有许多事情要做。

二 用指定词语完成句子

1. _____,他取得了优异的成绩。(在……)
2. 公司亏损的原因可能是经营管理不善,_____。(或)
3. 他很有力气,_____。(相当于)
4. 公司举办新年晚会,_____。(除了……外,还有……)

5. 他是公司的好员工，_____。（按）

综合练习

一、解释画线部分的含义

1. 如果某一天被<u>列为</u>企业裁员的<u>对象</u>，被裁的员工都有<u>哪些</u>受保护的权益并应如何获得经济补偿呢？
2. 这也就是员工<u>应有</u>的<u>知情权</u>。
3. 根据员工在企业服务的工作<u>年限</u>，每满一年给予相当于本人一个月工资收入的经济补偿金。
4. 被裁员工取得的<u>一次性补偿收入</u>，在当地职工上年平均工资三倍数额内的部分，<u>免征个人收入所得税</u>。

二、判断下列说法是否正确

1. 企业要提前解除劳动合同，必须向员工说明提前解除劳动合同的原因是由于企业生产经营状况出现一些困难需要进行经济性裁员，或是由于客观情况发生一些变化。☐
2. 员工应有的知情权就是知道某件事情的权利。☐
3. 员工的经济权的第一部分就是按国家的有关规定应得的，第二部分是根据员工在企业服务的工作年限，每满一年给予相当于本人一个月工资收入的经济补偿金（按离职前十二个月平均收入计算），第三部分是其他十项具体费用。☐
4. 被裁员工取得的一次性补偿收入超过当地职工上年平均工资三倍数额的部分，免征个人收入所得税。☐
5. 被裁员工失业后，可以每年领取一次失业保险金。☐

补充阅读

高价读书为的啥

中国目前共有1亿个企业,如果有1%的高级管理培训需求,就是100万个EMBA,而准许办EMBA的高校只有30所,简直是杯水车薪。所以,现在EMBA在培训市场上引发的热效应很好理解,而且EMBA教育的办学模式决定了它从一诞生就只能实行市场化,那么学费的价格也就是由市场说了算。目前国内EMBA教育需求过剩,而真正优质的产品短缺。相对来说,有品质保证的名校的EMBA价格自然要上涨。

那么,面对这一天价学费,读EMBA的人是怎样想的呢?

对于民营企业老板来说,招聘来的员工学历越来越高,面对这么些博士、硕士,他们感到自己讲话的底气不足。当年在中关村靠租柜台起家的人,如今明显感觉到没有管理知识而只靠钻营是不灵了,不管学得懂学不懂,先给自己镀层金,才能说起话来底气足。至于学费,不成什么问题,关键是学校名气要大。学历低的老板们急于镀金以服众的心理是一个缩影,毕竟EMBA不需要全国统一考试,而是由各校自行决定招生考试录取办法。

高学历的一代,已成为企业的中坚力量。他们认为EMBA可以让自己从最新的角度系统地获取工商管理知识,了解国内外成熟企业的实践经验,日后必将获得更高回报。那么,这些学费成本不应被认为是"巨资",而且大多数都能够由企业买单或者企业负担一部分,考虑到自己的"钱途"一片光明,自己负担的那部分已经可以忽略不计了。

由此可见,无论高价还是低价,精明的商人关心的是学校的名气和教学质量,他们怎么能随便做了"冤大头"而时间、金钱两耽误,去换一张没有含金量的文凭?

(据2005年1月4日《精品购物指南》庞婧
《2005年EMBA学费涨声一片,供不应求涨价就有理》)

生 词 语

#	词	词性	拼音	释义
1.	杯水车薪		bēishuǐchēxīn	an utterly inadequate method in dealing with a severe situation; to try put out a burning cartload of faggots with a cup of water
2.	引发	（动）	yǐnfā	to give rise to; lead to; to cause
3.	热效应	（名）	rèxiàoyìng	heat effect
4.	办学		bàn xué	to run a school
5.	诞生	（动）	dànshēng	to be born; to come into being
6.	市场化	（名）	shìchǎnghuà	marketization
7.	需求过剩		xūqiú guòshèng	excessive demand
8.	优质	（形）	yōuzhì	high quality; high grade
9.	短缺	（动）	duǎnquē	to fall short
10.	品质	（名）	pǐnzhì	character; quality
11.	天价	（名）	tiānjià	overbid
12.	民营企业		mínyíng qǐyè	private enterprise
13.	底气	（名）	dǐqì	basic strength and confidence
14.	租	（动）	zū	to rent
15.	柜台	（名）	guìtái	counter
16.	镀金		dù jīn	to get gilded
17.	缩影	（名）	suōyǐng	miniature; epitome
18.	招生	（动）	zhāoshēng	to enroll new students
19.	录取	（动）	lùqǔ	to enroll
20.	中坚	（名）	zhōngjiān	hard core; backbone; nucleus
21.	系统	（形）	xìtǒng	systematically
22.	工商管理		gōngshāng guǎnlǐ	business administration
23.	买单	（动）	mǎidān	to buy the bill
24.	忽略不计		hūlüè bú jì	to ignore; to neglect
25.	精明	（形）	jīngmíng	intelligent; dexterous
26.	名气	（名）	míngqi	reputation; fame
27.	冤大头	（名）	yuāndàtóu	someone be taken in
28.	耽误	（动）	dānwù	to delay; to hold up
29.	含金量	（名）	hánjīnliàng	gold content
30.	文凭	（名）	wénpíng	diploma

专业词语

EMBA（高层管理人员工商管理硕士）
gāocéng guǎnlǐ rényuán gōngshāng guǎnlǐ shuòshì
Executive Master of Business Adminstration

阅读练习

一 "学历低的老板们"和"学历高的一代"读EMBA的理由各是什么？他们的学费由谁出

二 "杯水车薪"在文章中是什么意思

三 为什么有品质保证的名校的EMBA价格自然要上涨

相关链接

给商学院一千个涨价的理由

国内最早开办EMBA课程的中欧国际工商学院，学费从最初的五六万元人民币上涨到2004年的23.8万元，2005年报出的最新价格是26.8万元。北大国际EMBA学费曾四度上涨；复旦EMBA的价格从2004年初的23万元、9月份的25.8万元，到11月份一路走高涨到了27万元，跃居高校EMBA学费之最……而教育部对EMBA的指导价格为20万元，让人不禁感叹："时间真是金钱，知识真是力量。"

涨价需要理由吗？如果你一定说需要，商学院绝对能给予充分的回答。

一、师资。中欧国际工商学院的看法是，工商管理教授紧缺是个全球性的问题，在这些紧缺的教授里面，也只有大约20%能够教授EMBA课程。所以好的师资成了严格控制质量的保证。本土EMBA兴起的时间并不是很长,这样在世界范围就很紧俏的 EMBA 教授,在国内就尤为稀少,国际化的教授自然要按国际化的价格计算。

二、特色教学。各商学院要经常组织学员到外地或外国进行战略培训,例如名家讲座、商务晚宴、总裁演讲等,没有钱是万万不行的。

三、教学设施。老板们总不能委屈在拥挤的教室里面。这样一来,有条件的就得建 EMBA 专用教学楼,配备最高规格的多媒体设备,设专用停车场,没条件的也要租星级酒店等,那羊毛自然得出在羊身上。

四、教材费。国外原版教材要翻译成中文,讲课要同声传译,中国学生的作业交到外教手里已经是翻译好的,这些翻译费用按照18门课程计算,不能小看。

(据2005年1月4日《精品购物指南》庞婧《2005年EMBA学费涨声一片,供不应求涨价就有理》)

第四课　收入与消费

> **导读**
>
> 　　随着经济的发展,中国人的收入增加了,消费观念和消费习惯也发生了很大的变化。有的专家认为目前中国已经出现了中产阶层,本文将学习这些方面的内容。

一

 热身话题

1. 你喜欢买名牌产品吗？为什么？
2. 在你们国家,中产阶层的标准是什么？

 生词语

1. 升级	（动）	shēngjí	to upgrade
2. 奢侈品	（名）	shēchǐpǐn	luxury
3. 贵族	（名）	guìzú	nobleman
4. 专属	（动）	zhuānshǔ	to be exclusive
5. 平价	（名）	píngjià	par value; parity
6. 凸显	（动）	tūxiǎn	to protrude
7. 品位	（名）	pǐnwèi	taste and quality
8. 销量	（名）	xiāoliàng	sales volume
9. 利润	（名）	lìrùn	profit; profit return
10. 额度	（名）	édù	amount
11. 流水账面		liúshuǐ zhàngmiàn	current (day-to-day) account
12. 稀奇	（形）	xīqí	strange
13. 前景	（名）	qiánjǐng	prospect; vista
14. 乐观	（形）	lèguān	optimistic; hopeful
15. 投资	（动）	tóuzī	to invest
16. 旗舰店	（名）	qíjiàndiàn	flagship shop
17. 品牌	（名）	pǐnpái	trademark

18. 接踵而来　　　　　jiēzhǒng'érlái　　　to come on the heels of; to come one after another

19. 关注　　（动）　　guānzhù　　　　　to concern

 词语练习

一　　从课文中找出同类词

"利润"、"销量"、"投资"等都是经济方面的词汇,你再补充五个

二　　写出下列词语的反义词

贵族——　　　　相对——　　　　上升——
增长——　　　　稀奇——　　　　乐观——
开张——　　　　巨大——

三　　选词填空

　　平价　奢侈　销量　投资　前景　关注　专属　品牌

1. 去年这一系列产品的销售势头很好,今年我们计划在去年的基础上扩大(　　　)规模。
2. 所有的中国人包括海外华人,都十分(　　　　)2008年北京奥运会。
3. 为了低收入者能买得起药,政府开设了很多(　　　　)药房。
4. 现在中国人在购物时越来越重视产品的(　　　　)。
5. 一个人住这么大的房子是有些(　　　　)。
6. 这本书学术性很强,(　　　　)不大。
7. 这个公司的历史虽然不长,但是发展(　　　　)不错。
8. 这个牌子的衣服以前一直是皇家(　　　　)的,在一般的商店很难买到。

第四课　收入与消费

课文

消费升级

消费升级已经是生活中的既成事实，也是消费行为的大势所趋。

在中国，中等收入的消费者群已经开始产生，他们愿意将大部分收入花在自己认为值得的新奢侈品上。这些新奢侈品不一定是传统顶级贵族专属的奢侈品，而是一些相对平价，但知名度高、品质好，更重要的是品牌形象良好，能凸显使用者品位的商品。商品的定价虽然不低，但在销量和利润方面却形势喜人。

据报道，中国的奢侈品市场是20亿美元，这个数字或许不算很大，但上升幅度却是全球之冠。而更多专业的人士认为，如果把中国消费者在国外购买的额度加上，数字会更加庞大。

中国奢侈品消费者已经达到总人口的13%，并且还在快速增长之中。迅速富裕起来的中国人正在以各种各样的方式实现心中的奢侈梦。在北京、上海、广州等大城市，奢侈品专卖店的月流水账面超数百万人民币的并不稀奇。

国际奢侈品业对中国的市场前景十分乐观。Armani计划到2008年将在中国开设20到30家专卖店，Prada则打算未来两年内在华投资4000万美元，LV的第一家全系列旗舰店数月前也在上海开张,更多的品牌也将接踵而来。虽然属于起步阶段,但奢侈品在未来中国的市场空间十分巨大。

中国如何创造自己的奢侈品牌,成为国内时尚产业日益关注的话题。中国已经是全球最大的成衣生产商,但还没有自己的全球性奢侈品品牌。据有关人员分析,中国在未来最有可能发展奢侈品品牌的产品,一是白酒,二是卷烟。

(据《21世纪经济报道》2005年1月17日《升级消费》)

 语言点

1. **他们愿意将大部分收入花在自己认为值得的新奢侈品上**

   "愿意",动词。表示做某事或发生某种情况符合心愿,可带动词、形容词、小句宾语。

   例句:

   1) 你愿意不愿意参加这次比赛?
   2) 她不愿意贷款消费。

2. **这些新奢侈品不一定是传统顶级贵族专属的奢侈品,而是一些相对平价,但知名度高、品质好,更重要的是品牌形象良好,能凸显使用者品位的商品**

   "不是……而是……",前后形成否定与肯定的对比,表示转折,强调"而是"以后的部分。

   例句:

   1) 我们讨论的不是一个小问题,而是关系到我们公司生死的大事。
   2) 她看重的不是产品的品牌而是产品的价格。

3. **这个数字或许不算很大**

   "或许",副词,同"也许",表示揣测、估计,语气不肯定,或者表示委婉的肯定。

   例句:

   1) 或许是昂贵的价格吓跑了顾客,半天过去了,只有人来看还没有人来买。

2) 公司的制度或许还不太完善,但是发展潜力很大。

4. Prada 则打算未来两年内在华投资 4000 万美元

"则",连词,表示后一种情况与前一种情况形成对比。

例句:

1) 小王贷款买了一辆汽车,他哥哥则贷款买了房子。

2) 开会时他非常活跃,平时则沉默寡言。

语言点练习

一 用给出的词语完成句子

1. 这么远的房子＿＿＿＿＿＿＿＿＿＿＿＿＿＿＿＿＿＿＿＿。(愿意)
2. 今年我们的目标＿＿＿＿＿＿＿＿＿＿＿＿＿＿＿＿＿。(不是……而是……)
3. ＿＿＿＿＿＿＿＿＿＿＿＿,所以这个牌子在中国的知名度非常高。(或许)
4. 今年的天气不太好,＿＿＿＿＿＿＿＿＿＿＿＿＿＿＿＿＿＿。(则)

二 用指定词语完成对话

1. 这种产品的产地是日本吗?(不是……而是……)

2. 这两种产品我们采取相同的销售策略吗?(则)

3. 这种产品目前还没有大量上市,是什么原因呢?(或许)

4. 几年来银行的个人储蓄额一直高居不下。(愿意)

综合练习

一 ── 解释画线词语在句子中的意思

1. 但在销量和利润方面却<u>形势喜人</u>。
2. 但上升幅度却是<u>全球之冠</u>。
3. 奢侈品专卖店的月流水账面超数百万人民币的<u>并不稀奇</u>。
4. 国际奢侈品业对中国的市场前景则<u>十分乐观</u>。
5. 更多的品牌也将<u>接踵而来</u>。
6. 但奢侈品在未来中国的<u>市场空间十分巨大</u>。

二 ── 中等收入的人群喜欢的新奢侈品有什么特点

三 ── "奢侈品是一种消费文化的典型代表,表现为对品牌的执著与尊重。所以,消费能力的提升是一方面,品牌消费意识的加强也是重要的一方面。"如果把这段话放在文章中,你认为放在哪里比较合适

四 ── 很多国际名牌来中国开店,请你举出三个在中国开设了专卖店的名牌

五 ── 文章的第二段写中国出现了奢侈品消费者,第三段的主要意思是什么

六 ── 根据课文,中国会不会首先在服装上出现奢侈品品牌

补充阅读

中国出现"月光族"

如果要为那些"月光族"画一个简单的肖像,他们一般具备如下特征:花钱大手大脚,没有精打细算的概念,既不爱存钱,也存不了钱。他们认为,如果在得到一个体面的存款数字的同时,失去的是金钱带来的快乐,那么还不如去做快乐的穷光蛋。

"月光"们有知识、有头脑、有能力，花钱不仅表达对物质生活的狂爱，更是他们赚钱的动力。"月光"们是信贷消费最坚定的支持者和实践者，他们感谢世界上还有一种叫"按揭"的消费方式，对"寅吃卯粮"的做法感到心安理得。但他们并不愿打肿脸充胖子、没钱也要装阔佬，他们很少向别人借钱消费，大不了在信用卡里透点支，下个月就补上。

"月光"们是商家最喜欢的消费者，因为他们有强烈的消费欲望，会花钱，更重要的是他们有很强的赚钱能力，有钱可花。

一个低收入者通常不会是"月光"，因为他们对未来缺乏信心，收入再低也要想方设法省点钱存起来，以防万一。一个大富豪也不可能是"月光"，因为他们的钱已经多到无法每一个月都花光。"月光"们是低收入者眼中的高收入者，但在真正的有钱人看来那点钱算不了什么，很容易就会花光。

其实是不是"月光"不仅取决于收入，更取决于观念。一个持传统消费观念的人无论收入是高是低，都不可能是一个"月光"。一生要赚多少钱才算够？有人计算过，算上房子、车子、孩子、孝顺父母、家庭开支、休闲生活、退休金，得出的结论是397.2万，而绝大多数人一生都赚不到397.2万。"月光"们很少会为这样的问题而烦恼。他们对未来抱有信心，相信自己的赚钱能力，今天赚到的钱今天花完，明天要花的钱明天可以再赚。

（据国际在线2004年12月23日《"月光族"宣言：富不过30天》）

生 词 语

1. 肖像	（名）	xiàoxiàng	portrait; portraiture
2. 大手大脚		dàshǒu-dàjiǎo	extravagant; wasteful
3. 精打细算		jīngdǎ-xìsuàn	to careful calculation and strict budgeting
4. 概念	（名）	gàiniàn	idea; concept
5. 体面	（形）	tǐmiàn	honorable; respectable
6. 穷光蛋	（名）	qióngguāngdàn	pauper; penniless loafer
7. 头脑	（名）	tóunǎo	mind; head

8. 寅吃卯粮		yínchīmǎoliáng	eat next year's food this year
9. 信用卡	（名）	xìnyòngkǎ	credit card
10. 透支	（动）	tòuzhī	to overdraw
11. 孝顺	（动）	xiàoshùn	to be filial piety

 阅读练习

一　本文中"月光"的含义是什么

二　"月光族"有什么特点

三　本文中出现了很多成语、俗语，请把它们写出来

相关链接

年收入多少才是中产阶级

目前，国家统计局公布了一份最新调查结论："6万元—50万元，这是界定我国城市中等收入群体家庭收入（以家庭平均人口三人计算）的标准。"在中国，"中产"首次得到了这样清晰的数字化界定。

6万元的门槛是怎么来的？6万元—50万元的标准来自国家统计局城调队的一份抽样调查。这项调查历时4个多月，发放问卷30万份，有效问卷263584份。

据相关人员解释，6万元—50万元的标准是经过验证的。测算的起点来自于世界银行公布的全球中等收入阶层的人均GDP起点(3470美元)和上限(8000美元)，要将这两个数据相应转换为中国的中等收入群体指标，牵涉到三重换算：人均GDP和人均收入之间的换算，美元和人民币之间的汇率换算，购买力评价标准换算。但对于购买力评价标准这个最重要的指标，目前是保密的，还不能公布。

根据三重换算而来的收入参考标准，家庭年均收入下限6.5万元，上限是18万元左右，同时考虑到我国地区间居民家庭收入差距较大，最终被界定出来的标准是6万—50万。按照这个标准推算，到2020年，中等收入群体的规模将由现在的5.04%扩大到45%。

6万到50万家庭年收入的界限，看起来似乎是让人充满希望的"中产"指标。

(据2005年1月21日《华夏时报》)

 热身话题

你的日常消费包括哪些项目？占比例最大的是哪项？

 生词语

1. 实物型		shíwùxíng		style of practicality
2. 比重	(名)	bǐzhòng		proportion
3. 精神文化		jīngshén wénhuà		spiritual culture
4. 餐饮	(名)	cānyǐn		bite and sup
5. 电信	(名)	diànxìn		telecommunication
6. 娱乐	(名)	yúlè		entertainment; amusement
7. 更新换代		gēngxīn huàndài		renew
8. 中产阶层		zhōngchǎn jiēcéng		middle class
9. 规模	(名)	guīmó		dimension; size
10. 黄金时期		huángjīn shíqī		golden age
11. 人均	(动)	rénjūn		per person
12. 拉动	(动)	lādòng		to promote

13. 并重	（动）	bìngzhòng	to pay equal attention to
14. 轨道	（名）	guǐdào	orbit
15. 金额	（名）	jīn'é	sum
16. 空间	（名）	kōngjiān	space
17. 层次	（名）	céngcì	levels
18. 提供	（动）	tígōng	to provide; to supply; to offer
19. 机遇	（名）	jīyù	opportunity

专有名词

社会科学文献出版社　　Shèhuì Kēxué Wénxiàn Chūbǎnshè
　　　　　　　　　　　Publishing Company of Social Science and Literature

词语练习

一　词语搭配

(　　　)结构　　减少(　　　)　　形成(　　　)　　(　　　)目标
进入(　　　)　　拉动(　　　)　　轨道(　　　)　　(　　　)机遇

二　用画线的字组词

<u>预</u>计 (　　)(　　)(　　)(　　)
<u>增</u>速 (　　)(　　)(　　)(　　)

三　选词填空

机遇　拉动　精神文化　更新换代　规模　人均　升级　层次　并重

1. 北京奥运会给很多企业带来了(　　　　)，我们一定要把握住。
2. 发展经济应该和保护环境(　　　　)。
3. 居住在这个小区的人都是大学老师，文化(　　　　)比较高。

4. 据统计,北京有1300多万辆自行车,(　　　　)一辆。
5. 目前公司只有30多个员工,(　　　　)还不大。
6. 如果你购买了我们公司的杀毒软件,每年我们给您免费(　　　　)一次。
7. 物质文化和(　　　　)要共同发展。
8. 现在电脑、手机的(　　　　)越来越快。
9. 延长假期主要是鼓励人们消费,以此(　　　　)经济。

课文

北京人消费观念在变化

北京等大中城市居民的消费结构正在发生变化:实物型消费比重在减少,精神文化、餐饮、旅游的消费在增加。社会科学文献出版社最近出版的《中国市场消费报告》认为,教育、医疗、旅游、电信和家庭娱乐商品的更新换代将成为居民消费支出中增速较快的项目。

国家统计局有关人士介绍:根据调查,21世纪初的10至20年间,将是中国中产阶层形成的重要时期,预计今年将有7300万人步入中产阶层。如果家庭规模以3口人计算,今年将有2450万户进入中产阶层,2010年达到5700万户。这些家庭正是上万元级家电的目标消费群,而且他们将迅速进入购买第二套房子的黄金时期。

中国人均消费从2003年至2020年预计将增长10.8%,随着以住房和汽车消费为代表的消费升级,经济增长的主要动力已由投资拉动转为消费拉动,同时消费结构也将不断改变。在北京、深圳、上海等地,居民消费已由实物消费为主走上实物消费与服务消费并重的轨道。教育、医疗、旅游、电信和家庭娱乐商品等的消费,无论从金额还是从发展空间看,都比实物消费更有潜力。它不但会使整个消费层次和结构发生变化、带动消费总体水平的提高,而且还会给与之相关的产品和服务行业提供前所未有的发展机遇。

(据2005年1月31日《北京晚报》)

 语 言 点

1. **如果家庭规模以3口人计算,今年将有2450万户进入中产阶层**

 "以",介词,表示动作行为的凭借、方式或者手段。有"用"、"按"、"拿"的意思。

 例句:

 1) 这些大明星以普通人的身份参加了植树活动。

 2) 这类货物一般以箱为单位出售。

2. **教育、医疗、旅游、电信和家庭娱乐商品等的消费,无论从金额还是从发展空间看,都比实物消费更有潜力**

 "无论……",连词,后带任指性的疑问代词或者选择性词语,表示在任何假设条件下,情况或者结果都不会改变,后面常用"都"或者"也"。

 例句:

 1) 无论哪一门课,都得认真学习。

 2) 无论好不好,我都要买。

3. 它不但会使整个消费层次和结构发生变化、带动消费总体水平的提高,而且还会给与之相关的产品和服务行业提供前所未有的发展机遇

"而且",连词,表示意思更进一层。前一小句中常有"不但"、"不仅"、"不光"等。

例句:

1) 这个商店因为经营不善,不仅被迫关了门,而且还拖欠了许多债务。
2) 这家超市不仅卖日常用品,而且还卖图书呢。

 语言点练习

一 用"以"、"无论……都"、"而且"填空

1. 黄金时段的电视广告播出费(　　　)秒计算。
2. (　　　)男女老少(　　　)喜欢他唱的歌。
3. 现在的手机不仅品种多,(　　　)质量、售后服务也都有很大提高。
4. (　　　)乘客是否要发票,出租车司机(　　　)应该给乘客发票。

二 用指定的词语回答问题

1. 《会议通知》上的日程安排和《会议安排通告》上的不一样,以哪个为准?(按照)

2. 这件事情很复杂,我劝你慎重考虑考虑再做决定。(无论……,都……)

3. 你常常在网上买东西,网上购物有什么好处?(不但……,而且……)

4. 这次会议的主题是什么?(以)

综合练习

一 解释画线部分在句子中的含义

1. <u>实物型</u>消费比重在减少。
2. 教育、医疗、旅游、电信和家庭娱乐商品的<u>更新换代产品</u>将成为居民消费支出中增速较快的项目。
3. 预计今年将有 7300 万人<u>步入</u>中产阶层。
4. <u>这些</u>家庭正是上万元级家电的<u>目标消费群</u>。
5. 而且这些人将迅速进入<u>购买第二套房子的黄金时期</u>。
6. 随着以住房和汽车消费为代表的<u>消费升级</u>,经济增长的主要动力已由<u>投资拉动</u>转为消费拉动。

二 中国的中产阶层近期的主要消费热点是什么

三 从 2003 年开始,中国经济增长的主要动力是什么

四 课文最后一段"它不但会使整个消费层次和结构发生变化,带动消费总体水平的提高,而且还会给与之相关的产品和服务行业提供前所未有的发展机遇"。这段话中的"它"指的是上文中的什么?"与之相关"中的"之"指代的是什么?并说明在文章中使用这些代词有什么作用

补充阅读

厉以宁教授谈中产阶层

有这样一种说法:"人的一生,若没有奋斗到中产阶层,那不是一个成功的人生;一个社会,如果不能让更多的人进入中产阶层,那是一个必须大力改进的社会。"那么到底什么是中产阶层呢?它有什么标准?就这个问题我们采访了厉以宁教授。

记者:"中产阶层"是一个时髦的词,当前对于中产阶层的定义似乎都离不开房子、车子等充分物质化生活方式的描述,您认为是否准确?

厉以宁:怎样界定现阶段中国的中产者,是一个众说不一的问题。有人

认为,中产者就是中等收入者,但也有人认为判断中产者的标准在于财产,而不在收入,有一定的财产比有一定的收入更重要。其实,这两种看法都有道理。中产者,既可以指有一定财产的人,也可以指有一定收入的人,或者两者兼有。

记者:有没有一个量化的衡量标准?

厉以宁:究竟拥有多少财产或一年有多少收入可以列入中产者行列呢?这一标准本身是有伸缩性的,而且是可变的。大体上可以这么说,一个人或一个家庭,如果有稳定的收入,有能力(包括通过信贷消费)购买房产或者已经有房,都可以称为中产者。也就是说,他们在财产的拥有、收入水平上处于社会中间层次。至于他们从事什么职业,那是次要的。安居乐业应当是判断一个人或一个家庭是不是中产者的标准,换句话说,中产者一定是安居乐业者。

记者:很多人认为,衡量一个人是不是"中产"还应该有一些精神层面的标准,比如社会责任、公益心,您认为对吗?

厉以宁:有人说,中产者不是只有财产多少或收入水平高低这样一个标准,还应当有其他的标准,比如说受教育程度、对政治的关心程度或者个人道德水准等等。这些说法都不正确。受教育程度可以作为低收入者上升为中产者的一个重要条件,一般的中产者普遍比较关心政治。而衡量一个人是否进入中产者行列,归根到底要看这个人拥有财产的多少和年收入多少,如果以其他为标准,就会使中产者的概念模糊不清。当然,对于中产者来说,他们一定要守法,依法纳税,并且要有社会责任感,要关心周围的人,同时在道德上要自律。这样,将有助于形成一个更好的社会氛围,更加有利于中产者队伍的壮大。

(据 2005 年 1 月 6 日《精品购物指南》)

生词语

1. 时髦　　　（形）　　shímáo　　　　　fashion
2. 定义　　　（名）　　dìngyì　　　　　definition
3. 众说不一　　　　　　zhòngshuōbùyī　opinions vary

4. 判断	（动）	pànduàn	to judge; to measure
5. 财产	（名）	cáichǎn	properties
6. 量化	（动）	liànghuà	to quantify
7. 究竟	（副）	jiūjìng	exactly; after all
8. 伸缩性	（名）	shēnsuōxìng	retractility
9. 信贷	（名）	xìndài	credit
10. 至于	（介）	zhìyú	as for; as to
11. 安居乐业		ānjū-lèyè	to live and work in peace and contentment
12. 层面	（名）	céngmiàn	lay
13. 责任	（名）	zérèn	duty; responsibility
14. 公益心	（名）	gōngyìxīn	public welfare heart
15. 水准	（名）	shuǐzhǔn	level
16. 归根到底		guīgēndàodǐ	in the final analysis
17. 模糊不清		móhu bù qīng	slur
18. 守法		shǒu fǎ	to abide by the law
19. 依法纳税		yīfǎ nàshuì	to pay taxes according to the law
20. 氛围	（名）	fēnwéi	atmosphere

阅读练习

一 厉以宁认为"中产者"的定义是什么

二 衡量一个人是不是中产者有什么标准

三 厉以宁认为中产阶层应该为社会做什么

四 阅读文章，判断下列句子正误

1. 中产者都是受教育程度高的人。□
2. 中产者就是指拥有财产的人。□
3. 借钱买房子的人不是中产者。□
4. 是不是中产者的标准和他们从事的工作无关。□
5. 是不是中产者的标准之一是关心不关心政治。□

相关链接

国内首个大学生消费与生活报告出炉
大学生年均消费超万元

一半以上的大学生喜欢购买具有独特风格的产品,三分之一的人单纯追求流行、时髦与新奇的东西。不少高端消费品是他们热衷的消费目标:60%的人拥有手机,27%的人拥有个人电脑,12%的人拥有MP3,7%的人拥有数码相机。这些都是未来的白领——当今大学生消费观的真实再现。

2004年12月28日全国学生联合会、新生代市场监测机构和中国青年校园先锋文化有限公司联合公布了《2004年中国大学生消费与生活形态研究报告》显示,当前中国大学生每年的平均消费额为1万元。这个数字已经高出同期中国人均年度可支配收入。

此项调查针对中国34个重点城市126所高校约1万名大学生进行,覆盖"80后一代"的消费趋向、品牌观念、媒介接触、价值观念、生活形态等课题。调查显示,当前中国大学生每年的平均消费支出在1万元以上,除了逐年上涨的学费外,大学生的消费视野日益宽广,呈现多元化特色。大学生支出结构包括了感情支出、培训支出、网络通信支出、化妆品支出等多个种类。

目前大学生的主要经济来源仍是家庭,但他们的消费能力却很强。大学生已经具有明显的品牌偏好。部分大学生已经接受信贷、透支等新的消费方式,10.55%的学生需要经常性贷款。

根据调查数据,大学生每学期的平均收入为4919元,支出为4819元。而根据2003年国家统计公报,全国城镇居民人均年可支配收入为8472元,农村居民人均纯收入2622元。从整体水平看,相当一批学生面临经济压力。

(据2004年12月29日《北京晚报》)

第五课　旅游度假

> **导读**
> 通过本课你将体验在中国过节的热闹，并了解中国人出境游的现状以及时下由旅游度假引发的一些建议或争论，学到与旅游度假相关的内容。

一

 热身话题

1. 你在中国过过黄金周或过过年吗？请说说在中国过黄金周或过年的情景。
2. 你喜欢自己开车旅行吗？为什么？

 生词语

1. 祥和	（形）	xiánghé	lucky; kind
2. 弥漫	（动）	mímàn	to suffuse; to permeate
3. 吉祥	（形）	jíxiáng	propitious; auspicious
4. 演绎	（动）	yǎnyì	to deduct
5. 民俗	（名）	mínsú	folk custom
6. 生态	（名）	shēngtài	ecology
7. 祈福		qí fú	to pray for blessings
8. 属	（动）	shǔ	to be born in the year of
9. 享受	（动）	xiǎngshòu	to enjoy
10. 免费	（形）	miǎnfèi	gratis; be free of charge
11. 年历	（名）	niánlì	calendar
12. 卡	（名）	kǎ	card
13. 其乐融融		qílèróngróng	the joy is boundless
14. 隧道	（名）	suìdào	tunnel
15. 人次	（量）	réncì	person-time
16. 电视塔	（名）	diànshìtǎ	television tower
17. 赛车场	（名）	sàichēchǎng	racing ground
18. 车迷	（名）	chēmí	car fan

19. 磁浮列车　　　cífú lièchē　　　magnetic suspension train
20. 极速　　　（名）　jísù　　　　rapid

词语练习

一 用词语中画线的字组词

吉<u>祥</u>(　　)(　　)(　　)(　　)
祈<u>福</u>(　　)(　　)(　　)(　　)
<u>免</u>票(　　)(　　)(　　)(　　)
车<u>迷</u>(　　)(　　)(　　)(　　)

二 用所给的词语填空

生态　属　弥漫　其乐融融　隧道　享受　民俗

1. 沙尘暴天气时，空气中_____着呛人的土味儿。
2. 中国是多民族的国家，各个民族有着自己独特的_____风情。
3. 保护环境的目的之一是使_____得到平衡。
4. 返璞归真就是要人们回到自然的状态，去_____大自然带给我们的一切。
5. 英吉利海峡的海底_____缩短了英国与欧洲大陆的距离。
6. 我家祖孙三代幸福地住在一起，_____。
7. 我只知道他生于1959年，但不知道他是_____什么的。

课文

鸡年上海游

鸡年大年初一，喜庆祥和的气氛弥漫在上海各处。吉祥的金鸡是上海旅游的主题。豫园商城新春艺术灯会,演绎着春节观灯的民俗风情;在沪郊最大的生态旅游景点东方绿舟,数百只卡通鸡在新春大型民俗美食、民俗游戏、民俗风情艺术演出中为游客祈福;金茂大厦88层观光厅让属鸡的游客享受免票,参观人数达4300人次,三位身着艳服的旅游形象大使,向游客免费赠送苏、浙、沪旅游交通图和年历卡,与游客们一起合影,其乐融融。在陆家嘴的外滩观光隧道,一天的游客量达到了8000人次,比去年同期上涨了5%;东方明珠广播电视塔接待游客1.3万人次,较去年同期增长了8%。

汽车文化旅游在大年初一顺利开始,上海国际赛车场迎来了试乘试驾自助游的第一批游客。虽然下雨,但车迷们却一早赶来,选择各自喜欢的"坐骑",在5.4公里长的赛道上体验F1速度。一位从浦东自驾车来的游客说:"去年春节带父母孩子乘坐磁浮列车,今年带他们来参观赛车场,感受极速快乐,感觉太好了!"

(据《解放日报》2005年2月10日
《喜气洋洋游申城,沪上各景点游客同比增长》)

语言点

1. 一天的游客量达到了 8000 人次,比去年同期上涨了 5%

   "达到",动词,表示到某种程度,后面可以跟"过"、"了"。

   例句:
   1) 这项科研成果达到了国际先进水平。
   2) 这支股票的价格曾经达到过每股 35 元。

2. 东方明珠广播电视塔接待游客 1.3 万人次,较去年同期增长了 8%

   "较"同"比较",用于两个事物相比,以区别大小、快慢、高低等。

   例句:
   1) 他写字较其他同学慢些。
   2) 中国经济发展速度较其他发展中国家快一些。

3. 在 5.4 公里长的赛道上体验 F1 速度

   "在……上"表示事物的方面或动作发生的地方,其后可跟动词。

   例句:
   1) 刘老师在买书上特别舍得花钱。
   2) 我终于在市场上买到了这种花。

语言点练习

一 —— 用指定的句式完成句子

1. 今年参加春节晚会的人很多,_____。(达到)
2. 工厂今年的产量提高了,_____。(较)
3. 虽然取得了好的经济效益,_____。(但是……)
4. _____,留学生队得了冠军。(在……上)

二 —— 用所给句式回答问题

1. 你们厂去年人均收入多少?(达到)

2. 中国人的生活现在怎么样?(较)

3. 中国商品房的价格将会怎样？（在……上）

 综合练习

一 试描述鸡年大年初一在上海豫园商城、东方绿舟、金茂大厦、外滩观光隧道、东方明珠广播电视塔和国际赛车场的情况

二 解释画线部分在本句中的含义

1. 上海国际赛车场迎来了试乘试驾<u>自助游</u>的第一批游客。
2. 车迷们却一早赶来，选择各自喜欢的"<u>坐骑</u>"，在5.4公里长的赛道上体验<u>F1速度</u>。

三 上海的别称是申城，你还知道哪些城市的别称

四 文中提到哪几类民俗活动

补充阅读

深圳人自驾游为旅行社带来新商机

鸡年春节自己驾车外出旅游的深圳人大增，有118万人选择自驾出游，出游车辆达到20万辆，其中近九成选择省内游，这为当地旅行社拓展业务带来了新商机。旅行社的自驾游业务占自驾游市场份额的比例年底增至5成。

深圳某旅行社自去年11月推出"自驾游好帮手"业务后，目前已扩展至20条线，春节期间订房超过1000套，数量较去年同期翻几番。据这家旅行社介绍，自驾游订房已占到旅行社省内游的1/3。为此，他们正在打造全省订房的网络平台，进一步发展自驾游业务。

自驾游以前主要由车会和车商组织,随着自驾游向家庭化和个性化发展,长龙车队出游的情况会越来越少。旅行社能及时提供订房和咨询服务等,既解除了出游者的后顾之忧,又促使自驾游市场迅速发展。深圳每周出游的车辆大约在3万辆左右,如果旅行社承担其中20%的业务,一周就能为6000辆车服务,这正成为旅行社业务的新增长点。

(据2005年2月10日新华网
《深圳人春节自驾游大增,为旅行社拓展带来新商机》)

生词语

1. 自驾游	(名)		zìjiàyóu	to travel by drive by oneself
2. 商机	(名)		shāngjī	business chance
3. 驾车			jià chē	to drive a vehicle (car)
4. 大增			dà zēng	increase rapidly
5. 拓展	(动)		tuòzhǎn	to expand
6. 市场份额			shìchǎng fèn'é	market penetration; market share
7. 增至			zēngzhì	to add to; to increase to
8. 扩展	(动)		kuòzhǎn	to expand; to extend
9. 订房			dìng fáng	to book a room
10. 翻	(动)		fān	to multiply
11. 番	(量)		fān	time; fold
12. 打造	(动)		dǎzào	to build; to construct
13. 平台	(名)		píngtái	platform; gondola
14. 车会	(名)		chēhuì	automobile association
15. 车商	(名)		chēshāng	car dealers
16. 后顾之忧			hòugùzhīyōu	fear of disturbance in the rear; trouble back at home
17. 承担	(动)		chéngdān	to undertake; to take on
18. 增长点	(名)		zēngzhǎngdiǎn	point of growth

阅读练习

一 —— 请说出句中画线部分的意思

1. 旅行社的自驾游业务占自驾游市场份额的比例年底增至 5 成。
2. 春节期间订房超过 1000 套,数量较去年同期翻几番。
3. 他们正在打造全省订房的网络平台,进一步发展自驾游业务。
4. 随着自驾游向家庭化和个性化发展,长龙车队出游的情况会越来越少。
5. 这正成为旅行社业务的新增长点。

二 —— 根据课文回答问题

1. 什么为深圳旅行社带来新商机?
2. 深圳某旅行社自驾游业务发展情况怎样?
3. 自驾游的发展方向是什么?
4. 旅行社对自驾游的发展起什么样的作用?
5. 旅行社业务新的增长点是什么?

相关链接

大小黄金周众说纷纭

中国黄金周启动于 1999 年。国务院决定,将春节、"五一"和"十一"三个假日的休息时间连带前后的双休日均延长为七天。2000 年 6 月,《国务院办公厅转发国家旅游局等部门关于进一步发展假日旅游若干意见的通知》出台,明确提出一年三个黄金周的概念。

黄金周虽然在一定程度上达到了当初预计的拉动内需的目的,但却人为地干涉了旅游运行波动,不符合旅游业的经营规律,使自然保护、接待能力、服务质量、安全管理很难得到保证。旅游企业和景点在此期间多处于应急状态,之后则又需度过漫长的调整期,导致人力和资源的较大浪费。统计显示,黄金周效应并不理想。黄金周期间旅游收入的增长态势并不是向上的,不仅企业的收益离期望值越来越远,消费者渐趋理性,甚至对黄金周出游存在恐惧心理。

因此,有人建议取消三大黄金周,代之以月月"小黄金周"。即将每周休息两天改为休息一天,剩余的一天一起移至月末,一次休息4天,变成月月小黄金周,并适当延长春节休假时间,同时取消"五一"、"十一"黄金周,以减轻三大黄金周旅游带来的运输、服务等负荷。

然而,有人却认为,将每年的三大黄金周扩大为十二个小黄金周,对改变当前的旅游消费状况并无多大帮助。因为现代旅游大体分为城市郊区度假旅游、带薪休假制度、购物休假旅游三个层次,而小黄金周最多只是针对城市郊区度假旅游设计的。要想从根本上解决市民旅游度假的难题,必须实行带薪休假制度,让不同单位根据本单位的工作安排,合理筹划员工的带薪休假方案。只有这样,才能做到旅游淡季不淡而旅游旺季不会出现灾难性的局面。

(据 2005 年 1 月 7 日《中国青年报》
《月月小黄金周只是说说,专家建议怎成官方意见》)

二

 热身话题

1. 你知道申根协议吗?去申根国家旅游有什么限制吗?
2. 你们国家出境游的人多吗?你了解中国出境游的情况吗?
3. 你怎么看带薪休假制度?

 生词语

1. 针对　　（动）　　zhēnduì　　to aim at; to contrapose
2. 公布　　（动）　　gōngbù　　to promulgate; to publish

3. 线路	（名）	xiànlù	line; route
4. 脱离	（动）	tuōlí	to break away; to be divorced from
5. 办理	（动）	bànlǐ	to handle; to conduct
6. 率先	（副）	shuàixiān	to take the lead in doing sth.; to be the first to do sth.
7. 门槛	（名）	ménkǎn	doorsill; threshold
8. 彻底	（形）	chèdǐ	thoroughgoing; exhaustive
9. 足迹	（名）	zújì	footprint; track
10. 延伸	（动）	yánshēn	to elongate; to extend; to stretch
11. 缺少	（动）	quēshǎo	to lack; to be short of
12. 政策	（名）	zhèngcè	policy
13. 大队人马		dàduì rénmǎ	main forces
14. 导游费	（名）	dǎoyóufèi	guide fee
15. 伤脑筋		shāng nǎojīn	bothersome; troublesome
16. 抱怨	（动）	bàoyuàn	to complain; to grumble
17. 崇拜者	（名）	chóngbàizhě	adorer; idolater
18. 生产线	（名）	shēngchǎnxiàn	product line
19. 独特	（形）	dútè	unique; unusual
20. 申请	（动）	shēnqǐng	to apply for
21. 有效	（形）	yǒuxiào	efficacious; effective

 专业词语

1. 申根国（源于1985年在卢森堡签署的《申根协议》，如今覆盖了西欧、中欧、北欧和南欧等十五个国家：德国、法国、荷兰、比利时、卢森堡、意大利、奥地利、希腊、西班牙、葡萄牙、丹麦、瑞典、挪威、芬兰、冰岛） Shēngēnguó　Schengen
2. 慕尼黑（德国城市） Mùníhēi　Munich
3. BMW（德国宝马汽车公司） Bayerishe Motoren Werke

词语练习

一　用所给词语组词

例如：工作（商务工作）（工作愉快）

公布（　　　）（　　　　）　办理（　　　　）（　　　　）
率先（　　　）（　　　　）　彻底（　　　　）（　　　　）
申请（　　　）（　　　　）

二　用所给词语填空（一个词语可以多次使用）

公布　针对　抱怨　线路　伤脑筋　有效　率先

　　　　本省旅游　　　　这样一个　　　　的情况，国华旅行社准备　　　　开辟出十条新　　　　，它将　　　　地改变旅游　　　　的现状。消息一　　　　，人们的　　　　就减少了。

课文

德国自由行

从2006年开始，德国旅游局将针对中国游客在网站上公布旅游线路，旅游者可脱离旅行社，通过办理个人旅游签证到德国旅游。率先以京沪两地为试点启动的"自由行"，是国内市场上第一个真正的欧洲自由行产品，它意味着个人自由赴欧旅游（十五个申根国）的门槛已被彻底取消，中国游客不仅可以完全凭自己的兴趣和需求，享受到真正意义上的欧洲自由行产品，而且在走进德国之后，个人自由行的足迹将可延伸至欧洲其余十四国。

2004年中国开放欧洲游之初，因缺少欧洲国家个人游的政策支持，国家旅游局规定中国旅游团必须以团队的方式大队人马同进同出。而真正的自由行，在过境之后剩余的时间都将属于个人,你可以不必再为多出导游费而伤脑筋,不必为没有个人活动时间而抱怨。如果愿意,你可以在慕尼黑停留几天,看一场"拜仁"和"1860"的足球德比大战;如果你是BMW的崇拜者,更可以在这里停留下来看看7系的生产线……

　　自由行的签证是一种独特的个人旅游签证,游客可以直接到使馆申请。在自由行签证有效期内,中国人将凭德国签证自由出入申根协议的十五个国家,而不需另外申请签证。

(据《中国新闻周刊》2005年1月4日王刚
《出境旅游已有六十三个去处,2005年中国人能走多远》)

 语言点

1. **中国游客不仅可以完全凭自己的兴趣和需求,享受到真正意义上的欧洲自由行产品,而且在走进德国之后,个人自由行的足迹将可延伸至欧洲其余十四国**
　　"不仅……而且……"同"不但……而且……",表示除所说的意思之外,还有更进一层的意思。前后两个小句主语相同时,"不仅"经常放在主语后面;主语不同时,"不仅"放在主语前面。

例句:
1) 他不仅可以去德国旅游,而且还可以去欧洲其他国家旅游。
2) 不仅他要去海南玩儿,而且他的同事也都要去。

2. 你可以不必再为多出导游费而伤脑筋

"不必"表示不需要、用不着,后面可加动词。

例句:
1) 去欧洲旅游不必带太多的行李。
2) 有了德国签证,不必再有法国签证。

3. 如果愿意,你可以在慕尼黑停留几天

"如果"表示假设,用于前一小句,后一小句推断出结论。

例句:
1) 如果夏天外出旅行,一定要带上太阳镜和雨伞。
2) 如果不愿意坐飞机,坐火车好了。

4. 中国人将凭德国签证自由出入申根协议的十五个国家

"凭"表示根据、凭借。后面一般跟名词,也可以放在主语的前面。

例句:
1) 他凭地图就可以找到那个地方。
2) 凭他多年的经验,这件事情他一定能办好。

 语言点练习

一 ── 用指定的句式或词语完成句子

1. 他会讲好几种语言,_____。(不仅……而且……)
2. 他会照顾好自己的,_____。(不必)
3. _____,就必须学好商务汉语。(如果)
4. _____,他能做好商务工作。(凭)

二 ── 用所给句式回答问题

1. 去欧洲旅游有什么意义?(不仅……而且……)

2. 自由行与这以前去欧洲的旅行有什么不同?(不必)

3. 有了德国签证还需要办意大利签证吗？（如果）

4. 他是怎么当上总经理的？（凭）

 综合练习

一 —— 解释画线部分在句子中的含义

1. 旅游者可<u>脱离</u>旅行社，通过办理个人旅游签证到德国旅游。
2. 它意味着个人自由赴欧旅游(十五个申根国)的<u>门槛</u>已被彻底取消。
3. 在走进德国之后，个人自由行的<u>足迹</u>将可<u>延伸</u>至欧洲其余十四国。
4. 国家旅游局规定中国旅游团必须以团队的方式<u>大队人马同进同出</u>。
5. 你可以不必再为多出导游费而<u>伤脑筋</u>。

二 —— 根据课文回答问题

1. 将于2006年开始的德国自由行与2004年起的欧洲旅游有什么不同？
2. 德国自由行首先在中国哪两个城市实行？
3. 在德国旅游你可以做什么？
4. 有德国的签证，只可以进入其会员国一次吗？

三 —— 请尽可能多地列举与出国签证有关的词语

补充阅读

中国出境游的发展前景

根据《中国公民出国旅游管理办法》，中国的旅行社组织团体游，只能去那些已与中国政府签署了"旅游目的地国"资格(即ADS协议)的国家。

ADS协议实际上是一个不得已而为之的过渡性协议,它取决于国际社会对中国的认可:一方面中国人想走出去,需要跨过这道坎;而另一方面,世界各国如果想分享中国出境游市场,也必须向中国政府申请"旅游目的地国"资格。

中国的出境游是沿着港澳游、边境游和出国游顺序展开的。随着中国经济水平的提高、人均收入的增加,2004年中国公民出境游形成了"井喷"的局面。

据世界旅游组织估计,到2020年,中国将成为世界第一大旅游目的地国和第四大客源输出国,出境旅游人数将达1亿人次。在今后几年,中国的出境旅游将以超过20%的速度上升,而自费旅游者的增长速度将会超过30%。

《2002—2004旅游绿皮书》显示,中国公民出境旅游人均消费已成为世界最高的国家之一。中国旅游者一次长假旅游的日平均消费为175美元(不包括购物)。中国人在德国的日平均购物消费为110美元,在瑞士日均消费为313美元,分别位于外国人在当地消费的前列。

(据《中国新闻周刊》2005年1月4日王刚
《出境旅游已有六十三个去处,2005年中国人能走多远》)

 生词语

1. 签署	(动)	qiānshǔ	to sign; to subscribe
2. 不得已而为之		bùdéyǐ'érwéizhī	to have no choice but to do
3. 过渡	(动)	guòdù	transition; interim
4. 认可	(动)	rènkě	to approbate; to recognize
5. 跨过		kuà guò	to stride over
6. 道	(量)	dào	path
7. 坎	(名)	kǎn	the crucial juncture
8. 分享	(动)	fēnxiǎng	to share
9. 资格	(名)	zīgé	qualification; seniority
10. 人均收入		rénjūn shōurù	per capita income

11. 井喷	（名）	jǐngpēn	blowout; well gush
12. 局面	（名）	júmiàn	situation; complexion
13. 估计	（动）	gūjì	to evaluate; to estimate
14. 客源	（名）	kèyuán	passenger source
15. 输出国	（名）	shūchūguó	country of export
16. 自费	（形）	zìfèi	at one's own expenses
17. 人均消费		rénjūn xiāofèi	per capita consumption

 阅读练习

一 说出画线部分在句子中的含义

1. ADS 协议实际上是一个<u>不得已而为之</u>的过渡性协议。
2. 2004 年中国公民出境旅游形成了"<u>井喷</u>"局面。
3. 中国将成为世界第一大旅游目的地国和第四大<u>客源输出国</u>，出境旅游人数将达 1 亿<u>人次</u>。

二 ADS 协议的作用是什么

三 中国开展出境游的顺序是怎样的

四 2004 年中国公民出境旅游出现"井喷"局面的原因是什么

五 今后中国出境旅游的发展速度是什么样的

六 请列举中国人在 2002—2004 年中出境旅游的消费情况

相关链接

带薪休假制还要等多久

"为什么不直接取消黄金周,强制推行带薪休假制呢?"许多人希望能自己支配休息时间。然而,在中国,带薪休假制恐怕还是二十年以后的事。

在全国范围强制推行带薪休假制未免太理想化了。目前我国的劳动生产率水平还比较低,假如在全国推行带薪休假制,很多中小企业就会承受不了劳动成本增加的负担。假如每个职工要增加一些假期,劳动时间减少了,就意味着企业需要更多的职工才能生产同样的产品。劳动成本普遍增加后,企业不堪重负,物价上涨严重,而劳动者的工资不可能增加,这也是中低收入劳动者所不能承受的。

我国《劳动法》对带薪休假有相应规定,但却缺少具体操作细则。目前,只有部分机关的公职人员或者生产效率高的企业,在用不同的方式实行这一制度。由此看来,带薪休假制可以在一些经济发达的地区逐渐推行,但不适合在全国范围内强制推广。

许多专家倾向于带薪休假制与黄金周并存。从国外的情况看,这两种假期往往是同时存在的。但在中国,想要以带薪休假制完全取代黄金周却是走入了一个误区。绝大多数的中国家庭,夫妇俩都有各自的工作,加上小孩上学,利用黄金周出行仍是这些家庭实现全家旅游愿望的主要途径。

有人预计,当中国人均GDP达到两千美元至三千美元时,中国家庭的旅游模式也将从目前简单的观光旅游转向度假型。

(据2005年1月7日《中国青年报》
《月月小黄金周只是说说,专家建议怎成官方意见》)

第六课　经营与销售

> **导读**
> 　　目前很多公司都十分重视经营和销售，一些国际知名的公司在这方面都有很好的经验。在本课你将学习到和营销相关的词语并了解一些相关方面的策略和措施。

一

 热身话题

1. 你认为中国人在购物习惯上和你们国家有什么不同？
2. 中国有很多外国公司，有没有你们国家的公司？

 生　词　语

1. 零售	（动）	língshòu	retail
2. 连锁店	（名）	liánsuǒdiàn	multiple shop
3. 逛街		guàng jiē	to stroll along the street
4. 投入	（动）	tóurù	to throw into; to put into
5. 逗留	（动）	dòuliú	to stay; to linger
6. 客流量	（名）	kèliúliàng	customer flow volume
7. 时间段	（名）	shíjiānduàn	time section
8. 差距	（名）	chājù	gap; difference
9. 锁定	（动）	suǒdìng	to lock
10. 富有	（动）	fùyǒu	to be rich in; to be full of
11. 挑战	（名）	tiǎozhàn	challenge
12. 地域	（名）	dìyù	district; region
13. 瞄准	（动）	miáozhǔn	to aim at
14. 自有品牌		zìyǒu pǐnpái	one's own trademark
15. 强化	（动）	qiánghuà	to strengthen
16. 力求	（动）	lìqiú	to make every effort to to
17. 营造	（动）	yíngzào	to construct; to build

18. 新颖　　　　（形）　　xīnyǐng　　　　novel
19. 浅色　　　　（名）　　qiǎnsè　　　　 light-colour
20. 逻辑性　　　（名）　　luójixìng　　　logicality
21. 促销　　　　（动）　　cùxiāo　　　　 sales promotion
22. 壁垒　　　　（名）　　bìlěi　　　　　rampart; barrier

专有名词

屈臣氏　　　　　Qūchénshì　　　Watsons

词语练习

一　　写出下列词语的反义词

零售——　　　　　主要——　　　　　收入——
新颖——　　　　　浅色——

二　　用画线的汉字组词

客流<u>量</u>　（　）量　（　）量　（　）量
时间<u>段</u>　（　）段　（　）段　（　）段

三　　选择合适的词语填空

时间段　投入　积累　挑战　固定　瞄准　新颖　力求

1. （　　　）不同,电视广告播出费用也不同。
2. 以前在中国外汇兑换实行（　　　）汇率。
3. 你要在工作中多（　　　）经验。
4. 他的文章观点很（　　　）,吸引了大家的注意。
5. 他做什么事情都（　　　）完美。
6. 我们公司的产品这次进入国际市场,对我们来说是机会也是一个（　　　）。
7. 在市场调查这项工作上,公司（　　　）了大量的资金。

8. 这次参加比赛他(　　　　)了世界第一的目标。

课文

亚洲女性的购物时间

作为香港大型连锁零售商,屈臣氏集团在中国已经有100家以上的连锁店。新市场让屈臣氏的管理者感到兴奋。进入新市场后,他们先做学生,做市场调查,研究消费者,充分理解市场的差别和产品的差别,从中寻找机会。

屈臣氏的管理者喜欢研究消费者,他们发现亚洲女性会花更多的时间进行购物逛街,她们愿意投入大量的时间去寻找更便宜或者更好的产品。这与西方国家的消费习惯十分不同:"中国的女性平均在每个店里的逗留时间是20分钟,而在欧洲只有5分钟左右。这种不同的购物方式对我们很重要,比如我们需要考虑店面的营业时间以及客流量的时间段等。"这种差距,让屈臣氏最终将主要目标市场锁定在18—40岁、月收入在2500元人民币以上的女性。随着中国经济的增长,人们的收入会大大增加。而这一年龄段的女性是收入增长最快的群体,她们也最富有挑战精神,而年龄再大一些的女性则大多早已经有了固定的品牌和生活方式。

不过在中国这个地域广大的市场,100家连锁店的规模根本不算什么。屈臣氏瞄准的是5年内在中国建1000家连锁店,将现有的市场扩大10倍,保持品牌的独特性,强化自有品牌是至关重要的一步。

作为强化自有品牌的三部曲之一,屈臣氏打算在新一代的连锁店里力求营造一个更新颖、更令人兴奋的环境,让顾客在店里感受到一种更新、更舒适的购物体验,从而乐于在屈臣氏消费。新一代的屈臣氏连锁店会把通道弄得更宽,不会让人感到拥挤;另外店面颜色更多使用浅色,这会让顾客更容易兴奋起来;在物品的陈列方面,会更有内在的联系与逻辑性,在不同的分类区域推出不同的新产品和促销商品,让顾客在店内不时有新发现。

屈臣氏集团还在继续积累着对中国市场和消费者的理解,因为对它来说,这是最好的防御竞争的壁垒。

(据《21世纪经济报道》2005年1月27日《屈臣氏猛起》)

 语 言 点

1. 让屈臣氏最终将主要目标市场锁定在18—40岁、月收入在2500元人民币以上的女性

"将",介词,表示对人或事物的处置,有"把"的意思,多用于书面。

例句:
1) 她将在中国经商的体会告诉了朋友。
2) 公司没有将这次事件的原因公布出来。

2. 年龄再大一些的女性则大多早已经有了固定的品牌和生活方式

  (1) "大多",副词,大部分、大多数,占有的比例很大。

例句:

  1) 这个地区3月份大多要刮几次大风。

  2) 这些学生大多是第一次到北京。

  (2) "固定",形容词,不变动或者不移动的。

例句:

  1) 他们还没有固定的办公地点。

  2) 中国人没有固定的结婚仪式。

3. 作为强化自有品牌的三部曲之一

  "之一",表示很多事情里的其中一个。

例句:

  1) 杨贵妃是中国古代四大美女之一。

  2) 印度是世界文明古国之一。

语言点练习

一 填空

将 之一 大多 固定

1. 汉语是世界上最古老的语言(　　　　)。
2. 请(　　　　)上一年度的财务情况向大家汇报一下。
3. 他们(　　　　)是第一次到中国旅行。
4. 他没有(　　　　)电话,只有手机。

二 用指定的词语完成句子

1. 春节期间到桂林旅行的_____。(大多)
2. 现在有很多受年轻人喜欢的歌手,_____。(之一)
3. 回国以后我要重新租房子,现在还不知道住哪儿,_____。(固定)
4. 支持他的人很多,_____。(之一)

综合练习

一 说明画线部分在本句中的含义

1. 他们<u>先做学生</u>，做市场调查，研究消费者，充分理解市场的差别和产品的差别，从中寻找机会。
2. 这种不同的购物方式对我们很重要，比如我们需要考虑店面的营业时间以及<u>客流量的时间段</u>等。
3. 这种差距，让屈臣氏最终将<u>主要目标市场锁定在 18—40 岁、月收入在 2500 元人民币以上的女性</u>。
4. 年龄更长一些的女性则大多早已经有了<u>固定的品牌</u>和<u>生活方式</u>。
5. 不过在中国这个地域广大的市场，100 家连锁店的规模根本<u>不算什么</u>。
6. 将现有的市场扩大 10 倍，<u>保持品牌的独特性</u>，<u>强化自有品牌是至关重要的一步</u>。
7. 在物品的陈列方面，会更有<u>内在的联系与逻辑性</u>，在不同的分类区域推出不同的新产品和促销商品，让顾客在店内不时有新发现。

二 根据本文的观点，亚洲女性和西方女性的购物习惯有什么不同

三 结合上下文，说说"这一年龄段的女性也是最富有挑战精神的"中的"挑战精神"是什么意思

四 屈臣氏打算营造舒适的购物环境主要指的是哪几方面

五 去屈臣氏或者其他超市做个调查，看看商店商品的陈列各有什么特点？需要改进的地方是什么？并在课堂上公布你的调查结果

补充阅读

商品定价法二则

一、分割法

顾客对价格非常敏感,因为价格即代表他兜里的金钱,要让顾客感受到你只从他兜里掏了很少很少一部分,而非一大把。

价格分割是一种心理策略。卖方定价时采用这种技巧,能造成买方心理上的价格便宜感。

价格分割包括下面两种形式:

1. 用较小的单位报价。例如把茶叶每公斤100元报成每50克5元,把大米每吨1000元报成每公斤1元等等。巴黎地铁的广告是:"只需付30法郎,就有200万旅客能看到您的广告。"

2. 用较小单位商品的价格进行比较。例如:"每天少抽一支烟,每日就可订一份报纸。""使用这种电冰箱平均每天0.5元电费,只够吃一根冰棍!"

记住报价时用小单位。

二、非整数法

差之毫厘,失之千里。

这种把商品零售价格定成带有零头结尾的非整数的做法,销售专家们称之为"非整数价格"。这是一种极能激发消费者购买欲望的价格。这种策略的出发点是,认为消费者在心理上总是存在零头价格比整数价格低的感觉。

有一年夏天,一家日用杂品店进了一批货,以每件10元的价格销售,可购买者并不踊跃。无奈,商店只好决定降价,但考虑到进货成本,只降了2角,价格变成9.8元。想不到就是这2角之差,竟使局面陡变,买者络绎不绝,货物很快销售一空。售货员欣喜之余,慨叹一声,只差2角呀。

实践证明,"非整数价格法"确实能够激发消费者良好的心理呼应,获得明显的经营效果。因为非整数价格虽与整数价格相近,但它给予消费者的心理信息是不一样的。

(据 sps 在线)

生词语

1. 兜	（名）	dōu	pocket
2. 掏	（动）	tāo	to pull out
3. 分割	（动）	fēngē	division; to divide up
4. 策略	（名）	cèlüè	strategy
5. 定价	（动）	dìngjià	to fix a price; to make a price
6. 报价		bào jià	quotation; to quoted price
7. 公斤	（量）	gōngjīn	kilogram
8. 吨	（量）	dūn	ton
9. 零头	（名）	língtóu	fractional amount
10. 整数	（名）	zhěngshù	integer
11. 激发	（动）	jīfā	to arouse; to inspire
12. 日用杂品		rìyòng zápǐn	commodity
13. 踊跃	（形）	yǒngyuè	eager; enthusiastically
14. 无奈	（形）	wúnài	to have no choice; to cannot help but
15. 络绎不绝		luòyìbùjué	in an endless stream
16. 欣喜	（形）	xīnxǐ	to be glad; to be joyful
17. 慨叹	（动）	kǎitàn	to sigh with regret

 阅读练习

一　　课文中出现了很多量词，请你找出来并写出可以和这些量词搭配的词语

二　　你在商店里常看到的各类商品价格一般是多少

三　　你知道商品定价的其他方法吗？请给你的同学介绍一下，并给这种方法起个名字

相关链接

电脑促销——消费者需求的调查

消费者的需求到底是什么呢？在北京地区经营品牌电脑的商家普遍认为，从热销的几个品牌看，当今消费者的需求主要体现在高性价比、健康环保和良好的售后服务保障三个层面。

高性价比意味着实在、实用和实惠，以较低的价格获得较高的价值享受。随着家用电脑市场的日益成熟，普通家庭选择品牌机不管从价格、配置还是售后服务方面来说都讲求经济实用，所以高性价比的电脑就显得举足轻重，成为消费者考虑的首要因素。

健康环保，主要体现在电脑显示器和键盘、鼠标等硬件上。如显示器一旦产生电磁辐射，就会对人的大脑和视力造成损害，健康时尚的液晶显示器已当之无愧地成了市场上的重头戏。而键盘、鼠标长期使用会潜伏大量的有害菌，对人的健康也极为不利，同样引起了一些厂家和消费者的关注，有的电脑厂家已经在键盘、鼠标上采用了抗菌材料(zeomic)。

良好的售后服务会减少用户的后顾之忧，带给消费者的价值是长期的，更是深入人心的。与此同时，能让消费者对电脑产品充满信心，提高产品知名度，这也正是知名品牌站稳市场的一个重要缘由。

(据《北京晚报》2005年1月31日《冷眼观热战，寒促沸点在哪里》)

 热身话题

说说你知道的数码相机的品牌。

生词语

1. 数码	（名）	shùmǎ	digital
2. 零部件	（名）	língbùjiàn	spare parts; accessory; part
3. 意味	（动）	yìwèi	mean; signify; imply
4. 销售额	（名）	xiāoshòu'é	sales amount
5. 丝毫	（形）	sīháo	a bit; in the least
6. 掩饰	（动）	yǎnshì	to leave in the dark; to gloss over
7. 觊觎	（动）	jìyú	to covet; to cast greedy eyes on
8. 出资		chū zī	to invest
9. 棋	（名）	qí	chess
10. 权利	（名）	quánlì	droit; right
11. 贸易	（名）	màoyì	trade
12. 营业点	（名）	yíngyèdiǎn	sales department
13. 占据	（动）	zhànjù	to occupy
14. 位置	（名）	wèizhì	site; position
15. 预计	（动）	yùjì	to calculate in advance
16. 统计	（动）	tǒngjì	to do statistics
17. 份额	（名）	fèn'é	share; portion

 专有名词

1. 柯尼卡　　　Kēníkǎ　　　Konica
2. 美能达　　　Měinéngdá　　Minolta
3. 柯达　　　　Kēdá　　　　Kodak

 专业词语

1. 来料加工　　láiliào jiāgōng　　processing with materials provided; processing with customer's malarial

2. 代理销售　　　　dàilǐ xiāoshòu　　　　agency factor

词语练习

一 "零"有以下几个意思

(1) 碎；小数目的。　　　　(2) 零头；零数。
(3) 数的空位。　　　　　　(4) 表示没有数量。

"零部件"中的"零"是哪个意思？"零关税"中的"零"又是哪个意思？
再写出五个有"零"的词语，并说出其中"零"的意思。

1.
2.
3.
4.
5.

二 词语搭配

占据(　　　)　统计(　　　)　(　　　)份额　(　　　)位置
接受(　　　)　掩饰(　　　)　(　　　)权利　(　　　)规定

三 选词填空

开放　丝毫　份额　零部件　预计　意味　权利

1. 这件事(　　　　)没有影响公司的信誉。
2. 目前国产葡萄酒占据的市场(　　　　)还不太大。
3. 加入了WTO，就(　　　　)着中国的经济制度要和国际社会接轨。
4. 这部分谈了代理商的责任，接着再谈谈代理商的(　　　　)。
5. 目前大部分国产手机的(　　　　)由外国公司提供。
6. 经济特区的(　　　　)政策，吸引了大批的外国投资者。
7. 专家(　　　　)今年的经济增长速度大概在9%左右。

课文

国内市场难觅国产数码相机

据中国加入WTO的承诺,从2005年1月1日起,数码相机及零部件开始实行零关税,这意味着国内数码相机市场已经完全开放。

"2004年,我们的数码相机在中国的销售额是20亿日元,2008年要达到100亿日元。"1月12日,柯尼卡美能达控股株式会社的太田义胜在接受记者采访时,丝毫没有掩饰对中国市场的觊觎。在同一天,柯尼卡美能达宣布:出资3500万美元在上海成立柯尼卡美能达(中国)投资公司。

现在在中国设立投资公司,显然是一步好棋。太田义胜告诉记者,按照中国商务部的规定,柯尼卡美能达在中国设立3500万美元的公司,每年将能得到3500万美元的进口、销售权利。其实大部分日本数码相机厂商已经在中国生产了,但能不能得到销售权才是关键。以前柯尼卡美能达在广东以来料加工方式制造的产品必须先出口,然后再由设立在上海的柯尼卡美能达国际贸易有限公司(上海)进口,而且只能通过代理经销的方式在中国市场进行销售活动。而在投资公司成立之后,柯尼卡美能达可以在中国国内设立几个分销营业点,这样就可以更加自由地开展营业活动。

柯尼卡美能达力图在中国市场上占据重要的位置。在生产方面，柯尼卡美能达 2004 年在中国生产了 77 万台数码相机，2005 年这一数字预计达到 130 万台。

　　IDC 的统计数据显示，在中国数码相机市场销量前十名的企业除柯达之外，都是日本企业，2003 年中国数码相机市场 85% 的份额由日本厂商占据。

(据《21 世纪经济报道》2005 年 1 月 17 日
《日企功夫＋零关税，国产数码厂商全线失守》)

语言点

1. **丝毫没有掩饰对中国市场的觊觎**

　　"丝毫"，形容词，极少或很少，一点儿。常和否定副词"不"、"没"、"没有"连用，表示彻底否定。

　　例句：

　　1) 这件事情对她的比赛没有产生丝毫的影响。

　　2) 他刚来公司，对公司的财务状况丝毫不了解。

2. **而且只能通过代理经销的方式在中国市场进行销售活动**

　　"进行"，动词，从事某种持续性的活动，一般是正式的、庄重的。可带动词宾语，宾语表示所从事的活动。

　　例句：

　　1) 针对资金不足的问题，大家在会上进行了认真地讨论。

　　2) 关于这个问题老总们正在进行研究。

3. **而在投资公司成立之后**

　　"而"，连词，多用于书面，表示转折、连接的成分，语意相对或者相反，可连接词、词组，也可连接小句。

　　例句：

　　1) 这么做目前是可以得到一些好处，而对公司的长远发展不利。

2) 在现阶段,赢利不是我们的主要任务,而加大宣传力度、让更多的人了解我们的品牌才是最重要的。

4. 可以更加自由地开展营业活动

"更加",副词,同"更"。做状语,常修饰双音节动词、形容词。

例句:
1) 我们相信未来会更加美好。
2) 听了公司负责人的介绍,我更加坚定了到这个公司工作的决心。

语言点练习

一 用指定词语完成句子

1. 听到经理让他到国外工作的消息,他很吃惊,_____。(丝毫)
2. 十几年前普通中国人不能出国旅游,_____。(而)
3. 这几条地铁修成以后,_____。(更加)
4. 公司对新来的员工_____。(进行)

二 把下列的词语连接成句子

1. 搜查 警察 进行了 对 事故现场

2. 倒闭了 一些公司 新的 公司 又 在 诞生 不断地 而

3. 认识 更加 到 知识的宝贵 人们

4. 对 他 丝毫 音乐 没有 兴趣

综合练习

一 解释画线部分在本句中的含义

1. 数码相机及零部件开始实行<u>零关税</u>。

2. 丝毫没有掩饰对中国市场的觊觎。
3. 现在在中国设立投资公司,显然是一步好棋。
4. 2003年中国数码相机市场85%的份额由日本厂商占据。

二 为什么说"在中国设立投资公司,显然是一步好棋"

三 有哪几个数字可以说明国产数码相机在国内市场少的情况

四 以来料加工方式在中国生产的产品怎样才能在中国销售

五 你读到第三段"其实大部分日本数码相机厂商已经在中国生产了,但能不能得到销售权才是关键"这句话以后,你认为文章应该接着写哪一方面的内容

1. 在中国生产的其他日本数码相机厂商的情况。
2. 日本数码相机在中国的生产地点。
3. 日本数码相机在中国的销售权问题。

补充阅读

三大领域适合创业投资

中国投资协会民营投资委员会秘书长日前表示,2005年创业投资应该选择以下几个领域。

高科技领域,特别是一些高科技实用技术的产业化领域,在利用高新技术改造传统产业的环节上,蕴含着大量的投资机会,适合中小投资者进入。服务领域,投资者应关注一些投资多样化、个性化的新兴领域,如特色美容、个性化店铺等,其中教育培训市场正显示出越来越强劲的需求势头,但IT培训、英语培训等已经趋于饱和,创业者需要脑筋急转弯,寻找新的领域。基础设施和公共事业,类似于车站之类的投资项目,由于中国有很多中小城镇,中小投资者都可以进入这些公共项目领域。

(据2005年1月31日《中国经营报》)

🎧 生词语

1. 领域	（名）	lǐngyù	field; domain; realm
2. 民营	（形）	mínyíng	privately-run
3. 秘书长	（名）	mìshūzhǎng	secretary-general
4. 实用	（形）	shíyòng	practical
5. 蕴涵	（动）	yùnhán	contain; accumulate
6. 个性化	（形）	gèxìnghuà	individuation
7. 店铺	（名）	diànpù	shop; store
8. 趋于	（动）	qūyú	to trend
9. 饱和	（形）	bǎohé	to saturate; to fill to capacity
10. 脑筋	（名）	nǎojīn	brains; mind
11. 基础设施		jīchǔ shèshī	parts of the infrastructure; projects for basic facilities
12. 类似	（动）	lèisì	to be analogous; to be similar

🎧 阅读练习

一 —— 不必细读全文，找出本文题目所说的是哪三个领域

二 —— 根据文章内容填表

领域名称	具体项目内容	前景
		好
	特色美容、个性化店铺	好
	IT 培训、英语培训	
		需求量大
	公共车站一类	在中小城镇可以得到发展

相关链接

丰田本土化经营策略

　　一汽丰田销售有限公司成立时,身为销售公司总经理的古谷俊男对汉语一窍不通。一年多以后,在一些特定的场合,他能用汉语致词。以销售公司外资老总的身份学汉语,这本身就充满了符号意义:丰田在用自己的方式树立品牌本土化形象。

　　在中国,丰田销售网络一共划分了华北、西北、华南、华东、西南以及东北六个大区。"在这么广阔的国土里,在北京控制这么多经销商是很困难的。"古谷俊男说。在一汽和丰田合资的时候,丰田就有一个理念,非常强调销售的本土化问题,而关键又是人的本土化问题,现在以日本人为中心来推进销售,进行基本体制的建设,未来要以中国人为主运作公司。在品牌本土化推广方面,一汽丰田将更加倚重本土化的人才。

（据《21世纪经济报道》2005年1月27日《丰田在中国与本土化道路》）

第七课 中国汽车业

> **导读**
> 随着汽车数量的增加,道路越来越拥挤,堵车已经成为常见的现象。有的专家主张中国应该大力发展公共交通,也有人认为鼓励个人购买汽车对中国经济发展有好处。本课将学习这方面内容。

一

 热身话题

1. 在中国你乘坐过公共汽车吗?
2. 你认为中国的交通工具应该以什么为主?

 生 词 语

1. 普及	(动)	pǔjí	popularize
2. 保养	(动)	bǎoyǎng	keep in good repair; maintain
3. 维修	(动)	wéixiū	keep in (good) repair; maintain
4. 加油		jiā yóu	refuel; fill the tank
5. 支撑	(动)	zhīchēng	sustain; hold out
6. 迈入		mài rù	forge ahead; stride forward
7. 拥堵	(名)	yōngdǔ	traffic congestion
8. 小康	(形)	xiǎokāng	comfortable; well-to-do
9. 进程	(名)	jìnchéng	course; process

 词语练习

——— 词语搭配 ———

普及(　　)　　推进(　　)　　改善(　　)　　提升(　　)
拓展(　　)　　持续(　　)　　造成(　　)　　加快(　　)

二　选词填空

参与　拓展　大宗　拥堵　保养　支撑　迈入　进程

1. 刚来新公司一个月,他就给公司带来了几项(　　　)业务。
2. 公司的产品销售到了国外,进一步(　　　)了市场空间。
3. 能不能得奖没关系,重在(　　　)。
4. 我们应该进一步加快汽车国有化的(　　　)。
5. 一般在小学校的周边,交通(　　　)情况都很严重。
6. 由于(　　　)得好,他的车一直没有大修过。
7. 有国家政策做(　　　),西部开发的速度越来越快。
8. 中国经济(　　　)了一个新的发展阶段。

三　说说下列词语是什么意思

1. 大宗消费品:
2. 生活质量:
3. 零部件生产:
4. 持续发展:
5. 主导产业:
6. 小康社会:

课文

限制不是长久之计

如今没有汽车参与其中的城市是不可想象的,但是最经常听到的说法就是:城市本来就够挤了,再让汽车进入家庭那还了得?

有汽车大量进入家庭的城市和没有汽车进入或很少进入的城市是有实质性差别的。

一是汽车作为大宗消费品在居民家庭中得到普及时,整个城市的发展就会相应进入一个更高的发展阶段。而汽车进入家庭可以有力推进城市的郊区化和郊区的城市化，城市本身的结构就会发生很大的变化，人们的生活和工作质量都会有所改善或提升。而最重要的是，汽车的存在和发展大大拓展了人们的活动范围，从而拓展了城市的发展空间。

二是汽车产业发展的本身就构成了城市发展的一个重要组成部分。汽车产业不仅包括零部件生产、整车装配等汽车制造业，还包括销售、金融服务、保险、保养维修、加油、汽车租赁、汽车旅馆、汽车餐馆等汽车服务业，它们本身就构成了城市的一部分，并支撑着城市的存在和发展。

三是汽车进入家庭就意味着迈入汽车的大规模消费阶段，汽车产业成为推动国民经济持续发展的重要主导产业，是推动国家工业化和城市化进程的重要动力。

当然，汽车的迅速发展在一定时期内的确造成城市拥堵加剧，但从长远来看，只要全面建设小康社会，汽车进入家庭就会成为必然趋势，并在加快城市化进程中功不可没。

 语言点

1. **一是汽车作为大宗消费品在居民家庭中得到普及时**

    (1) "作为"，介词，就人的某种身份或事物的某种性质来说。

例句：
    1) 作为不断开发新产品的奖励,领导给了他一台电视机。
    2) 作为一名学生我们就应该努力学习。
  (2)"相应",形容词,相适应的。

例句：
    1) 对于这次事故的责任者,公司给予了相应的处罚。
    2) 消费者的需求发生了变化,产品结构也应该进行相应的调整。

2. 人们的生活和工作质量都会有所改善或提升

"所",古汉语词,多用于现代书面语,用来构成名词性词组。"有所"常常用在动词前,表示有(一些)什么。

例句：
    1) 近几年来人们的生活水平有所提高。
    2) 大家给提了意见以后,他的工作方法有所改进。

3. 只要全面建设小康社会,汽车进入家庭就会成为必然趋势

"只要……就……"表示最低的要求、必要的条件。

例句：
    1) 只要你努力,就能学会。
    2) 只要不刮风,我们的比赛就能按计划进行。

语言点练习

一 选词填空

相应 有所 作为 只要 (有的词可多次使用)

1. 对于他们的经济制裁,我们也采取了(　　　　)的报复措施。
2. 经过几年的治理,这里的环境污染情况(　　　　)好转。
3. (　　　　)中国知名企业,他们参加了这次国际经济会议。
4. "酒香不怕巷子深"的意思是:(　　　　)产品质量好,就会市场。
5. 他今年超额完成了销售任务,公司给予了他(　　　　)的奖励。

二 完成句子

1. 作为一名医生,_____。

2. 这部小说作为一部儿童文学作品来说，_____。
3. 他作为我们消费者的代表，_____。
4. 只要你有一颗宽容的心，_____。

三 用给出的词语完成句子

1. 圣诞节快到了，_____。（相应）
2. 在医生的精心治疗下，_____。（有所）
3. 会议的地点改变了，_____。（相应）
4. 随着经济的发展，_____。（有所）

综合练习

一 解释画线部分在句子中的含义

1. 但是最经常听到的说法就是：城市本来就够挤了，再让汽车进入家庭<u>那还了得</u>？
2. 而汽车进入家庭可以有力推进城市的<u>郊区化</u>和<u>郊区的城市化</u>。
3. 汽车进入家庭就意味着<u>迈入汽车的大规模消费阶段</u>。
4. 它们本身就构成了城市的一部分，并<u>支撑着城市的存在和发展</u>。
5. 只要全面建设小康社会，汽车进入家庭就会成为必然趋势，并在加快城市化进程中<u>功不可没</u>。

二 本文作者认为中国应该大力发展汽车业并鼓励汽车进入家庭，本文作者的理由是什么

三 根据本文观点，汽车产业都包括什么

四 设计一份调查表，调查一下你身边的中国人，最好年龄段不同。调查内容应该包括几点

1. 多少人拥有私人汽车？
2. 他们对私人购买汽车的看法。
3. 中国要不要抑制私人购车。

4. 发展私人汽车能不能促进经济的发展。

五 根据本文内容并参考相关链接的内容,再查找一些相关资料,对比你们国家的交通情况,写一篇短文,谈谈你认为中国是否应该发展私人汽车

补充阅读

你什么时候买车

案例一:A先生
工作情况:某报社
影响买车的因素:停车位
案例内容:A先生是去年夏天决定买车的,然后开始学车,今年8月份才拿到驾驶证。对于停车位,A先生表示,单位基本没有停车位,所以停车十分困难。去年得知单位会有新的办公地点,新地点的停车位比较充足,而自己住的小区停车位不多,如果现在不买车的话,小区里的停车位就要没了,所以决定买车。至于价格,A先生表示自己着急使用,不想再等了。

A先生50岁左右。像A先生这样年龄的很多消费者是福利分房,那时的房子没有停车位。在这样的消费者买车时,停车位往往成为关键的因素,有时甚至是起决定作用的因素,价格反而成为次要的因素。

案例二:B先生
从事行业:旅游业
意向更换车型:吉普车
影响买车的因素:价格
案例内容:B先生表示,几个月来车价降得太狠了,有的车型厂家降价近3万元,实在不敢买,还是再等等吧,等到明年"五一"左右再说。
不知道明年"五一"的时候B先生对汽车的价格是否满意。

案例三:C先生
工作情况:国营单位
影响买车的因素:分期付款
案例内容:C先生想通过分期付款买车,考虑到孩子上学、父母的身体

等因素,他觉得自己手里有一些活钱比较踏实,他已经交了首付款但还迟迟没有得到银行的审批。C先生表示买车可以提高自己的生活质量,只要自己的经济实力允许、自己又需要车时,就该买车。

C先生可以一次性付款买车,但是他想手头的钱多一些心里才踏实。还有很多不能一次性付款买车的消费者,希望通过分期付款买车。但现在,在宏观调控的影响下,银行对贷款买车的审核越来越严,通过银行贷款实现买车愿望的消费者不断减少,车贷成为影响车市的重要因素。

(据2004年12月8日《北京青年报》)

 生 词 语

1. 停车位	（名）	tíngchēwèi	parking space
2. 考虑	（动）	kǎolǜ	to consider; to think over
3. 活钱	（名）	huóqián	flexible money
4. 踏实	（形）	tāshi	steady and sure; free from anxiety
5. 首付款	（名）	shǒufùkuǎn	down payment
6. 迟迟	（副）	chíchí	slowly
7. 审批	（动）	shěnpī	to examine and approve
8. 经济实力		jīngjì shílì	economic strength; economic power
9. 贷款		dài kuǎn	to loan

 阅读练习

一—— A先生为什么现在要买车

二—— C先生为什么要采用分期付款的方式买车

三—— 你打算什么时候买车

四　影响你买车的主要因素是什么

相关链接

中国应该抑制汽车发展

从中国的国情和世界未来的发展趋势考虑,我们不但不应该大力发展私人汽车,而是恰恰相反,要抑制私人轿车消费并且严格、合理地控制轿车的生产规模,从而保证和促进公共交通的发展。

首先,就国情而言,中国人多地少,尤其在相对发达的东部地区,少量的私车远不足以满足社会的交通需求,如果增加私车数量,给我们带来的将是灾难性的后果,交通状况将受到巨大的挑战。人口拥挤、交通不畅的城市就会更加乌烟瘴气。

二是对环境的严重挑战。汽车带来的严重环境问题,即使在经济和科技发达、人口和土地状况比我们好的发达国家也越来越严重。以我国目前的环境状况来看,水、土、气三方面都处于相当严峻的形势,环境的保护和治理已经是今天刻不容缓必须解决的难题。大量增加私人轿车,会使本已不堪重负的土地、空间进一步遭受致命的摧残。以这样的方式发展汽车工业,我们要付出巨大的代价。环境的毁坏将是难以恢复的,甚至是不可弥补的。

其三是大量发展私人轿车将导致能源危机。中国的人均能源拥有量只有世界人均水平的1/7。从1993年起我国已成为石油纯进口国。

显而易见,由于我国人口、环境和能源的不利因素,以发展私人轿车来促进汽车工业的路不仅是行不通,而且是相当有害的。中国不宜盲目发展私人汽车,更不能鼓励私人购买轿车,而是要尽量抑制私人轿车的发展。

(据"建绿色北京、迎绿色奥运"活动征文
《中国的汽车战略:抑制私人拥车,调整轿车工业,发展公共交通》)

二

 热身话题

1. 说说你看到的中国交通状况。
2. 介绍一下你们国家的交通情况。

 生词语

1.	成立	（动）	chénglì	to found
2.	兴建	（动）	xīngjiàn	to build; to construct
3.	列入	（动）	lièrù	to include
4.	建设	（动）	jiànshè	to construct; to build
5.	一系列	（名）	yíxìliè	a series of
6.	筹备	（动）	chóubèi	to found; to prepare
7.	奠基	（动）	diànjī	to lay a foundation
8.	典礼	（名）	diǎnlǐ	ceremony; celebration
9.	载货	（动）	zàihuò	to carry cargo
10.	轿车	（名）	jiàochē	saloon car
11.	焦点	（名）	jiāodiǎn	focus
12.	生产点	（名）	shēngchǎndiǎn	producing site
13.	同比	（动）	tóngbǐ	to compare with
14.	排名	（动）	páimíng	place; position in a name list
15.	保有量	（名）	bǎoyǒuliàng	tenure quantity
16.	载客	（动）	zàikè	to carry passenger
17.	起步	（动）	qǐbù	to start

 专有名词

1. 第一汽车制造厂　　Dì-yī Qìchē Zhìzàochǎng　　The First Automobile Factory

2. 解放牌　　　　　Jiěfàng Pái　　　　　　Jiefang Brand
3. 北戴河　　　　　Běidài Hé　　　　　　　Beidai River

词语练习

一 写出可以和下列量词搭配的词语

一批 (　　)(　　)(　　)(　　)
一片 (　　)(　　)(　　)(　　)

二 词语搭配

(　　)计划　(　　)调整　(　　)典礼　兴建(　　)
(　　)收入　(　　)结构　(　　)变化　列入(　　)
(　　)观念　(　　)比重　(　　)空白　持续(　　)

三 选词填空

筹备　起步　空白　排名　焦点　典礼　同比

1. 在本月销量排行榜上,这本书(　　　　)第五。
2. 中国轿车生产(　　　　)比较晚。
3. 今年汽车销量逐步下降,(　　　　)减少15%。
4. 目前,他们正在(　　　　)亚洲经济发展大会。
5. 争论的(　　　　)是这个项目是否符合国家环保标准。
6. 本周末将举行鸿基酒楼的开业(　　　　)。
7. 这项研究成果填补了国内的(　　　　)。

课文

成长中的中国汽车业

新中国成立后,兴建第一汽车制造厂的任务列入了新中国的第一个五年计划。1950—1953年展开了建设一汽的一系列筹备工作,1953年7月15日举行第一汽车制造厂奠基典礼。仅仅用了3年时间,1956年7月14日,一汽就开出了第一批12辆解放牌载货汽车。

中国轿车业的发展可分为两个阶段:20世纪50年代到80年代初,国内轿车工业几乎是一片空白,1980年全国只生产轿车5418辆。1983年以后,中国要不要发展轿车、如何发展轿车,成为人们共同关注和争论的焦点。1987年国务院北戴河会议决定建设一汽、二汽、上海这三个轿车生产点。此后,汽车产量持续、快速增长。由1990年51万辆发展到2002年的325万辆,增长了6.4倍。2002年同比增长38.5%,汽车产量全球排名第5位。

近20年来,汽车消费结构发生了明显变化。据统计,1985年全国民用汽车社会保有量321万辆,其中私人汽车拥有量为28.5万辆,占总保有量的8.9%;1990年社会保有量为551万辆,其中私人汽车拥有量81.6万辆,占14.8%;到2000年和2001年时变化更快,全国汽车社会保有量分别增加到1609万辆和1802

万辆,其中增幅最大的是私人汽车拥有量,一举上升到625万辆和769万辆,分别占总保有量的38.9%和42.7%,也就是说,个人已经成为汽车的消费主体之一。同时,在私人汽车拥有量中,载货、载客汽车的比重也发生了重大变化,由1990年的70:30,改变为2001年的39:61。汽车消费结构的变化,促进了汽车工业的产品调整,带动了汽车工业的发展。

随着国民收入的增加、人民生活水平的提高和汽车消费观念的转变,私人购车、汽车进入家庭的时代开始起步。

 语 言 点

1. **20世纪50年代到80年代初,国内轿车工业几乎是一片空白**

   "几乎",副词,表示非常接近某一程度,差不多。

   例句:
   1) 中国的大城市我几乎都去过了。
   2) 这个地方变化得太厉害了,我几乎都不认识了。

2. **由1990年51万辆发展到2002年的325万辆,增长了6.4倍**

   "由",介词,有"从"的意思。表示时间、处所的起点,或来源、发展变化的起点和经过的路线、场所。

   例句:
   1) 城市人均住房面积由原来的4平方米提高到24平方米。
   2) 对这个公司的工作,他已经由不习惯到完全适应。

3. **2002年同比增长38.5%,汽车产量全球排名第5位**

   例句:
   1) 百货大楼10月份销售皮鞋2.9万双,同比上升19.8%。
   2) 受海啸的影响,今年的游客大幅减少,同比下降38%。

语言点练习

一、用指定词语完成句子

1. _____,她都在这个学校上学,共有十一年时间。(由)
2. 她有浓重的南方口音,_____。(几乎)
3. _____,深圳发生了巨大的变化。(由)
4. 没想到会发生这样的事情,_____。(几乎)

二、用指定的词语完成对话

1. A:听说给老张治病的那个大夫非常有名,特别是在治疗心血管疾病方面。
   B:_____。(几乎)
2. A:骑车去香山得多长时间?
   B:_____。(由)
3. A:你们从哪里去九寨沟?
   B:_____。(由)
4. A:你们那儿有没有日本产的数码相机?
   B:_____。(几乎)
5. A:他们是一起去上海的吗?
   B:_____。(分别)

综合练习

一、解释下列画线部分的含义

1. 兴建第一汽车制造厂的任务<u>列入</u>了新中国的第一个五年计划。
2. 1956年7月14日,一汽就开出了第一批12辆<u>解放牌</u>载货汽车。
3. 2002年<u>同比</u>增长38.5%,汽车产量全球排名第5位。
4. 在私人汽车拥有量中,<u>载货、载客</u>汽车的比重也发生了重大变化。
5. 私人购车、汽车进入家庭的时代<u>开始起步</u>。

二 ── 中国轿车的发展分为哪两个阶段

三 ── 汽车消费结构的变化包括哪两方面的内容

四 ── 汽车进入家庭需要什么条件

五 ── 根据课文内容,再查找一些相关资料,写一篇介绍中国汽车业的历史和现状的短文

补充阅读

中国网民购车愿望强烈

一项关于汽车拥有率及购买意向的全球互联网调查显示,在亚太区、欧洲和美国28个市场中,中国及新加坡互联网网民汽车拥有率为全球最低。尽管如此,在汽车购买意向方面,却有30%的亚洲受访者表示在未来一年内有购车打算,其中中国网民的购车愿望最为强烈。

该项调查由全球市场研究公司AC尼尔森4月1日发布。调查为AC尼尔森全球互联网调查的一部分,于2004年10月进行。它访问了亚太区、欧洲和美国28个市场共14100位受访者。中国受访者的汽车拥有率在被调查的28个市场中排名27,有31%的受访者称拥有汽车,其中中国香港为20%。排名第一的为美国,92%的美国受访者称拥有汽车;澳大利亚与意大利受访者的汽车拥有率相同(90%),位居全球第二。

AC尼尔森大中华区汽车研究总监表示:"这一数字(31%)反映了中国互联网网民的汽车拥有状况。"根据去年AC尼尔森的一项调查,中国主要城市中汽车的家庭拥有率为7%。纵观全国,中国消费者的汽车拥有率则更低一些。基于互联网网民这一特定的消费群通常居住于城市、受教育程度较高、同时相对富有等原因,互联网网民的汽车拥有率明显高于全国平均水平,因此网民也是汽车商的主要目标群。

从调查结果来看,价格是互联网网民购车时最主要的选择因素。

(据2005年4月2日《北京青年报》)

生 词 语

1. 意向	（名）	yìxiàng	intention; purpose
2. 显示	（动）	xiǎnshì	to show; to display
3. 网民	（名）	wǎngmín	net citizen
4. 受访者	（名）	shòufǎngzhě	interviewee
5. 位居		wèi jū	to lie; to locate; stand
6. 反映	（动）	fǎnyìng	to reflect; to mirror
7. 纵观	（动）	zòngguān	to look far and wide; to scan; to survey
8. 基于	（动）	jīyú	to be based upon; to ground on
9. 明显	（形）	míngxiǎn	clear; obvious; evident

专有名词

亚太区　　　　Yà-Tài Qū　　　　the Asia-Pacific Region

阅读练习

一 — 解释画线部分的含义

1. 中国及新加坡互联网网民汽车拥有率为<u>全球最低</u>。
2. 在汽车购买意向方面,却有30%的亚洲受访者表示在未来一年内有购车打算,其中中国网民的<u>购车愿望最为强烈</u>。
3. 该项<u>调查</u>由全球市场研究公司AC尼尔森4月1日发布。
4. 92%的美国<u>受访者称拥有汽车</u>。
5. 澳大利亚与意大利受访者的汽车拥有率相同(90%),<u>位居全球第二</u>。
6. 因此网民也是<u>汽车商的主要目标群</u>。

二 — 根据课文内容填空

AC尼尔森公司调查了亚太地区和欧美28个市场,(　　　　)的数量一共有14100名,调查结果(　　　),中国以及新加坡网民的汽车拥有率明显(　　　)欧美国家。31%的中国网民(　　　)拥有汽车。在28个被调查的市场中,中国网民的汽车拥有率(　　　)第27位。(　　　)中国网民汽车拥有率比较低,但是(　　　)全国的情况,31%这个数字还是远远(　　　)平均水平。这是因为中国网民一般(　　　)教育程度比较高,收入高,且多(　　　)大城市。中国网民的购买汽车的能力比较强,而且购车愿望也很(　　　)。

相关链接

今年乘用车需求将增加17%

人们以各种方式迎接新年的到来。但是对于汽车市场来说,2005年年初的汽车市场是以多种车型的降价和众多新车型的上市拉开了序幕。今年汽车市场的走势如何?根据国家信息中心的预测,2005年汽车市场总销量将达到299万辆,增长17%。

2004年,中国汽车业走过了跌宕起伏的一年,汽车市场从卖方市场转向了买方市场。由于竞争对手的增加、新车型的频繁投放、汽车信贷的收缩以及消费者的持币待购等原因,汽车市场竞争越来越激烈。

但是,2005年的汽车市场依然存在不少有利因素:1. 中国GDP持续稳定增长9.5%,居民可支配收入增加;2. 厂家提供的车型变化更新、更多;3. 二手车市场活跃,促进新车消费;4.《乘用车燃料消耗量限值》出台,有利于促进节能车辆的需求增长。

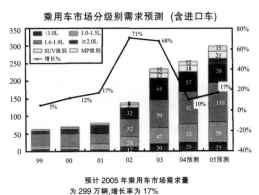

预计2005年乘用车市场需求量为299万辆,增长率为17%

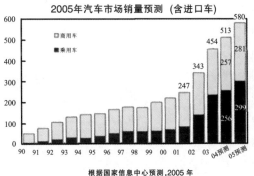

根据国家信息中心预测,2005年汽车市场销量为580万辆,增长13%

(据2005年1月4日《北京晚报》)

第八课 外资企业与中国

> **导读**
> 本课介绍了某些外国品牌在中国市场的现状及前景,你将学习有关商品经营方面的内容。

一

 热身话题

1. 请列举你知道的洋酒品牌。
2. 你认为洋酒在中国有市场吗?其发展前景会如何?

 生词语

1. 新兴	(形)	xīnxīng	rising; new and developing
2. 热衷于		rèzhōngyú	to be wild about; to high on
3. 成就	(动)	chéngjiù	to achieve; to accomplish
4. 庞大	(形)	pángdà	enormous; huge; colossal
5. 庆典	(名)	qìngdiǎn	celebration
6. 联想	(动)	liánxiǎng	to associate; thought of
7. 开拓	(动)	kāituò	to open up; to develop
8. 竞争	(动)	jìngzhēng	to compete
9. 战略	(名)	zhànlüè	strategy
10. 激烈	(形)	jīliè	intense; fury
11. 扩张	(动)	kuòzhāng	to expand; to extend
12. 坎坷	(形)	kǎnkě	rough; full of frustrations
13. 酿酒		niàng jiǔ	to make wine; to brew beer
14. 萎缩	(动)	wěisuō	to shrink
15. 崛起	(动)	juéqǐ	to grow up
16. 国际化	(名)	guójìhuà	internationalization
17. 至关重要		zhìguān zhòngyào	very important

专有名词

1. 人头马　　　　Réntóumǎ　　　Remy Martin
2. 轩尼诗　　　　Xuānníshī　　　Hennessy
3. 马爹利　　　　Mǎdiēlì　　　　Martell

 专业词语

1. 饱和　　　（形）　　bǎohé　　　　　　saturated
2. 高管　　　（名）　　gāoguǎn　　　　　administrative officer; executive
3. 市场份额　　　　　shìchǎng fèn'é　　market share
4. 财政年度　　　　　cáizhèng niándù　financial year
5. 净亏损额　　　　　jìng kuīsǔn'é　　　net deficiency

 词语练习

一　写出下列词语的近义词

庞大——　　　开拓——　　　扩张——　　　萎缩——

二　选词填空

1. 随着中国经济的快速发展、生产产量的增加,很多家用电器在市场上已经_____了。(饱和/不足)
2. 与国际接轨是中国产品走向_____的重要目标。(市场化/国际化)
3. _____的大小表明某种产品营销状况的好坏。(市场份额/产品数量)
4. 中国改革开放取得了令世人瞩目的_____。(成就/成绩)
5. 面对激烈的市场_____,企业的产品质量显得十分重要。(扩张/竞争)
6. 现代化的管理对于一个企业的发展_____。(极为严重/至关重要)

课文

人头马在中国市场

从全球奢侈品市场来看,世界上的很多奢侈品品牌在纷纷加紧宣传,开发中国这块新兴的具有巨大潜力的市场。由于欧美奢侈品市场的相对饱和,同时亚洲人开始热衷于奢侈品的消费,这两个重要的原因成就了中国这样一个庞大的市场。

人头马重视中国市场。人头马路易十三的130周年庆典时,众多人头马高管聚集上海,让人很容易就联想到人头马对中国市场的策略及其对中国市场的重视程度。

令人头马老店引以为豪的是,人头马品牌在19世纪就进入中国,这样的一个背景是人头马开拓中国市场的重要基础。人头马虽然进入中国已经超过100年,市场份额也相当大,但是其竞争对手在中国的市场战略也从来没有停止过。轩尼诗、马爹利等在中国都有很大的市场份额。现在每年有很多奢侈品品牌进入中国,竞争也日益激烈,几乎所有的品牌都在快速扩张。

面对激烈的市场竞争,人头马这个300多年老店也曾经历过坎坷。1998年人头马酿酒公司的葡萄酒业务日渐萎缩,2004年3月结束的财政年度中,公司的净亏损额达到1.05亿美元。但此后不久,人头马重新崛起,其国际化眼光对于强化公司的国际地位起到了至关重要的作用,并推动其在中国市场的不断发展。

(据《东方早报》2005年1月24日
《人头马亚洲董事玛丽·佩芙:人头马重定义品牌》)

语言点

1. 从全球奢侈品市场来看,世界上的很多奢侈品品牌在纷纷加紧宣传

    "从"表示凭借、根据,跟名词组合。

    例句:
    1) 从气象预报看来,近几天会大风降温。
    2) 从身体状况考虑,他不适合做这项工作。

2. 众多人头马高管聚集上海,让人很容易就联想到人头马对中国市场的策略及其对中国市场的重视程度

    "让"表示"致使"。

    例句:
    1) 经理让他赶快把合同整理好。
    2) 对不起,飞机晚点,让您久等了。

3. 国际化眼光对于强化公司的国际地位起到了至关重要的作用

    "对于"后面的词或短语指涉及的事。

    例句:
    1) 他这样做对于解决销售问题起不了多大的作用。
    2) 公司至今仍没有找到对于这件事情的处理办法。

语言点练习

一、用指定句式完成句子

1. _____,这家公司的经营状况很好。(从……)
2. 他的成功,_____。(让……)
3. 虽然取得了很好的经济效益,_____。(但是……)
4. _____有待进一步确认。(对于……)

二、用所给的词语造句

1. 从：
2. 让：
3. 对于：

综合练习

1. 中国的什么市场具有巨大的潜力？
2. 请说说人头马在中国的历史。
3. 谁是人头马在中国的市场竞争对手？
4. 人头马的经营状况如何？
5. 如果你经营的是一家酒业公司，你将怎样开拓中国市场？

补充阅读

玛丽·佩芙与人头马

玛丽·佩芙是位有着金融学博士学位的女性高管，她将法国女人的精致、高雅和迷人的微笑与她雄心勃勃的气质混合在一起。从人头马国际市场总监到干邑和白兰地国际市场总监，玛丽·佩芙凭借她多年以来在奢侈品行业的从业和处事经验，以及极强的洞察能力，终于坐上了人头马亚洲区的董事总经理的位置。作为一名家族企业中的女性职业经理人，她的工作职责是统筹规划该公司在亚洲地区的全部商业运营。

"人头马一开，好事自然来。"人头马的广告词令人难忘。事实上，作为在中国的洋酒的知名品牌，人头马一直以奢华与贵族的形象出现，这正体现了人们对奢华的传统意义上的理解。然而，新一代高档消费者的个性和消费理念发生了很大的变化。他们不再注重物质层面的炫耀，而是更为关注品位方面的培养。玛丽·佩芙认为,在这样的环境下,人头马原来定位在反映奢华的广告语已经不能满足新的消费者的精神需要。为了新时代的目标消费群体的需求,将原来的广告语推倒重来,改为:"FEELMORE 感·触无量。"在玛丽·佩芙看来,新的广告语比以往的任何一个广告语都更能反映出时代的要求。

有数据表明,世界上销售的每三瓶干邑中,就有一瓶来自人头马。目前所有的人头马产品,都产自法国。原因在于其选料需要完全采用干邑区中极品葡萄。在人头马的全系列中,V.S.O.P 为世界销量第一。玛丽·佩芙希望人头马能够突破目前 40% 的世界市场份额。

(据《东方早报》2005 年 1 月 24 日
《人头马亚洲董事玛丽·佩芙:人头马重定义品牌》)

 生 词 语

1. 精致	(形)	jīngzhì	delicate; refined
2. 高雅	(形)	gāoyǎ	elegant
3. 迷人	(形)	mírén	to bewitch
4. 雄心勃勃		xióngxīnbóbó	ambitious
5. 气质	(名)	qìzhì	temperament
6. 混合	(动)	hùnhé	to mix; to blend
7. 洞察	(动)	dòngchá	to have a insight into; to observe
8. 职责	(名)	zhízé	duty; obligation; responsibility
9. 统筹	(动)	tǒngchóu	to plan as a whole
10. 商业	(名)	shāngyè	commerce; trade; business
11. 运营	(动)	yùnyíng	to run
12. 奢华	(形)	shēhuá	opulent; extravagant
13. 个性	(名)	gèxìng	individuality
14. 理念	(名)	lǐniàn	idea; thought
15. 炫耀	(动)	xuànyào	to show off

16. 培养	（动）	péiyǎng	to foster; to train
17. 推倒重来		tuīdǎo chónglái	to detrude and come again
18. 极品	（名）	jípǐn	masterwork; nonsuch

 专有名词

1. 干邑（葡萄酒名，原为法国地名） Gànyì Cognac
2. 白兰地 Báilándì Brandy

 专业词语

市场总监　　shìchǎng zǒngjiān　　market majordomo

 阅读练习

一　　根据文章内容选择最恰当的答案

1. 玛丽·佩芙是人头马公司的高级_____。
   A. 行政官员　　B. 专业职员　　C. 管理人员　　D. 营销人员
2. 人头马公司的性质是_____企业。
   A. 公有　　B. 个人　　C. 家族　　D. 国有
3. 人头马的新广告语反映了对_____的追求。
   A. 物质　　B. 富贵　　C. 奢华　　D. 品位
4. 制作人头马产品的原料来自法国干邑区_____的葡萄。
   A. 很好　　B. 较好　　C. 普通　　D. 最好

二 请谈谈你对人头马新、旧广告语的理解

相关链接

外企如何在中国获得成功

在竞争激烈的家电市场上,几乎所有知名的国际品牌公司都看好中国市场,并加入到竞争行列。

德国西门子家用电器公司可谓幸运者,它在中国获得了成功。十年前西门子在华进行巨额投资,创建了两个工厂,一个生产欧式滚筒洗衣机,另一个生产电冰箱。现在西门子的洗衣机、电冰箱年销售额和市场份额已牢牢地站在了中国第一国际品牌的位置上。与此同时,企业发展也非常健康。

西门子的成功经验也许能给一些国际品牌公司带来启示。西门子中国区总裁盖尔克先生认为:一是要尊重消费者。很多外资企业简单地认为只要贴上一个外国名字就能把产品卖掉,这实在太荒唐了。中国的消费者至少跟德国人一样挑剔,同时他们中的很多人要为购买一台冰箱付出几个月的积蓄,而在欧洲也许仅为半个月的积蓄。如果不老老实实地拿出好产品,就很难赢得他们的信任。二是不要期望一天成功。不要指望在中国一锄头就能挖出个金娃娃,必须扎根中国,与中国一起成长。西门子不仅在中国投资建厂,还在中国成立了研发中心、国际采购中心,并把这几年在中国的盈利全部拿出来再投入进行研发和扩大生产能力。他们最终看到的是十年、二十年以后,而不仅仅是现在。

想在中国发展吗?把眼光放远些,实实在在地做些事。这就是已有一百五十八年历史的西门子在中国的成功经验。

(据 2004 年 12 月 31 日新浪网王文
《外企如何在中国获得成功》)

二

 热身话题

1. 请列举你知道的洋快餐。
2. 你认为洋快餐在中国有市场吗？其发展前景会如何？

 生词语

1. 巨头	（名）	jùtóu	magnate
2. 稍逊于		shāoxùnyú	slightly inferior to
3. 洽谈	（动）	qiàtán	to hold talks
4. 投资者	（名）	tóuzīzhě	investor
5. 追捧	（动）	zhuīpěng	to follow; to pursue
6. 拥有	（动）	yōngyǒu	to possess; to own
7. 机会	（名）	jīhuì	chance; opportunity
8. 保守	（形）	bǎoshǒu	conservative
9. 门店	（名）	méndiàn	shop; store
10. 业绩	（名）	yèjì	outstanding achievement
11. 因素	（名）	yīnsù	factor; element
12. 掌控	（动）	zhǎngkòng	to predominate; to command
13. 谨慎	（形）	jǐnshèn	careful; prudent
14. 发牌		fā pái	to deal
15. 培训	（动）	péixùn	to cultivate; to train

 专业词语

1. 加盟商　　jiāméngshāng　　merchant of league
2. 独资公司　dúzī gōngsī　　　solo corporation

3. 零售业　　　　língshòuyè　　　　retailing; retail trade
4. 加盟店　　　　jiāméngdiàn　　　　shop of league

 词语练习

一　组　词

例如：工作（工作顺利）（参加工作）

巨头（　　　）（　　　）　　洽谈（　　　）（　　　）

拥有（　　　）（　　　）　　培训（　　　）（　　　）

机会（　　　）（　　　）

二　选择恰当的词语填空

　　谨慎　稍逊于　拥有　追捧　业绩　保守　巨头　因素　掌控

1. 受多种_____的影响，目前的纺织行业不太景气。
2. 作为公司老总，他做每一个决定都十分_____。
3. 经过艰苦努力，他们公司终于_____了上亿元的资产。
4. 自从采取有效的经营管理措施后，公司的_____直线上升。
5. 企业家要勇于创新，思想不能太_____。
6. 热门行业会受到众多求职者的_____。
7. 与去年同期相比，经济发展速度_____去年。
8. 公司的所有重要部门都在他的_____之中。
9. 经过商场上几十年的顽强奋斗与拼搏，他最终成为商业界的_____。

课文

麦当劳公司在中国发展加盟商

麦当劳公司作为全球最大的快餐巨头，目前在中国市场的发展规模却稍逊于同行的肯德基公司。然而公司按照全球3万家门店的发展需求,正进行策略性的扩张。据保守预计,2005年在中国至少新增100家门店。

自2004年底麦当劳公司全球特许经营的高层来中国考察后,目前正在从收到的1000多份申请表中积极地选择合适的加盟商,并和他们进行详细洽谈。这是麦当劳公司进入中国15年来首次在加盟方面获得投资者大范围的热烈追捧。

这些中国申请者主要来自麦当劳实现独资公司的区域。大部分申请者都较为年轻,且文化层次也较高。据了解,个人投资者如果拥有250万元至320万元人民币的资金,便有望成为麦当劳某个餐厅的"个体老板"。这并不意味着合资区域的投资者完全没有加盟麦当劳的创业机会,因为中国零售业已经全面开放,对于投资者来说机会总是有的。

在中国发展加盟店方面,麦当劳公司一直非常保守。由于加盟商个人的经营能力、当地的市场状况、消费群特点等因素和门店业绩有很大关系,加之麦当劳公司对这些因素难以完全掌控,因而像麦当劳公司这样的品牌企业,在发展加盟店初期都较为谨慎。

麦当劳公司对加盟的要求非常严格,需要该公司美国总部方面"发牌",一般要18个月才会开出加盟店,其中仅培训就需要12个月。

(据2005年1月9日《上海青年报》)

语言点

1. 据保守预计,2005年在中国至少新增100家门店

    "至少"表示最低限度。至少+动词+数量。

    例句:

    1) 这部电影我至少看过三遍。

    2) 从公司到那家饭店至少要走十分钟。

2. 自2004年底麦当劳公司全球特许经营的高层来中国考察后

    "自"限指过去的时间起点。

    例句:

    1) 自结婚后,他们就再没有吵过架。

    2) 自改变经营方式后,公司的效益越来越好。

3. 这并不意味着合资区域的投资者完全没有加盟麦当劳的创业机会

    "意味着"表示"含有某种意思"或"可以理解为……"。后面可带小句做宾语。

    例句:

    1) 通货膨胀意味着物价上涨、货币贬值。

    2) 进口汽车关税税率的下降意味着国内汽车市场的竞争加剧。

4. 由于加盟商个人的经营能力

    "由于",连词,表示原因、因为。后一句可用"因而"、"因此"、"所以"。

    例句:

    1) 由于每人有自己的观点,因此很难取得一致意见。

    2) 由于企业效益不好,所以许多人都下岗了。

语言点练习

一 用所给语径及括号里的句式改写句子

1. 公司今年盈利100多万元。(至少……)

    _____。

2. 中国的改革开放给老百姓带来了很多实惠。(自……)

    _____。

3. 他每天太忙，身体都累垮了。（由于……，因而……）
   _____。

4. 他下岗后，全家人生活更困难了。（意味着……）
   _____。

二 把所给的词语连接成句子

1. 公共汽车 路途 上班 至少 花费 乘坐 两小时

2. 提高 经济 逐步 开办 自……以来 公司 效益

3. 原材料 由于……因而 上升 涨价 成本

4. 上涨 下降 意味着 物价 水平 生活

综合练习

1. "据保守预计，2005年在中国至少新增100家门店"中，"保守预计"是什么意思？
2. 要想成为麦当劳公司的加盟商，需要投入多少资金？
3. 为什么麦当劳公司初期发展加盟店比较谨慎？
4. 加盟麦当劳公司需要哪些过程？
5. 如果你有足够的资金，你愿意加盟麦当劳公司吗？请说说你的理由。

补充阅读

"品牌影响生活"调查报告

在2004年底"品牌影响生活"的大型问卷调查中，51%的被访者具有本科或本科以上学历,男女比例为2:3。从下面几组统计数据,我们可以看到品牌正在影响着人们的生活。

（一）

相当一部分被访者(39%)认为好品牌的影响不仅在消费方面,而且可能会影响其生活哲学。从某个角度来说,品牌的观念已经深入人心,成为一种现代的文化理念。另有16%的被访者认为品牌只会影响其消费观念。

（二）

日常消费中,许多人都会受到品牌意识的影响,他们买东西时会买名牌。那么有多少人认为品牌在日常生活中很重要呢？调查显示,近55%的被访者认为品牌在生活中扮演的角色"非常重要",32%的被访者认为"一般重要",7%的被访者认为不太重要。

（三）

很多人喜欢把好东西拿出来与大家分享。那么,有多少人乐于分享自己的品牌信息呢？又有哪些方面的品牌分享率最高呢？调查显示:21%的被访者常与人分享家用电器方面的品牌,15%的被访者常与人分享食品、饮料方面的品牌,14%的被访者常与人分享电脑方面的品牌。常与人分享手机和日用百货方面品牌的被访者同为12%,常与人分享服装鞋帽和音像制品方面品牌的被访者同为10%。另有6%的被访者常与人分享化妆品方面的品牌。

（四）

与人分享品牌信息的具体内容有哪些呢？调查显示:交流价格仍然是信息分享中的重头戏(18%),与它平分秋色的是交流购买和使用商品的经验。10%的被访者最常交流品牌的信息是促销活动。

（五）

哪些方面的品牌挑选最能体现消费者的眼光呢？调查显示:34%的被访者认为家电产品的挑选最能体现消费者的眼光;其次是认为服装品牌的挑选,此类人群为22%。另有15%的被访者选择了饮食品牌,与其相仿的是选择汽车品牌的被访者。

（六）

选择国产品牌还是进口品牌,首先考虑什么因素呢？调查显示:25%的被访者选择售后服务,24%的被访者选择价格因素,20%的被访者选择科技含量,20%的被访者在考虑以上因素的同时还考虑产品是否美观。

(据 2005 年 3 月 5 日《北京青年报》)

生词语

1. 问卷	(名)	wènjuàn	questionnaire
2. 被访者	(名)	bèifǎngzhě	interviewee
3. 哲学	(名)	zhéxué	philosophy
4. 深入人心		shēnrùrénxīn	to strike root in the hearts of the people; to be deeply rooted among the people
5. 意识	(名)	yìshi	consciousness
6. 扮演	(动)	bànyǎn	to act; to personate
7. 角色	(名)	juésè	role; part
8. 信息	(名)	xìnxī	information; message
9. 家用电器		jiāyòng diànqì	home appliances; home electrical appliances
10. 食品	(名)	shípǐn	food; foodstuff
11. 饮料	(名)	yǐnliào	drink; beverage
12. 日用百货		rìyòng bǎihuò	articles for daily use
13. 音像制品		yīnxiàng zhìpǐn	phono tape and videotape product
14. 交流	(动)	jiāoliú	to communicate; to exchange
15. 重头戏	(名)	zhòngtóuxì	an opera with much singing and acting
16. 平分秋色		píngfēnqiūsè	to have equal shares
17. 眼光	(名)	yǎnguāng	sight; vision
18. 相仿	(形)	xiāngfǎng	similar
19. 售后服务		shòuhòu fúwù	after service
20. 科技含量		kējì hánliàng	content of science and technology
21. 美观	(形)	měiguān	beautiful; pleasing to the eye

阅读练习

一、请将下列各有关意思与上面六个段落配对

1. 多数人常与人分享家电方面的品牌。（　　）
2. 买国货还是买洋货，先比较其售后服务。（　　）
3. 好的品牌会影响自己的生活哲学。（　　）
4. 品牌非常重要。（　　）
5. 最常交流的品牌信息是价格。（　　）
6. 挑选家电品牌最能体现品位。（　　）

二、你对"好品牌可能会影响自己的生活哲学"怎么看

三、"交流价格仍然是信息分享中的重头戏(18%)，与它平分秋色的是交流购买和使用商品的经验"这句话中，"重头戏"和"平分秋色"是什么意思

四、课文中选择饮食品牌和汽车品牌的被访者一样多吗

五、选择国产品牌还是进口品牌，你最看中的是什么因素

相关链接

外企希望在中国实现"本土人才化"

上海不少外企高级管理层将谋求全面本土化。外企想尽快融入中国市场，本土顶级人才"价廉物美"是主要原因。一家知名日本企业曾尝试全面本土化，数十名高层管理者全部由中国人担当，涉及财务总监、人事总监等所谓"金领"职位，最高年薪达30万元。这些中国人具有很强的沟通能力，非常熟悉公司及中国市场的走向。不少外企老总飞抵上海，亲自挑选有潜质的本土人才赴国外总部深造，学成后由其主管中国分公司的各项业务。

相对于外籍雇员,本土人才可谓"物美价廉"。一个老外到中国担任总监一职,海外工作补贴、住房补贴等分别为每月5000美元,加上平均年薪至少50万元,实际总收入超过百万元。粗粗估算,这一薪资相当于同等条件下5个中国人的年薪。中国市场广阔的前景也许是个更深刻的原因。如果不懂得中国本土的用人之道、具体操作规则,甚至是风土人情,一家外企根本无法更快地发展。而这些只有在大规模本土化之后才有望达到。有的人在国外仅仅是一个普通职员,但一到中国淘金,却摇身一变成了总监,这是一个令外企尴尬的现象。因此不少外企表示,与其如此,还不如让一些优秀的本土人才进入管理层,图个"物美价廉"。

(据2005年3月31日百度快照
《外企希望在中国实现"本土人才化"》)

第九课 中国与WTO

> **导读**
> 本课你将了解中国与世界贸易组织有关的话题,如中国纺织行业、进口商品关税、贸易总体状况等,并学到与之相关的内容。

一

 热身话题

1. 请谈谈你所了解的世界贸易组织。
2. 你了解中国纺织行业吗?请谈谈你们国家纺织行业的情况。

 生 词 语

1. 可谓	(动)	kěwèi		it may be said (called)
2. 非同寻常		fēitóngxúncháng		unusual
3. 配额	(名)	pèi'é		quota
4. 如期	(副)	rúqī		as scheduled; on schedule
5. 良机	(名)	liángjī		golden (good) opportunity
6. 空前	(形)	kōngqián		unprecedented; as never before
7. 面临	(动)	miànlín		to be faced with; to be confronted with
8. 诸多	(形)	zhūduō		a lot of; a good deal; great
9. 产业	(名)	chǎnyè		industry
10. 不容忽视		bùrónghūshì		to allow of no neglect
11. 档次	(名)	dàngcì		grade
12. 长足	(形)	chángzú		rapid
13. 化纤	(名)	huàxiān		chemical fibre
14. 丝绸	(名)	sīchóu		silk cloth; silk
15. 纤维	(名)	xiānwéi		fibre
16. 面料	(名)	miànliào		outside material
17. 机械	(名)	jīxiè		machine; machinery
18. 染整	(动)	rǎnzhěng		dye

专有名词

世界贸易组织（WTO）　Shìjiè Màoyì Zǔzhī　　World Trade Organization

专业词语

1. 经济全球化　　jīngjì quánqiúhuà　　economic globalization
2. 产业链　　　　chǎnyèliàn　　　　　industrial chain
3. 劳动密集型　　láodòng mìjíxíng　　labor intensive
4. 供应链　　　　gōngyìngliàn　　　　supply chain

词语练习

一 —— 组词

例如：工作（商务工作）（工作愉快）

面临（　　　）（　　　）　诸多（　　　）（　　　）

产业（　　　）（　　　）　长足（　　　）（　　　）

二 —— 用括号中所给的词语回答问题

1. 中国改革开放二十多年来取得了什么样的成果？（长足）

_____

2. 其他国家关注中国的改革开放吗？（空前）

_____

3. "在某一方面存在许多问题"这句话中，"许多"一词还可以怎么说？（诸多）

_____

课文

入世后中国纺织行业的形势

加入世界贸易组织后，中国将在更大范围内参与经济全球化和国际竞争，这既为中国经济的发展提供了新的机遇，也提出了严峻挑战。

对于中国纺织行业来说，2005年可谓非同寻常。这一年，世界纺织品服装配额将如期取消，这将使中国纺织行业面向一个更大的世界市场，取得新的发展良机。而国外对中国纺织品出口的空前关注，又将使中国纺织行业的发展面临诸多挑战。

纺织行业是中国国民经济的重要产业，在解决就业和扩大出口方面发挥着不容忽视的作用。经过改革开放二十多年的发展，中国纺织行业在规模、技术、质量、档次上已有了长足的进步，但与此同时，面临的产业形势却不容乐观。

中国纺织品产业链中的各部门在国际竞争中的地位有所不同。中国最具国际竞争力的产品主要集中在化纤、丝绸、服装等以劳动密集型为特征的领域，而在科技和资本投入要求更高的新型纤维面料、纺织机械、染整、工业用纺织品等领域，与发达国家的差距还很明显。此外,中国纺织工业在生产企业的信息化、零售企业的供应链管理以及产品品牌的推广方面也还存在不足。

(据 2005 年 2 月 1 日中国新闻网
闫晓虹《中国纺织业积极应对入世后配额全面取消时代》)

 语言点

1. 这既为中国经济的发展提供了新的机遇,也提出了严峻挑战

"既……,也……"用来连接前后两个结构相同的句子,后面的句子是前一句的进一步补充。

例句:

1) 中国的改革开放既促进了国家经济的发展,也提高了广大人民的生活水平。
2) 工厂劳动生产率的提高,既扩大了产品生产规模,也节约了生产成本。

2. 对于中国纺织行业来说,2005 年可谓非同寻常

"对于……来说"同"对……说来",表示从某人、某行业或某一方面来看的意思。

例句:

1) 对于股市来说,银行降息是一个重大利好。
2) 对于进出口贸易来说,产品质量十分重要。

3. 与此同时,其(中国纺织行业)面临的产业形势却不容乐观

"与此同时"同"同时",在前后两句中做插入语。

例句:

1) 他学习比以前用功了,与此同时,学习成绩也上去了。
2) 中国外贸出口量不断增长,与此同时,外贸产品的质量也有所提高,产品竞争力不断增强。

语言点练习

一 用指定句式或词语完成句子

1. 中国经济的快速发展,_____。(既……,也……)
2. 他从事商务工作多年,_____。(对于……来说……)
3. 他努力工作,_____。(与此同时)

二 用所给句式回答问题

1. 她的商务汉语学得怎么样?(既……也……)

   _____

2. 他认为学习商务汉语真的很容易吗?(对于……来说……)

   _____

3. 他除了在公司工作外,还做其他什么事情吗?(与此同时)

   _____

综合练习

一 加入世界贸易组织对中国有什么好处

二 为什么说 2005 年对于中国纺织行业是非同寻常的一年

三 中国纺织行业有什么优势

四 中国纺织行业存在什么不足

五 请尽可能多地说出纺织品方面的词语

第九课 中国与WTO

补充阅读

中国纺织行业的出路

中国纺织行业的弱点主要是:设计研发能力弱,缺乏原创技术;中高档产品少而大路货多,鲜有国际知名品牌,国内高端市场大多被国外品牌占领;纺织企业众多,但管理水平和信息化水平落后。这些因素制约着中国纺织品的出口。

尽管纺织品配额的取消会为中国相关行业出口带来一些机遇,但与此同时,中国的出口也将面临更大的挑战,贸易摩擦的种类和数量都将进一步增加。由于中国纺织品贸易伙伴主要集中于美、日、欧盟这三个技术贸易壁垒运用较多的国家,同时中国出口产品技术含量较低,因此很容易成为发达国家实施技术贸易壁垒的对象。

中国纺织行业目前最重要的就是解决投资方向的问题。目前纺织品出口以中低档产品为主,这虽然对解决就业、促进出口等有重要意义,但纺织行业最终要走资本、技术密集型的道路,走品牌化经营的道路。这是中国纺织行业应对各种挑战的必由之路。

今后中国纺织行业将不靠数量增长来扩大市场份额,而要通过提高质量、增加原创技术和品牌以及建立快速反应机制来适应世界市场。

(据 2005 年 2 月 1 日中国新闻网
闫晓虹《中国纺织业积极应对入世后配额全面取消时代》)

 生词语

1. 设计	(动)	shèjì	to design; to project
2. 研发	(动)	yánfā	to research and develop
3. 原创	(形)	yuánchuàng	original
4. 鲜有	(形)	xiǎnyǒu	rare
5. 高端	(名)	gāoduān	top grade

6. 制约	（动）	zhìyuē	to restrict
7. 贸易摩擦		màoyì mócā	trade friction
8. 种类	（名）	zhǒnglèi	kind; sort; type
9. 技术贸易壁垒		jìshù màoyì bìlěi	technology trade barrier
10. 含量	（名）	hánliàng	content
11. 资本	（名）	zīběn	capital
12. 必由之路		bìyóuzhīlù	inevitable course; necessary way

 专有名词

欧盟　　　　　　Ōuméng　　　　　European Union

 阅读练习

一 —— **请说出画线部分在句子中的意思** ——

1. 中高档产品少而<u>大路货</u>多,鲜有国际知名品牌。
2. <u>这</u>制约<u>着</u>中国纺织品的出口。
3. <u>贸易摩擦</u>的种类和数量都将进一步增加。
4. 这是中国纺织行业应对各种挑战的<u>必由之路</u>。

二 —— **根据课文回答问题** ——

1. 中国纺织行业的弱点主要表现在哪些方面?
2. 为什么说中国纺织品出口很容易成为发达国家实施技术贸易壁垒的对象?
3. 中国纺织行业最终要走哪两条道路?

相关链接

入世对中国纺织品及服装价格的影响

纺织品、服装鞋帽等产品是中国传统的出口商品,约占中国对外出口总量的20%。加入世界贸易组织之后,纺织行业是中国各产业中获益较多的一个行业。

2005年以后,由于出口配额的取消和对中国产品歧视的减弱,出口量将得到增加。中国出口的纺织品将取得比现在高出10%的市场份额,预计纺织行业的出口将增加50多亿美元。同时,由于贸易壁垒的取消是双向的,贸易自由化也将使得中国的服装进口大幅度增加,而且由于关税的降低,如今商场内标价高达万元的国外名牌洋服的价格将会大幅度地下降。像夏奈尔、阿玛尼等高档服饰,在不远的将来将成为越来越多中国人的柜中之物,这对中国追求服装品牌的部分消费者无疑是一个福音。

中国国产服装、鞋帽的名牌一般定位在中低档消费层次,其市场战略是依靠工薪阶层和广大在校大中学生,而国外名牌的市场定位则是在收入较丰的工薪阶层。由于定位的不同,中外名牌一般不存在直接的市场竞争。但加入世界贸易组织以后,随着关税的大幅度下调,国外名牌的价格也会有所下降,其市场定位必然会发生变化,这对中国国产名牌来说是一个挑战。

(据2002年5月20日百度快照《入世对我国纺织品、服装价格的影响》)

二

 热身话题

1. 你知道中国加入世界贸易组织时有哪些承诺吗?
2. 中国降低进口商品关税税率对老百姓有什么好处?

生词语

1. 关税	（名）	guānshuì	tariff; custom
2. 总水平		zǒng shuǐpíng	gross level
3. 农产品	（名）	nóngchǎnpǐn	agricultural product
4. 工业品	（名）	gōngyèpǐn	industrial product
5. 涉及	（动）	shèjí	to involve; to entangle
6. 降税		jiàng shuì	tax breaks
7. 税目	（名）	shuìmù	tax items
8. 零关税		líng guānshuì	zero custom
9. 消费者	（名）	xiāofèizhě	consumer
10. 实惠	（名）	shíhuì	material benefit
11. 降幅	（名）	jiàngfú	price declines range
12. 承诺	（动）	chéngnuò	to promise to undertake
13. 攀升	（动）	pānshēng	to ascend; to more up; to increase
14. 竞技	（动）	jìngjì	sports; athletics
15. 产业结构		chǎnyè jiégòu	composition of industry; industrial structure
16. 抢手货	（名）	qiǎngshǒuhuò	shopping-rush goods
17. 接轨		jiē guǐ	to connect tracks

专有名词

海尔　（名）　Hǎi'ěr　　Haier

专业词语

外贸进出口总值　　wàimào jìnchūkǒu zǒngzhí　　total import and export value of foreign trade

词语练习

一 用画线的字组词

关税（　　　）（　　　）（　　　）
商品（　　　）（　　　）（　　　）
竞技（　　　）（　　　）（　　　）

二 写出下列词语的反义词

降幅——　　　　增长——　　　　降低——
调低——　　　　大幅——　　　　下降——
积极——

课文

进口商品关税下降的益处

自2005年1月1日起，中国关税总水平由10.4%降至9.9%，其中农产品平均税率由15.6%降低到15.3%，工业品平均税率由9.5%降低到9%。

此次涉及降税的共900多个税目：汽车关税降到30%，汽车零部件关税降到13%；数码相机及其零部件、家用摄像机、家具、玩具、游戏机等将成为零关税产品。一些与日常生活密切相关的商品关税纷纷下降，更多的外国商品进入中国市场，这对普通消费者来说，意味着将在吃、穿、用、行等方面得到更大的实惠。例如数码相机有望率先调低价格，估计降幅可能达数千元。

到2005年为止，经过连续几次大幅降税，中国已基本完成了加入世界贸易组织时承诺的降税义务。从实际效果看，关税水平的下降对中国经济健康、稳定地发展起到了积极的作用。

近几年中国外贸业持续快速增长,关税的下降是其中重要因素之一。今年中国外贸进出口总值首次突破万亿美元,海关全年税收将突破4700亿元。预计今后外贸业还将保持持续增长,海关税收将继续攀升。

进口关税下降,国门进一步开放,国内外企业"同场竞技",推动着中国国内产业结构的调整和行业发展。中国家电行业迅速发展,已成为世界重要家电生产国,海尔、TCL等品牌的产品成了国际市场的抢手货。随着关税再次下降,国际、国内两个市场将更紧密地接轨。

(据《人民日报》2005年1月4日杜海涛《近千种进口货关税下降,百姓能否得到更多实惠》)

语言点

1. 自2005年1月1日起,中国关税总水平由10.4%降至9.9%

"自……起"同"从……起",表示从什么时间开始。"自"表示时间的起点。

例句:

1) 自今年起,物价逐渐回落。

2) 据专家预测,自2008年起,经济将进入良性循环。

2. 一些与日常生活密切相关的商品关税纷纷下降

"与……相关"表示与某事物有联系。"与"同"跟"。

例句：

1) 物价上涨与通货膨胀相关。

2) 商品质量的好坏与人民生活密切相关。

3. 到2005年为止,经过连续几次大幅降税,中国已基本完成了加入世界贸易组织时承诺的降税义务

"到……为止"表示某事继续进行到什么时间。

例句：

1) 到今年为止,这种商品的进口税率已经下降了20%。

2) 考试报名到明天下午3点为止。

4. 从实际效果看,关税水平的下降对中国经济健康、稳定地发展起到了积极的作用

"从……看"表示根据、凭借某方面可以表现出来。

例句：

1) 从目前市场竞争状况看,新一轮的价格战即将开始。

2) 从进口关税税率看,这款汽车暂时还不会降价。

语言点练习

一　用指定词语完成句子

1. _____,中国经济快速发展。（自……起）

2. 人民生活水平的高低_____。（与……相关）

3. _____,他已经在那家公司工作十年了。（到……为止）

4. _____,这家工厂的管理是不错的。（从……看）

二　用所给句式回答问题

1. 你是在什么时候开始学习商务汉语的？（自……起）

2. 经济与什么有关系？（与……相关）

3. 这家超市亏损了多长时间？（到……为止）

4. 你们公司经营状况怎么样？（从……看）

 综合练习

一 —— 进口商品关税下降带来的益处有哪些

二 —— 中国加入世界贸易组织时的承诺之一是什么

三 —— 请列举与关税有关的词语

四 —— 解释画线部分在本句中的含义

1. 海关税收将继续<u>攀升</u>。
2. 国内外企业"<u>同场竞技</u>"，推动着中国国内产业结构的调整和行业发展。
3. 品牌产品成了国际市场的<u>抢手货</u>。
4. 随着关税再次下降，国际、国内两个市场将更紧密地<u>接轨</u>。

补充阅读

"大进大出"的背后是什么

2004年，中国的外贸进出口额突破1万亿美元。据统计，中国外贸进出口额从100亿美元上升到1000亿美元，用了16年；从1000亿美元到5000亿美元，用了13年；而从5000亿美元到1万亿美元，仅用了短短3年。有人说，这是中国贸易新的里程碑，然而它的背后却有值得深思的问题。

尽管1万亿美元的数字平均摊到每个中国人头上还不到850美元，与世界人均2400美元的水平尚有一定差距，但是这个数字足以引起世界的不安。

首先看"大进"的后果：2004年是"中国买什么，世界涨什么"，这几乎成了一条铁的规律。美国尼克松中心的一位专家毫不掩饰地说："世界几乎成了中国的供应国。"原油、铁矿砂、铜和钢材的价格大幅度上涨，为中国2004年进口额的上升起到了推波助澜的作用。其次再看"大出"。中国生产的低端商品潮水般地涌向世界各国，许多国家和地区不得不对中国发起了反倾销战。

中国经济发展到今天，"大进大出"战略到了必须调整的地步。如果只做一个贸易大国而不是贸易强国，只能把中国推向世界的对立国；如果这种战略继续下去的话，将给中国带来无穷的贸易战。中国应坚定走精加工的道路，否则，仅仅追求表面数字轰轰烈烈的假象，能给自己真正留下什么呢？

(据《环球财经》2005年2月1日
《"大进大出"之谬：无穷贸易战和外交战之源》)

生词语

1. 外贸进出口额		wàimào jìnchūkǒu'é	the volume of import and export of foreign trade
2. 里程碑	（名）	lǐchéngbēi	milestone; landmark
3. 深思	（动）	shēnsī	to think deeply about
4. 摊	（动）	tān	to prorate
5. 尚	（副）	shàng	still; yet; even
6. 足以	（动）	zúyǐ	to be enough; to be sufficient
7. 毫不掩饰		háobùyǎnshì	to not cover up at all
8. 原油	（名）	yuányóu	crude oil
9. 铁矿砂	（名）	tiěkuàngshā	ironstone
10. 铜	（名）	tóng	copper

11. 低端	（形）	dīduān	lower extreme
12. 反倾销		fǎn qīngxiāo	anti-dumping
13. 对立	（形）	duìlì	to oppose
14. 精加工		jīng jiāgōng	to finish machining
15. 轰轰烈烈		hōnghōnglièliè	amid fire and thunder; be dynamic; in mighty waves

 阅读练习

一 ── 中国外贸"大进大出"的背后到底有什么问题

二 ── 说出画线部分在句子中的含义

1. 2004年"中国买什么,世界涨什么",这几乎成了<u>一条铁的规律</u>。
2. 许多国家和地区不得不对中国发起了<u>反倾销战</u>。
3. 如果只做一个<u>贸易大国</u>而不是<u>贸易强国</u>,只能把中国推向世界的<u>对立国</u>。

三 ── "仅仅追求表面数字轰轰烈烈的假象,能给自己真正留下什么呢"是什么意思

相关链接

进口输入型成本推动生产资料价格上涨

生产资料价格从按月环比指数情况看,1月份价格下落0.1%,2月份回升0.7%,3月份进一步上升1.7%。其中钢材、油品是领涨品种:3月份钢材市场价格总水平环比又上涨了3.6%,并推动当月生产资料价格总水平环比上涨了0.9%;油品价格上涨3.9%,并推动当月生产资料价格总水平环比上涨了0.5%。

当前价格上涨的原因主要是成本推动,尤其是进口输入型的成本推

动。从钢材、油品等领涨品种看,近期价格上涨主要是由于国际市场价格的高位大幅上涨的拉动以及垄断性调价与炒作。以钢材为例,钢材价格的上涨,主要原因不是需求的拉动,一方面是由于进口铁矿石价格从4月份开始要提价71.5%,另一方面钢材国际市场价格仍大大高于国内,刺激了中国国内出口,从而推动国内厂商再次快速上调了钢铁产品价格。

(据《中华工商时报》2005年4月13日
《进口输入型成本推动,生产资料价格走入平稳格局》)

第十课　贸易争端案例

> **导读**
> 在国际贸易中,发生贸易争端甚至引发贸易战都是经常发生的事情,本课介绍几个贸易争端的案例,并学习与之相关的知识。

一

 热身话题

1. 在你们国家,能买到中国制造的服装吗?
2. 你觉得中国制造的服装怎么样?

 生词语

1. 纺织　　（动）　　fǎngzhī　　　to spin; to weave
2. 限价　　（动）　　xiànjià　　　to limit price of a certain commodity
3. 倡议　　（动）　　chàngyì　　　to sponsor; to propose
4. 协调　　（动）　　xiétiáo　　　to coordinate; to harmonize
5. 敏感　　（形）　　mǐngǎn　　　sensitive; susceptible
6. 自律　　（动）　　zìlǜ　　　　to discipline oneself
7. 无序　　（形）　　wúxù　　　　out-of-order
8. 加剧　　（动）　　jiājù　　　　to exacerbate; to intensify
9. 混乱　　（形）　　hùnluàn　　　disordered; jumbled
10. 采取　　（动）　　cǎiqǔ　　　to adopt; to take
11. 措施　　（名）　　cuòshī　　　measure
12. 临时　　（形）　　línshí　　　casually; specially
13. 缺乏　　（动）　　quēfá　　　to be short of; to lack
14. 不妥　　（形）　　bùtuǒ　　　to misfit
15. 可行性　（名）　　kěxíngxìng　feasibility

专有名词

中国纺织品进出口商会　　Zhōngguó Fǎngzhīpǐn Jìnchūkǒu Shānghuì
　　　　　　　　　　　　China Chamber of Commence for Import and
　　　　　　　　　　　　Export of Textiles (CCCT)

 专业词语

1. 倾销　　　　　　qīngxiāo　　　　　　dumping
2. 贸易保护主义　　màoyì bǎohùzhǔyì　　trade protectionism

 词语练习

一　　词语搭配

提出（　　）（　　）　　竞争（　　）（　　）
控制（　　）（　　）　　提供（　　）（　　）
采取（　　）（　　）　　缺乏（　　）（　　）
临时（　　）（　　）　　制定（　　）（　　）

二　　用词语中画线的字组词

<u>行</u>为（　　）（　　）（　　）（　　）
<u>限</u>价（　　）（　　）（　　）（　　）
<u>行</u>业（　　）（　　）（　　）（　　）
<u>似</u>乎（　　）（　　）（　　）（　　）
可<u>行</u>性（　　）（　　）（　　）（　　）

三　　选词填空

协调　混乱　敏感　加剧　征收　倡议　冲击　可行性

1. 政府向市民发出（　　），为了保护环境，每星期一次步行上班。
2. 连日的大雪（　　）了道路的拥堵。

3. 由于天气原因,很多航班都取消了,飞机场的候机厅里非常(　　　)。
4. 从2005年起,中国部分地区不再向农民(　　　)农业税。
5. 这个计划制订得非常详细,但是实施起来有困难,缺乏(　　　)。
6. 加入世贸组织以后,中国的一些行业会受到(　　　)。
7. 你应该(　　　)好学习和工作的关系。
8. 她对花粉很(　　　),每年春天都很难受。

课文

纺织品出口限价方案推出

中国纺织品进出口商会日前向国内纺织品出口企业发出倡议:提出建立纺织品出口价格协调机制,对敏感纺织品的出口采取自律措施,通过价格协调手段控制出口的适度增长,遏制低价竞争局面。

目前国际上针对中国纺织品的限制越来越多,再加上国内出口企业的无序竞争不断加剧,严重影响了正常出口秩序,为一些国家的贸易保护主义提供了借口,加大了纺织、服装出口企业的经营风险和不确定性。

虽然中国政府为控制纺织品出口已经采取了征收出口税等措施,但欧美一些国家认为,这些措施在控制中国纺织品对其他国家市场冲击上影响甚微。

纺织品进出口商会除提出限价外，还提出制定敏感纺织品出口行业自律协议，对于出口秩序混乱、增长过快、易引起进口方采取纺织品特别限制措施或反倾销调查等贸易措施的敏感纺织品，采取临时调控出口总量的行业自律措施。

不过，对这一倡议，某进出口协会负责人表示：虽然国内的企业的确缺乏行业自律意识，但在市场经济下，价格的制定应该是企业自主的行为，由行业组织出面进行限制似乎不妥，制定最低限价等措施的可行性不大。

(据《新京报》2005年1月19日
《纺织品出口限价方案推出由中国纺织品进出口商会建议，
并拟建敏感产品限入及出口预警制度》)

 语 言 点

1. **目前国际上针对中国纺织品的限制越来越多，再加上国内出口企业的无序竞争不断加剧，严重影响了正常出口秩序**

    "再加上"，补充说明，常用在第二句的开头。

    例句：

    1) 她第一次到国外工作，再加上语言不通，所以压力很大。
    2) 由于技术相对落后，再加上市场的冲击，所以企业的发展极其缓慢。

2. **由行业组织出面进行限制似乎不妥**

    "由"，介词，指出责任归属，某事归某人去做。

    例句：

    1) 由老师带领学生去农村参观。
    2) 代表团的接待工作由你们部门负责。

语言点练习

一 —— 用指定词语改写句子

1. 我给客人打电话通知宴会的时间,小王负责预订饭店。(由)
   _____

2. 这个超市的商品品种齐全,服务员的态度也很好,所以每天顾客都很多。(再加上)
   _____

3. 中国北京主办 2008 年奥运会。(由)
   _____

4. 这个牌子的手机很有名,样式也不错,所以在年轻人中很流行。(再加上)
   _____

二 —— 用指定词语完成句子

1. 这个大学里外国人很多,_____,所以很多来中国留学的学生选择了这里。(再加上)

2. 我学的专业是国际贸易,_____,我想毕业后在上海找工作。(再加上)

3. 人员招聘工作你就不用做了,_____。(由)

4. 以后你的奖学金_____,你不用担心,他们会按时给你的。(由)

综合练习

一 —— 这篇文章有四段,第一段和第四段的主要意思如下,请你简短地写出第二、三段的主要意思

第一段:提出建议。
第四段:对于建议实施情况的分析。
第二段:
第三段:

二 找出"对于出口秩序混乱、增长过快、易引起进口方采取纺织品特别限制措施或反倾销调查等贸易措施的敏感纺织品,采取临时调控出口总量的行业自律措施"这个句子的主要词语

三 文中的"行业组织"具体指的是什么

四 利用图书馆或者网络查找一则与课文类似的案例

补充阅读

贸易争端

最近从国家经贸委获悉,到2001年为止,共有30多个国家对中国提起反倾销和保护措施案件,总数达到了500起,累计涉及出口金额上百亿美元,中国已经成为世界上遭遇反倾销诉讼最多的国家。

在这些贸易争端中,涉及我国彩电、冰箱、造纸、钢铁、玻璃、打火机等行业的产品4000多种,除了有受到各界关注的美国限制钢铁进口、中国出口美国的玻璃遭遇反倾销等案例外,温州打火机在欧盟遭遇非关税壁垒也备受瞩目。

根据欧盟的CR法规要求,出口到欧盟的2欧元以下的打火机必须装有保险装置,这一技术壁垒一旦实施,意味着出口价在1欧元左右、年产金属打火机5亿只、占国际市场份额70%的温州打火机业将被挤出欧洲市场。为此,温州打火机协会曾自费组团随国家经贸委共同赴欧洲交涉,积极应对这场争端。在博鳌论坛上,温州打火机企业还把这个问题提给了朱镕基总理。

根据国家经贸委提供的最新数字,2001年中国反倾销的工作也取得了一些明显的进展,一共立案6起,已经裁决的案件共挽回经济损失近百亿元。

生词语

1. 累计	（动）	lěijì	to add up; to accumulate
2. 遭遇	（动）	zāoyù	to encounter with; to befall
3. 造纸		zào zhǐ	papermaking
4. 打火机	（名）	dǎhuǒjī	lighter
5. 非关税壁垒		fēiguānshuìbìlěi	on-tariff barrier; non-tariff obstacle
6. 瞩目	（动）	zhǔmù	to focus attention upon; to fix eyes on
7. 装置	（名）	zhuāngzhì	installation; setting
8. 赴	（动）	fù	to go to
9. 交涉	（动）	jiāoshè	to negotiate
10. 应对	（动）	yìngduì	to respond; to answer
11. 立案		lì àn	to register
12. 挽回	（动）	wǎnhuí	to retrieve; to redeem

专有名词

1. 温州	Wēnzhōu	Wenzhou
2. 博鳌论坛	Bó'áo Lùntán	Boao Forum

阅读练习

根据文章判断正误

1. 世界上累计30多个国家对中国提起诉讼，认为中国存在倾销问题。☐
2. 出现贸易争端的产品达4000多种。☐
3. 中国出口到欧洲的打火机都是在温州生产的。☐
4. 温州打火机将被挤出欧洲市场的原因是关税问题。☐
5. 温州打火机在国际上占有很大的市场份额。☐
6. 温州打火机协会自费去欧洲解决打火机的问题。☐

相关链接

印度初步裁定中国布倾销

　　据商务部透露，印度工商部日前对原产于中国的窄织布做出反倾销初裁，倾销幅度为355%。印度将对所有中国公司征收临时反倾销税。几乎同时，印度工商部宣布，对原产于中国的季戊四醇进行反倾销立案调查，调查期为2003年10月1日至2004年9月30日。

　　商务部称，统计显示，印度是近年来对中国立案最多的发展中国家。2003年，印度对中国产品发起了6起反倾销调查；2004年以来，印度对中国产品发起8起反倾销调查。

(据2005年3月4日《新京报》)

二

 热身话题

1. 你们国家对外出口比较多的产品是什么？
2. 日常生活中你常用的外国货是什么？是哪国生产的？

 生词语

1. 钢材	（名）	gāngcái	steel products
2. 幅度	（名）	fúdù	extent; range
3. 征收	（动）	zhēngshōu	to levy
4. 进口税	（名）	jìnkǒushuì	customs duties
5. 期限	（名）	qīxiàn	time limit; deadline

6. 利益	（名）	lìyì	advantage; benefit
7. 举措	（名）	jǔcuò	act
8. 遭到		zāo dào	to encounter; to suffer
9. 伙伴	（名）	huǒbàn	partner; companion
10. 诉讼	（名）	sùsòng	to lawsuit; litigation; legal action
11. 实施	（动）	shíshī	to actualize; to put in practice
12. 宣布	（动）	xuānbù	to declare; to proclaim; to announce
13. 监督	（动）	jiāndū	to supervise; to oversee; to superintend
14. 涌入		yǒng rù	to inburst; to swarm into
15. 报复	（动）	bàofù	to retaliate; to revenge
16. 避免	（动）	bìmiǎn	to avoid; to prevent
17. 势头	（名）	shìtóu	tendency

🎧 **专业词语**

| 1. 进口税 | jìnkǒushuì | import duty |
| 2. 保护关税 | bǎohù guānshuì | protective customs duties |

 词语练习

一 —— 词语搭配

征税（　　　）　保护（　　　）　遭到（　　　）　宣布（　　　）
强化（　　　）　避免（　　　）　遏制（　　　）　关注（　　　）
监督（　　　）　涌入（　　　）

二 —— 选词填空

诉讼　征收　幅度　实施　涌入　举措　关注　伙伴　报复　强化

1. 韩国提高了进口中国大蒜的关税，作为（　　　　）手段，中国提高了来自韩国部分商品的进口关税。

2. 据悉,个人所得税的(　　　)起点将提升到 1600 元。
3. 前几年,有大量的民间资金(　　　)股票市场。
4. 应该(　　　)环境保护意识,发展经济不能以破坏环境为代价。
5. 由于冷空气的来临,未来几天会出现大(　　　)降温。
6. 这项政策正处于讨论阶段,还没有开始(　　　)。
7. 针对中国能源紧缺的现状,政府采取了几项(　　　),其中最重要的是建立全民节约的意识。
8. 这个国家和中国建立了战略(　　　)关系。
9. 中国企业都很(　　　)这两个公司的商标纠纷。
10. 最后,这个公司不得不提起(　　　),将销售代理告上法庭。

课文

美国取消钢材保护措施

　　2002 年 3 月,美国政府决定大幅度提高进口钢材关税,对部分进口钢材征收 8%—30% 的进口税,期限为 3 年,以保护美国钢铁工业的利益。这一举措遭到了美国主要贸易伙伴的强烈反对。欧美、日本和中国等向世贸组织提起诉讼。

　　时隔一年,美国总统布什于 2003 年 12 月 4 日发表一项声明,这项声明引起了各方强烈的反应。声明说,美国取消自 2002 年 3 月开始实施的保护性钢材进口关税。但是为保护美国企业,布什政府同时宣布实施更加强化的监督政策,以防止外国钢材突然涌入美国。

针对布什这一声明，中国商务部新闻发言人表示：中方欢迎美方宣布取消对进口钢材的保护性关税，如果美方兑现其取消保护性关税的承诺，中方将不再对部分自美国进口的商品采取报复措施。

　　中国宝山钢铁集团是中国对美出口量最大的钢铁企业。宝山集团对美国取消保护性钢材进口关税的措施十分关注。自2002年3月起，美国公布了10类受限制的钢铁产品，其中征收关税最多的就是扁平材，而宝山集团是中国主要的扁平材生产企业和出口企业，因此不可避免地受到了美国钢铁保护措施的影响。宝山集团认为，美国取消钢材保护措施会影响到其他国家，从而使全球钢铁贸易保护的势头得到遏制。

(据《北京晚报》2003年12月6日《中国取消对美报复措施》)

 语言点

1. **对部分进口钢材征收8%—30%的进口税，期限为3年，以保护美国钢铁工业的利益**

　　"以"，连词，用在复合句第二句的开头，表示目的，后面紧跟动词，多用于书面。

　　例句：
　　　　1) 工厂引进了新机器，以提高生产效率。
　　　　2) 学校食堂24小时营业，以方便学生用餐。

2. **美国公布了10类受限制的钢铁产品，其中征收关税最多的就是扁平材**

　　"其中"，名词，表示"那里面"，不能放在名词后面。

　　例句：
　　　　1) 中国有很多老字号，全聚德就是其中之一。
　　　　2) 参加这次调查的人员共有25名，其中有3名外国人。

3. 不可避免地受到了美国钢铁保护措施的影响

"受……影响",表示对人或事所起的作用。

例句:

    1) 她妈妈是中学音乐老师,受妈妈的影响,她从小就爱好音乐。

    2) 受世界经济形势的影响,今年中国的对外出口情况良好。

4. 美国取消钢材保护措施会影响到其他国家,从而使全球钢铁贸易保护的势头得到遏制

"从而",连词,用于同一主语的复句中的后一小句,引出结果或者目的。前一小句表示条件、方法或者原因。

例句:

    1) 他增加了运动和睡眠的时间,从而改善了亚健康的状态。

    2) 我们要进行深入的调查研究,从而找出最有效的方法。

语言点练习

一 用指定词语完成句子

1. 图书馆延长了开放时间,_____。(以)
2. 那个国家的总人口是 6000 万,_____。(其中)
3. 这个村子历来缺水,去年政府出资打了几口深水井,_____。(从而)
4. 据研究,孩子的数学成绩跟学校教育有关,而语文成绩_____。(受……影响)
5. 由于引进了国外的先进生产设备,_____。(从而)

综合练习

一 解释画线部分在句子中的含义

1. 这一<u>举措</u>遭到了美国主要贸易伙伴的强烈反对。
2. <u>时隔一年</u>,美国总统布什于 2003 年 12 月 4 日发表一项声明。

3. 中方欢迎美方宣布取消对进口钢材的保护性关税。
4. 而宝山集团是中国主要的扁平材生产企业和出口企业,因此<u>不可避免地受到了美国钢铁保护措施的影响</u>。
5. 美国取消钢材保护措施会影响到其他国家,从而<u>使全球钢铁贸易保护的势头得到遏制</u>。

二　回答问题

1. 美国实施钢材保护关税的目的是什么?
2. 中国是否受到了美国钢材保护措施的影响?
3. 中国采取了什么措施?
4. 其他国家对钢材有没有实施保护措施?
5. 为什么中国宝山集团对美国钢材关税保护一事十分关注?

三　不用查词典,根据上下文说说"扁平材"指的是什么

四　去图书馆或者在网上查询有关关税保护的案例,写一篇报告

补充阅读

中国企业需要加强品牌管理意识

　　2001年,中国著名家电企业海信公司进行海外品牌扩张,到欧洲注册商标"HiSense"的时候,发现了自己的商标已经被一家名为×××公司抢注。×××公司声称事先不知道海信公司已经注册了该商标,随后×××公司提出和海信公司协商转让,由海信支付4000万欧元的商标转让费,协商未果后,×××公司将海信告上了法庭。这一事件在中国企业中引起了很大的震动,暴露了中国企业品牌产权的薄弱状况。

　　海信和×××的品牌纠纷反映了中国企业品牌管理的最大漏洞是对自己品牌在国外的生存权没有管理。就连最先走向国际市场的很多家电企业的品牌在海外的法律生存权都根本没有规划,只有在出了问题的时候才想起补救,这说明我们的品牌管理者缺乏应有的国际视野。据国家知识产权局

统计,2002年公布的100多个中国知名产品商标中有近50%没有在美国、加拿大注册。目前国外一些企业已经开始大量抢注中国商标,尤其是驰名商标和原产地保护产品名称。

  品牌意识的落后导致中国企业品牌自主权的缺乏,没有强势的品牌自主权就无法在国际竞争中获得主动权,其结果就是中国成为很多外国品牌的打工者,中国只能成为世界的工厂。

  随着中国经济的进一步发展,国外企业将会更多地使用反倾销、特殊保护措施、知识产权保护等手段,来阻止中国企业分食国际市场。对此,中国企业要有清醒的认识并采取切实措施,培育品牌意识,改善品牌管理。

生词语

1. 海外扩张		hǎiwài kuòzhāng	to expand abroad
2. 注册	(动)	zhùcè	to enroll; to register
3. 商标	(名)	shāngbiāo	trademark
4. 抢注	(动)	qiǎngzhù	to rush to register
5. 声称	(动)	shēngchēng	to claim; to purport
6. 转让	(动)	zhuǎnràng	to transfer the possession of; to make over
7. 暴露	(动)	bàolù	to expose; to reveal
8. 薄弱	(形)	bóruò	weak
9. 漏洞	(名)	lòudòng	flaw; weak points
10. 生存权	(名)	shēngcúnquán	survival right
11. 补救	(动)	bǔjiù	to remedy
12. 视野	(名)	shìyě	visual field; horizon; ken
13. 驰名	(形)	chímíng	well-known; famous
14. 原产地	(名)	yuánchǎndì	place of origin
15. 自主权	(名)	zìzhǔquán	decision-making power
16. 强势	(名)	qiángshì	strong force
17. 分食	(动)	fēnshí	to split

阅读练习

一 ── 解释画线部分在句子中的含义

1. 2001年,中国著名家电企业进行<u>海外品牌扩张</u>。
2. <u>协商未果</u>后,×××公司将海信告上了法庭。
3. 品牌在海外的<u>法律生存权</u>根本没有规划。
4. 这说明我们的品牌管理者缺乏应有的<u>国际视野</u>。
5. 没有强势的品牌<u>自主权</u>就无法在国际竞争中获得主动权。
6. 其结果就是中国成为很多<u>外国品牌的打工者</u>,中国只能成为<u>世界的工厂</u>。

二 ── 回答问题

1. 说说你知道的中国有名的品牌。
2. 现在很多中国企业的品牌意识还不强,根据补充阅读材料举例说明存在什么问题?
3. 目前,国外一些大企业对中国一些驰名商标采取了什么措施?

相关链接

钢铁贸易战进程

2002年3月5日,美国总统布什宣布,从3月20日起将对多种进口钢材征收8%—30%的关税。

2002年3月20日,美国"201条款"正式生效,多个国家钢铁产品出口美国受阻碍。

2002年4月11日,中国等六方要求美中止钢铁保护措施。

2002年4月,欧盟建议从6月18日起对美国部分商品征收100%的报复性关税。

2002年5月,欧盟向WTO提起仲裁要求,要求其设立贸易纠纷调解委员会对美调查。

2002年11月20日,中国外贸部宣布对五类进口钢铁产品实施最终保护措施。

2003年3月27日,世贸组织在初步裁决中称,美对进口韩钢材征高额关税违规。

2003年7月11日,美国"201"钢铁保护措施案专家组裁定美国的措施违反WTO规则。

2003年12月4日,美国总统布什宣布取消保护性钢材进口关税。

第十一课　商务谈判

导读

本课通过一些贸易谈判的实例、技巧、策略及谈判的直接成果——贸易合同范本,学习与贸易谈判相关的知识。

一

 热身话题

1. 你参加过商务谈判吗？请说说你知道的商务谈判是怎样进行的。
2. 你认为什么是影响谈判结果的因素？

 生词语

1. 铁矿石	（名）	tiěkuàngshí	iron ore; ironstone
2. 供应商	（名）	gōngyìngshāng	supplier merchant
3. 占	（动）	zhàn	to occupy; to take
4. 高炉	（名）	gāolú	blast furnace
5. 离场		lí chǎng	leave off
6. 陷入	（动）	xiànrù	to get in; to get into; to plunge
7. 僵局	（名）	jiāngjú	deadlock; logjam
8. 分歧	（名）	fēnqí	bifurcation; branching
9. 勒紧		lēi jǐn	to tighten; to screw
10. 限产		xiàn chǎn	to limit production
11. 屈从	（动）	qūcóng	to submit to; to yield to
12. 斡旋	（动）	wòxuán	to mediate
13. 施加	（动）	shījiā	to exert; to bring to bear
14. 压力	（名）	yālì	pressure
15. 回合	（名）	huíhé	round; bout
16. 妥协	（动）	tuǒxié	to compromise; to come to terms
17. 放弃	（动）	fàngqì	to abandon; to give up
18. 加价		jiā jià	to advance in price

19. 钢坯	（名）	gāngpī	steel billet
20. 打压	（动）	dǎyā	to exert pressure, force, or influence
21. 资质	（名）	zīzhì	natural endowments; intelligence
22. 审核	（动）	shěnhé	to examine and verify
23. 规范	（动）	guīfàn	standard; norm
24. 投机	（动）	tóujī	to speculate

 专有名词

1. 中国商务部　Zhōngguó Shāngwùbù　　Ministry of Commerce of the People's Republic of China
2. 五矿商会　　Wǔkuàng Shānghuì　　　China Chamber of Commerce of Metals Minerals & Chemicals Importers & Exporters
3. 钢协　　　　Gāngxié　　　　　　　China Iron & steel Association (CISA)

 专业词语

出口退税政策　　chūkǒu tuìshuì zhèngcè　　policy of tax refunds on export collection

词语练习

一、用词语中画线的字组词

例如：<u>工</u>人（工作）（工资）

加<u>价</u>（　　）（　　）　　　　打<u>压</u>（　　）（　　）

限产（　　）（　　）　　　规范（　　）（　　）
审核（　　）（　　）

二　选词填空

屈从　陷入　施加　斡旋　分歧　妥协　回合

1. 谈判双方经常会_____意想不到的矛盾之中。
2. 外交_____往往是一项十分艰难而又意义重大的工作。
3. 谈判双方出现意见_____是常见的。
4. 有时只有双方都做出_____，才能最终达成协议。
5. 价格谈判时心中要有一个底线,不能轻易_____于对方_____的压力。
6. 几个_____下来,谈判双方都筋疲力尽了。

课文

价格谈判

BHP(澳大利亚必和必拓公司)是全球三大铁矿石供应商之一,2004年对华出口铁矿石高达3000万吨,占同期中国进口铁矿石总量的1/7,而今年中国需要再增加5000万吨的铁矿石进口量,才能让国内的高炉吃饱。

在北京举行的第三届远东钢铁会议上,BHP代表的突然离场,使得中澳铁矿石谈判陷入僵局。双方谈判的主要分歧在于BHP要求在国际铁矿石FOB价格上涨71.5%的基础上,每吨再加海运费7.5美元到10美元。在BHP的高价下,解决国内铁矿石用量的办法只有两个:要么国内钢铁企业勒紧腰带,宁可限产也不屈从;要么由中国商务部出面斡旋,动用外交力量向澳方施加压力。

中国钢铁生产商与BHP的价格谈判经过几个回合后,以中国的成功而结束。双方最终商定的价格涨幅为71.5%。在中国商务部没有出面的情况下有这样的结果,完全是中国企业的商业行为,中国钢铁生产商没有妥协。

BHP之所以会在短时间内放弃继续加价的要求,主要是中国大环境的作用:一是中国政府的宏观调控到位,既有政策手段也有经济手段,比如取消了钢坯等初级品的出口退税政策,就直接打压了国产钢坯的出口,起到了抑制铁矿石进口的作用;二是五矿商会与钢协共同推出了铁矿石进口企业的资质审核标准,起到了规范贸易市场的作用,抑制了铁矿石投机。

(据 2005 年 4 月 16 日百度快照
《价格谈判引来第三种势力,全球铁矿主中国揽生意》)

 语言点

1. BHP 代表的突然离场使得中澳铁矿石谈判陷入僵局

　　"使得"同"使",表示引起某种结果或后果。后面的宾语是句子。
例句:
　　1) 中国加入世界贸易组织使得中国在国际经济中的地位得到了加强。
　　2) 公司的休假制度使得员工能够劳逸结合。

2. 主要分歧在于 BHP 要求在国际铁矿石 FOB 价格上涨 71.5%的基础上

　　"在于"表示"就是"或"正是"的意思,用于表明事实。

例句：
1) 这次谈判成功的原因在于巧妙地运用了讨价还价技巧。
2) 问题的关键在于掌握好谈判的时机。

3. 要么国内钢铁企业勒紧腰带，宁可限产也不屈从；要么由中国商务部出面斡旋，动用外交力量向澳方施加压力

"要么……，要么……"同"要就是……，要就是……"或"或者……或者……"，表示二者必选其一，非此即彼。

例句：
1) 任何谈判的结果只有两个：要么成功，要么失败。
2) 谈判遇到困难的时候，要么继续谈下去，要么彻底放弃。

4. 中国钢铁生产商与BHP的价格谈判经过几个回合后，以中国的成功而结束

"以……而……"的"以"表示原因，是"因为"或"由于"的意思，后面用"而"与之呼应。

例句：
1) 这次投资以失败而告终。
2) 四川以产粮大省而闻名。

语言点练习

一 用指定句式或词语完成句子

1. 这项投资_____。（使得）
2. 解决问题的办法_____。（在于）
3. 摆在他面前的道路有两条：_____。
   （要么……，要么……）
4. 凭他的实力，可_____。（以……而……）

二 用所给句式回答问题

1. 你知道通货膨胀的后果是什么吗？（使得）

_____

2. 提高公司经济效益的关键是什么？（在于）

_____

3. 你认为应该怎么择业？（要么……，要么……）

_____

4. 如何证明一个人的管理能力？（以……而……）

 综合练习

一 —— 解释画线部分在本句中的含义 ——

1. 今年中国需要再增加 5000 万吨铁矿石的进口量才能<u>让国内的高炉吃饱</u>。
2. 要么国内钢铁企业<u>勒紧腰带</u>，宁可限产也不屈从；要么中国商务部出面斡旋，动用外交力量向澳方施加压力。
3. 取消了钢坯等初级品的出口退税政策，就直接<u>打压</u>了国产钢坯的出口，起到了抑制铁矿石进口的作用。

二 —— 根据课文内容回答问题 ——

1. 中澳铁矿石谈判的主要分歧是什么？
2. BHP 在短时间内放弃继续加价要求的原因是什么？

三 —— 请描述你在小说或影视中看过的一场商务谈判过程 ——

补充阅读

中国企业在国际价格谈判中谋求更大话语权

中国进口铁矿石的价格受到制约的原因之一，就是中国钢铁业在国际上缺少话语权。按本次涨幅71.5%计算，中国钢厂平均每生产1吨钢就要多支出约40美元，而钢铁的涨价将对其他行业造成极大影响。经过一番坚守底线的讨价还价，宝钢代表中国钢厂，成功迫使澳大利亚必和必拓公司(BHP)放弃铁矿石额外加价的不合理要求。这不仅意味着中国钢厂至少可减少25亿美元额外开支，也显示了在国际价格谈判中中国企业又赢得一次话语权。

在全球资源市场上,中国是名副其实的大买家。仅以铁矿石为例,2003年中国成为全球第一大铁矿石进口国,2004年进口量较上年又增长近一半,达2.08亿吨,成为当之无愧的"超级吸铁石"。但令人不解的是,手握大宗订单,许多中国企业不但没有从"中国需求"对价格的影响中获得更多利益,反而时常被迫承受价格波动的风险。中国企业作为最大买家却对定价无权过问,往往只有被动接受国际炒家锁定的高价。在国际市场上,中国人买什么就涨什么。为改变这一尴尬现状,中国企业必须加强团结,构建国际采购联合体,以整体力量加重在国际市场上的谈判砝码,同时必须掌握大宗商品的定价话语权,在瞬息万变的国际市场上把握主动,实现由经济大国向经济强国的转变。

宝钢等企业成功击退海外卖家无理要价,很快将在全球矿价谈判中崭露头角,逐步摆脱跟随角色,并在全球定价体系中谋求更大的话语权。

(据2005年4月16日新华网秦大军、李荣《观察:中国企业在国际价格谈判中谋求更大话语权》)

生词语

1. 谋求	（动）	móuqiú	to seek; to buck for
2. 一番	（量）	yìfān	one time; one fold
3. 底线	（名）	dǐxiàn	baseline
4. 讨价还价		tǎojià-huánjià	to bargain; to higgle
5. 额外	（形）	éwài	extra; additional
6. 赢得	（动）	yíngdé	to win; to obtain
7. 名副其实		míngfùqíshí	veritable; the name matches the reality
8. 当之无愧		dāngzhīwúkuì	to be worthy of; to deserve the reward
9. 炒家	（名）	chǎojiā	speculating person
10. 尴尬	（形）	gāngà	awkward; embarrassed
11. 构建	（动）	gòujiàn	to construct

12. 联合体	（名）	liánhétǐ	combo; association
13. 砝码	（名）	fǎmǎ	poise; weight
14. 瞬息万变		shùnxīwànbiàn	change quickly
15. 崭露头角		zhǎnlùtóujiǎo	to cut a figure; to make a figure
16. 摆脱	（动）	bǎituō	to break away; to get rid of

 阅读练习

一 —— 请说出画线部分在句子中的意思

1. 中国企业在国际价格谈判中<u>谋求更大话语权</u>。
2. 按本次涨幅 71.5% 计算，中国钢厂平均每生产 1 吨钢就要<u>多支出</u>约 40 美元。
3. 经过<u>一番坚守底线的讨价还价</u>，宝钢代表中国钢厂，成功迫使澳大利亚必和必拓公司（BHP）放弃铁矿石额外加价的不合理要求。
4. 2003 年中国成为全球第一大铁矿石进口国，2004 年进口量较上年又增长近一半，达 2.08 亿吨，成为当之无愧的"<u>超级吸铁石</u>"。
5. 中国企业作为最大买家却对定价无权过问，往往只有被动接受国际炒家<u>锁定</u>的高价。
6. 以整体力量<u>加重</u>在国际市场上的谈判砝码。

二 —— 根据课文内容回答问题

1. "但令人不解的是，手握大宗订单，许多中国企业不但没有从'中国需求'对价格的影响中获得更多利益，反而时常被迫承受价格波动风险。"这句话是什么意思？
2. 为什么"在国际市场上，中国人买什么就涨什么"？
3. "宝钢等企业成功击退海外卖家无理要价，很快将在全球矿价谈判中崭露头角，逐步摆脱跟随角色，并在全球定价体系中谋求更大的话语权"中，"崭露头角"和"跟随角色"各是什么意思？
4. 为什么中国企业在国际价格谈判中要谋求更大的话语权？

相关链接

铁矿石价格谈判仍留海运费伏笔

与BHP提价谈判的结果是行业协会和钢厂共同努力、一致对外的结果。在BHP提出附加海运费后,中国钢铁工业协会联合国内16家大钢厂立即表示反对,认为BHP公司提出的要求是不合理的,也是不符合国际惯例的。

经过谈判,上海宝钢集团代表全国各大钢厂与澳大利亚铁矿石提供商必和必拓集团(BHP)就2005年铁矿石价格达成了一致,按照FOB价(离岸价,此价格是不包括海运费的),BHP将与其他两大国际铁矿石供应商共同执行71.5%的涨幅。按照惯例,钢厂与铁矿石提供商签订的合同是按CIF价(到岸价)签订的,CIF价格是包括运费的。

BHP发布谈判结果时,称该公司还将就海运加价问题在今后继续与客户进行讨论。中国商务部表示,BHP公司放弃了运费加价的要求,使铁矿石价格谈判回归现有的国际定价机制,这有利于铁矿石国际贸易的健康发展。

目前,航运企业也正在与客户进行一年一次的航运价格谈判,新的价格合同将从下个月起生效。预计亚洲的运价将连续第三年上涨。而钢厂进口铁矿石的海运费,则将掌握在BHP等铁矿石供应商和航运企业手中。

(据《第一财经日报》2005年4月14日
《铁矿石价格谈判仍留海运费伏笔》)

 热身话题

1. 你认为怎样才能获得商务谈判的成功?
2. 你知道哪些商务谈判技巧和谈判策略?
3. 你知道哪些用书面表达的商务谈判结果的合同?

生词语

1. 熟练	(形)	shúliàn	proficient; skilled
2. 运用	(动)	yùnyòng	to apply; to put to use
3. 投石问路		tóushíwènlù	to explore road by throwing stones
4. 主动权	(名)	zhǔdòngquán	initiative power
5. 试探	(动)	shìtàn	to plough around; to sound out
6. 回旋	(动)	huíxuán	to turn about
7. 余地	(名)	yúdì	have room to maneuver
8. 购货量	(名)	gòuhuòliàng	purchase amount
9. 优惠	(形)	yōuhuì	preferential
10. 拒绝	(动)	jùjué	to refuse; to decline
11. 关键	(名)	guānjiàn	key; linchpin
12. 破解	(动)	pòjiě	to explain; to dismiss
13. 预期	(名)	yùqī	anticipation
14. 留有		liú yǒu	to reserve; to preserve
15. 揭穿	(动)	jiēchuān	to disclose; to expose
16. 挤出		jǐ chū	to extrude; to pile out
17. 水分	(名)	shuǐfèn	moisture content; surplus exaggeration
18. 预算	(名)	yùsuàn	budget
19. 围绕	(动)	wéirào	to circumfuse; to encircle
20. 迁就	(动)	qiānjiù	to indulge; to accommodate oneself to
21. 递减	(动)	dìjiǎn	to decrease by degrees; to decrease successively
22. 遏止	(动)	èzhǐ	to check; to hold back
23. 诚意	(名)	chéngyì	sincerity; good faith
24. 保全	(动)	bǎoquán	to preserve; to save from damage
25. 竭尽全力		jiéjìn quánlì	to go to great lengths; to lay oneself out
26. 警告	(动)	jǐnggào	to warn
27. 极限	(名)	jíxiàn	limit; high-point
28. 签约		qiān yuē	to sign on; to sign up
29. 对峙	(动)	duìzhì	to stand facing each other; to confront each other

30. 通牒　　（名）　tōngdié　　diplomatic note
31. 倾向　　（名）　qīngxiàng　　incline; tendency

专业词语

1. 开价　　kāi jià　　to quote; to make a price
2. 抬价　　tái jià　　to raise up the price
3. 压价　　yā jià　　to force prices down; to demand a lower price

词语练习

一　用画线的字组词

例如：<u>工</u>人（工作）（工资）

开<u>价</u>（　　）（　　）　　　<u>熟</u>练（　　）（　　）
<u>运</u>用（　　）（　　）　　　试<u>探</u>（　　）（　　）
<u>预</u>期（　　）（　　）　　　揭<u>穿</u>（　　）（　　）
递<u>减</u>（　　）（　　）　　　<u>挤</u>出（　　）（　　）

二　用所给词语填空

优惠　极限　熟练　回旋　诚意　运用

　　　　　　　价格谈判的技巧，不但可以让自己有很大的　　　　　余地，而且可以获得　　　　　的价格。要学会在谈判时进行必要的妥协，也要让对方感到你的　　　　　，同时还要让对方知道你让步的　　　　　。知道了这些谈判的技巧，你就会获得成功。

第十一课　商务谈判

课文

谈判中讨价还价技巧

谈判者应学会熟练地运用讨价还价的技巧，这是谈判成功的保证。讨价还价的技巧有：

一、投石问路

要想在谈判中掌握主动权，就要尽可能地了解对方的情况或反应，投石问路就可以做到这点。如在试探对方对价格有无回旋余地时可问："如果我方增加购货量，贵方可否优惠呢？"然后可根据对方的开价进行讨价还价。任何一块"石头"都能对对方有进一步了解，而且让对方难以拒绝。

二、抬价压价

谈判中，没有一方一开价另一方马上就同意的，双方要经过多次的抬价、压价。谈判时抬价一方不清楚对方要求多少和在什么情况下妥协，所以关键就是抬到多高对方能够接受。抬价建立在科学

的计算、判断和分析基础上,当然,耐心、经验和信心也是十分重要的。压价可以说是对抬价的破解:如果是买方先报价格,可以低于预期进行报价,留有讨价还价的余地;如果是卖方先报价,买方压价,则可以采取多种方式:

1. 揭穿对方,直接指出实质。比如算出对方产品的成本费用,挤出对方报价的水分。

2. 制定一个不断超过预算的金额,或是一个价格的上下限,然后围绕这些标准进行讨价还价。

3. 用反抬价来回击。如果在价格上迁就对方,必须在其他方面获得补偿。

三、价格让步

理想的价格让步是每次做递减让步,做到让而不乱,成功遏止对方想要的无限制让步。

1. 每次让步都给对方一定的优惠,表现让步方的诚意,同时保全对方的面子,使对方有一定的满足感。

2. 让步的幅度越来越小、越来越困难,让对方感到我方让步不容易,是在竭尽全力满足对方的要求。

3. 最后的让步幅度不大,警告或提醒对方我方的让步到了极限。有些情况下,最后一次让步幅度较大,甚至超过前一次,这是表示我方合作的诚意,发出要求签约的信息。

四、最后报价

最后报价的时间应掌握好时机和方式,因为如果在双方各不相让,甚至是在十分气愤的对峙状况下最后报价,无异于是发出最后通牒。当双方就价格问题不能达成一致时,如果报价一方看出对方有明显的达成协议的倾向,这时提出最后的报价较为适宜。

(据 2005 年 5 月 14 日两个和尚数字服网《合同谈判方法及技巧》)

语 言 点

1. **要想在谈判中掌握主动权,就要尽可能地了解对方的情况或反应**

    "要……"同"要是……",表示假设。后面可跟句子。

    例句:
    1) 要在谈判中取胜,就需要掌握一定的谈判技巧。
    2) 有时要想签下合同,可能需要做出某些妥协。

2. **任何一块"石头"都能对对方有进一步了解**

    "任何"表示不论什么,后面往往跟"都"或"也"。

    例句:
    1) 对待任何一次谈判,都要认真准备。
    2) 对任何谈判技巧,都应该深刻领会并熟练运用。

3. **没有一方一开价另一方马上就同意的**

    "马上"表示紧跟着前面一件事情而发生或即将发生,用在动词前。后面往往与副词"就"连用。

    例句:
    1) 这支股票的价格一涨,马上就会有很多人买。
    2) 谈判一结束,马上就签合同。

4. **让步的幅度越来越小、越来越困难**

    "越来越……"表示某种程度随着时间的变化而变化。

    例句:
    1) 几天过去了,谈判越来越困难。
    2) 最近汽油价格越来越贵。

语言点练习

一 用指定句式或词语完成句子

1. _____,就要学好商务汉语。(要……)
2. _____,都有可能导致谈判失败。(任何)
3. 总经理一要有关数据,他_____。(马上)
4. 有了几年的工作经验,他_____。(越来越……)

二 用所给句式回答问题

1. 怎样才能在谈判中获胜？（要……）

2. 什么人可以参加公司今天的晚宴？（任何）

3. 世界石油价格的变化会导致什么样的情况发生？（马上）

4. 中国改革开放以来，经济形势怎么样？（越来越……）

 综合练习

一 解释画线部分的含义

1. 要想在谈判中掌握主动权，就要尽可能地了解对方的情况或反应，<u>投石问路</u>就可以做到这点。
2. 如在试探对方对价格有无<u>回旋余地</u>时可问："如果我方增加购货量，贵方可否优惠呢？"
3. 压价可以说是对抬价的<u>破解</u>。
4. <u>揭穿</u>对方，直接指出实质。比如算出对方产品的成本费用，<u>挤出</u>对方报价的<u>水分</u>。
5. 如果在价格上<u>迁就</u>对方，必须在其他方面获得补偿。
6. 理想的价格让步是每次做<u>递减</u>让步，做到<u>让而不乱</u>，成功<u>遏</u>止对方想要的无限制让步。
7. 如果在双方各不相让、甚至是在十分气愤的对峙状况下最后报价，无异于是<u>发出最后通牒</u>。

二 根据课文内容回答问题

1. 合同谈判中，讨价还价的技巧有哪几种？
2. 怎样才能知道对方的价格有无回旋余地？
3. 抬价时，最重要的是要注意什么？
4. 怎样做价格让步？

5. 什么时候才能给出最后报价?

三　请尽可能多地列举出与价格有关的词语

补充阅读

围魏救赵

【原文】

今梁、赵相攻,轻兵锐卒必竭于外,老弱罢于内。君不若引兵疾走大梁,据其街路,冲其方虚,彼必释赵而自救。是我一举解赵之围而收弊于魏也。

【今译】

现在梁赵交战,精兵强将必然全部投入放在邯郸前线,国内只留一些老弱病残。您不如带部队迅速插入魏国的后方大梁,占据通向京城的要道,冲击目前兵力空虚的地方,魏国必然放弃赵国而去自救。这一举既解了赵国之围,又能进一步击败魏国。

【现代经商典型案例】

20世纪90年代,中国某进出口公司从某国进口200万吨DW产品,此产品质优价廉,销量很好,中方获利颇丰。尽管由于对方延期交货使中国公司失去几次展销良机,蒙受一定经济损失,但为了双方持续贸易往来,并未对外商提出制裁。此后,DW产品在中国供不应求,中方准备扩大进口。为降低进口成本,提高公司的盈利水平,中方欲向对方提出价格降低10%的要求。中方深知,若在双方谈判一开始就提出该要求,肯定会遭到对方拒绝,必须采用一定的谈判技巧迫使其就范。为此,中方设计了一套颇为周密的谈判方案。谈判开始,就在上次延期交货一事上大肆渲染,并说蒙受了一定经济损失。对方听后,以为中方会要求索赔,赶忙对前事加以解释、道歉,并诚惶诚恐地等着中方的反应。看到时机已成熟,中方便趁机提出削价,明确提出希望上次的损失能通过这次减价10%来弥补。对方无奈,只好同意。于是,中方又乘胜追击,提出再追加500万吨。对方最终在合同上签了字,谈判圆满成功。

谈判中,避免就自己真正关心的问题进行强攻,而是指左趋右,绕道迂回前进,使对方顾此失彼,首尾不能相接,最终不得不妥协。中方谈判者正是巧妙地运用了围魏救赵之计,使谈判一举成功,达到了预期的目的。

"围魏救赵"的"围"是手段,"救"才是目的。要达到"救"的目的,就要分散对方注意力。在商业谈判中要成功地运用此计,既要注意积蓄力量,等待时机,又得确实搔在对方的"痒处",抓住对方的实质,采取避实击虚、后发制人的经营技巧。

(据2004年9月22日 百度快照《第二计"围魏救赵"》)

 生词语

1. 围魏救赵		wéiwèijiùzhào	to besiege Wei to rescue Zhao; to relieve the besieged by besieging the base of the besiegers
2. 质优价廉		zhìyōu-jiàlián	excellent quality and low price
3. 颇	(副)	pō	considerably; very
4. 延期交货		yánqī jiāohuò	to delay of the delivery; to spread delivery
5. 蒙受	(动)	méngshòu	to suffer; to sustain
6. 制裁	(动)	zhìcái	to crack down on
7. 就范	(动)	jiùfàn	to submit
8. 索赔	(动)	suǒpéi	to claim indemnity
9. 诚惶诚恐		chénghuáng-chéngkǒng	with reverence and awe; in fear and trepidation
10. 趁机	(副)	chènjī	to seize the opportunity; to take the chance of
11. 削价	(动)	xuējià	to cut prices

12. 乘胜追击		chéngshèngzhuījī	to pursue enemy troops in retreat
13. 圆满	（形）	yuánmǎn	satisfactory; orbicular
14. 强攻	（动）	qiánggōng	to aggress furiously
15. 指左趋右		zhǐzuǒ-qūyòu	run in the opposite direction
16. 绕道	（动）	ràodào	to bypass; to make a detour
17. 迂回	（形）	yūhuí	tortuous; indirect; roundabout
18. 顾此失彼		gùcǐshībǐ	to attend to one thing and lose sight of another
19. 搔	（动）	sāo	to scratch
20. 避实击虚		bìshí-jīxū	to stay clear of the enemy's main force and choose to attack the vulnerable spot
21. 后发制人		hòufāzhìrén	to gain mastery by striking only after the enemy has struck

阅读练习

一 说出画线部分在本句中的含义

1. 此产品<u>质优价廉</u>,销量很好,中方<u>获利颇丰</u>。
2. 必须采用一定的谈判技巧,<u>迫使其就范</u>。
3. <u>指左趋右</u>,绕道迂回前进,使对方<u>顾此失彼</u>,首尾不能相接,最终不得不妥协。
4. "<u>围魏救赵</u>"的"围"是手段,"救"才是目的。

二 根据课文内容回答问题

1. 中国某进出口公司同外商谈判获胜,其所运用的谈判技巧是什么?
2. 中方为什么要求对方降低10%的产品价格?
3. 经过谈判,中方最后达到了哪两个目的?

相关链接

合　同

合同范本一：

进口合同

买　　　方：_____　　地　　址：_____　　电　　话：_____
法定代表人：_____　　职　　务：_____　　国　　籍：_____
卖　　　方：_____　　地　　址：_____　　电　　话：_____
法定代表人：_____　　职　　务：_____　　国　　籍：_____

买卖双方在平等、互利原则上，经充分协商一致，由买方购进，卖方出售下列货物，并按下列条款履行：

第一条：货物名称、规格、生产国别、制造工厂、包装及唛头。

每件货物上用不褪色的涂料标明货号、毛重、净重、编号、尺码、目的口岸，并标明下列唛头：

第二条：数量、单价、总值。

第三条：装运期限：

交货数量必须一次交清，不得分批装运。

第四条：装运口岸：

第五条：目的口岸：

第六条：付款条件：

买方在收到卖方关于预计装船日期及准备装船的数量的通知后，应于装运前20天通过_____银行开立以卖方为受益人的不可撤销的信用证。该信用证凭即期汇票及本合同规定的单据在开证行付款。

第七条：单据：各项单据均须使用与本合同相一致的文字，以便买方审核查对：

1. 填写通知目的口岸对外贸易运输公司的空白抬头、空白背书的全套已装船的清洁提单（如本合同为FOB价格条件时，提单应注明"运费到付"或"运费按租船合同办理"字样；如本合同为CIF价格条件时，提单应注明"运费已付"字样）。

2. 发票：注明合同号、唛头、载货船名及信用证号；如果分批装运，须注明分批号。

3. 装箱单及/或重量单：注明合同号及唛头，并逐件列明毛重、净重和货号。

4. 制造工厂的品质及数量/重量证明书。

　　品质证明书内应列入根据合同规定的标准按货号进行化学成分、机械性能及其他各种试验的实际试验结果。数量/重量证明书应按货号列明重量。

单证 份数 寄送	A	B	C	D	E	F
送交方议付银行	3	4	3	3	1	1
送交议付银行(副本)	1					
空邮目的岸外运公司(副本)	2	2	2	2		

5. 按本合同规定的装运通知电报抄本。

6. 按本合同规定的航行证明书(如本合同为 CIF 价格条件时，需要此项证明书；如本合同为 FOB 价格条件时，则不需此项证明书)。

第八条：装运条件：

1. 离岸价条款：

   (1) 装运本合同货物的船只，由买方或卖方运输代理人＿＿＿＿租船公司租订舱位。卖方负担货物的一切费用风险到货装到船面为止。

   (2) 卖方必须在合同规定的交货期限30天前，将合同号码、货物名称、数量、装运口岸及预计货物运达装运口岸日期，以电报通知买方以便买方安排舱位。并同时通知买方在装货港的船舶代理，若在规定期限内买方未接到前述通知，即作为卖方同意在合同规定期内任何日期交货，并由买方主动租订舱位。

   (3) 买方应在船只受载期12天前将船名、预计受载日期、装载数量、合同号码、船舶代理人，以电报通知卖方，卖方应联系船舶代理人配合，按期备货装船。如买方因故需要变更船只或更改船期时,买方或船舶代理人应及时通知卖方。

  (4) 买方所租船只按期到达装运口岸后,如卖方不能按时备货装船,买方因而遭受的一切损失包括空舱费、延期费及/或罚款等由卖方负担。如船只不能于船舶代理人所确定的受载期内到达,在港口免费堆存期满后第 16 天起发生的仓库租费、保险费由买方负担,但卖方仍负有载货船只到达装运口岸后立即将货物装船之义务并负担费用及风险,前述各种损失均凭原始单据核实支付。

 2. 成本加运费价条款:

  卖方负责将合同所列货物由装运口岸装班轮到达目的口岸,中途不得转船。货物不得用悬挂买方不能接受的国家的旗帜的船只装运。载货船只在驶抵本合同规定的口岸前不得停靠_____或_____附近地区。

第九条:装运通知:

  卖方在货物装船后,立即将合同号、品名、件数、毛重、发票金额、载货船名及装船日期以电报通知买方。

第十条:保险:

  自装船起由买方自理,但卖方应按本合同规定通知买方。如卖方未能按此办理,买方因而遭受的一切损失全由卖方负担。

第十一条:检验和索赔:

  货卸目的口岸,买方有权申请_____国商品检验局进行检验。如发现货物的品质及/或数量/重量与合同或发票不符,除属于保险公司及/或船公司的责任外,买方有权在货卸目的口岸后 90 天内,根据_____商品检验局出具的证明书向卖方提出索赔,因索赔所发生的一切费用(包括检验费用)均由卖方负担。FOB 价格条件时,买方有权同时索赔短重部分的运费。

第十二条:不可抗力:

  由于人力不可抗拒事故,使卖方不能在合同规定期限内交货或者不能交货,卖方不负责任。但卖方必须立即以电报通知买方,并以挂号函向买方提出有关政府机关或者商会所出具的证明,以证明事故的存在。由于人力不可抗拒事故致使交货延期一个月以上时,买方有权撤销合同,卖方不能取得出口许可证,不得作为不可抗力。

第十三条：延期交货及罚款：

除不可抗拒原因外，如卖方不能如期交货，买方有权撤销该部分的合同，或经买方同意在卖方缴纳罚款的条件下延期交货。买方可同意给予卖方15天的优惠期。罚款率为每10天按货款总额的1％，不足10天者按10天计算。罚款自第16天起计算，最多不超过延期货款总额的5％。

第十四条：仲裁：

一切因执行本合同或与本合同有关的争执，应由双方通过友好方式协商解决。如经协商不能得到解决，应提交中国国际经济贸易仲裁委员会，按照该仲裁委员会仲裁程序进行仲裁。仲裁委员会的裁决为终局裁决，对双方均有约束力，仲裁费用除仲裁委员会另有决定外，由败诉一方负担。

第十五条：

本合同于＿＿年＿月＿日于＿＿国＿＿市用＿＿文签署，正本一式两份，买卖双方各持一份。

买　方：＿＿＿＿（盖章）
代表人：＿＿＿＿
卖　方：＿＿＿＿（盖章）
代表人：＿＿＿＿

签署日期：＿＿年＿月＿日

（据2005年5月14日两个和尚数字服务网）

合同范本二：

出口合同

卖　方：＿＿＿＿＿＿＿＿＿＿＿＿＿＿＿＿＿＿＿＿＿＿＿＿
地　址：＿＿＿＿＿＿＿＿　邮　码：＿＿＿＿＿＿　电话：＿＿＿＿＿＿
法定代表人：＿＿＿＿＿＿　职　务：＿＿＿＿＿＿
买　方：＿＿＿＿＿＿＿＿＿＿＿＿＿＿＿＿＿＿＿＿＿＿＿＿
地　址：＿＿＿＿＿＿＿＿　邮　码：＿＿＿＿＿＿　电话：＿＿＿＿＿＿

法定代表人：_____ 职　务：_____
　　卖方与买方在平等、互利基础上,经双方协商一致同意按下列条款履行,并严格信守。
第一条:货物名称、规格、包装及唛头:
第二条:数量、单价、总值:
　　　　卖方有权在3％以内多装或少装。
　　　　上述价格内包括给买方佣金____％按FOB值计算。
第三条:装运期限:
第四条:装运口岸:
第五条:目的口岸:
第六条:保险:
　　　　由卖方按发票金额110％投保。
第七条:付款条件:
　　　　买方应通过买卖双方同意的银行,开立以卖方为受益人的、不可撤销的、可转让和可分割的、允许分批装运和转船的信用证。该信用证凭装运单据在____国的____银行见单即付。
　　　　该信用证必须在____前开出。信用证有效期为装船后15天在____国到期。
第八条:单据:
　　　　卖方应向银行提供已装船清洁提单、发票、装箱单/重量单;如果本合同按CIF条件,应再提供可转让的保险单或保险凭证。
第九条:装运条件:
　　1.载运船只由卖方安排,允许分批装运并允许转船。
　　2.卖方于货物装船后,应将合同号码、品名、数量、船只、装船日期以电报通知买方。
第十条:品质和数量/重量的异议与索赔:
　　　　货到目的口岸后，买方如发现货物品质及/或数量/重量与合同规定不符,除属于保险公司及/或船公司的责任外,买方可以凭双方同意的检验机构出具的检验证明向卖方提出异议。品质异议须于货到目的口岸之日起30天内提出,数量/重量异议须于货到目的口岸之日起15天内提出,卖方应于收到异议后30天内答复买方。

第十一条：不可抗力：

由于不可抗力使卖方不能在本合同规定期限内交货或者不能交货，卖方不负责任。但卖方必须立即电报通知买方。如果买方提出要求，卖方应以挂号函向买方提供由有关机构出具的事故的证明文件。

第十二条：

因执行本合同有关事项所发生的一切争执，应由双方通过友好方式协商解决。如果不能取得协议，则在被告国家根据被告国家仲裁机构的仲裁程序规则进行仲裁。仲裁决定是终局的，对双方具有同等的约束力，仲裁费用除非仲裁机构另有决定外，均由败诉一方负担。

卖　方：_____（盖章）
代表人：_____
买　方：_____（盖章）
代表人：_____

____年__月__日订立

（据 2005 年 5 月 14 日两个和尚数字服务网）

第十二课　银行与保险

> **导读**
> 本课通过介绍中国银行业和保险业的发展、现状及问题,比较并分析了中资银行、保险公司与外资银行、保险公司,学习与之相关的知识。

一

 热身话题

1. 你知道目前中国有哪些银行(包括中资银行和外资银行)?
2. 你了解中国的银行贷款、利息税等方面的情况吗?

 生词语

1. 经历	(动)		jīnglì	to experience; to go through
2. 更名			gēng míng	to change name
3. 打出			dǎ chū	to create
4. 效应	(名)		xiàoyìng	effect
5. 沿着			yán zhe	along
6. 区域	(名)		qūyù	region; area; district
7. 前行			qián xíng	go ahead
8. 参股			cān gǔ	equity participation; mutual shareholding
9. 强烈	(形)		qiángliè	strong; intense; violent
10. 技术	(名)		jìshù	technology; skill; technique
11. 管理	(动)		guǎnlǐ	to supervise; to manage; to administrate
12. 团队	(名)		tuánduì	team
13. 高度	(形)		gāodù	with the highest degree
14. 评价	(动)		píngjià	to appraise; to evaluate
15. 引进	(动)		yǐnjìn	to introduce into
16. 境外	(名)		jìngwài	offshore
17. 上限	(名)		shàngxiàn	upper limit
18. 争取	(动)		zhēngqǔ	to strive for; to shoot for
19. 上市			shàng shì	to come into the market

20. 重点	(名)	zhòngdiǎn	stress; main point
21. 百姓	(名)	bǎixìng	common people
22. 专家型	(形)	zhuānjiāxíng	model of specialist
23. 开通	(动)	kāitōng	to open
24. 寻求	(动)	xúnqiú	to pursue; to explore; to seek
25. 截至	(动)	jiézhì	by a specified time; up to
26. 监管	(动)	jiānguǎn	to watch and control; to take charge of
27. 领先	(形)	lǐngxiān	to lead; to precede

专有名词

1. 银监会（中国银行业监督管理委员会）　　Yínjiānhuì (Zhōngguó Yínhángyè Jiāndū Guǎnlǐ Wěiyuánhuì)　　China Banking Regulatory Commission (CBRC)
2. 奥运（奥林匹克运动会）　　Àoyùn (Àolínpǐkè Yùndònghuì)　　Olympic Games

专业词语

1. 白领　　(名)　　báilǐng　　white-collar
2. 资产总额　　　　zīchǎn zǒng'é　　total assets
3. 资本充足率　　　zīběn chōngzúlǜ　　rate of capital sufficiency
4. 不良贷款率　　　bùliáng dàikuǎnlǜ　　rate of bad loans

词语练习

一　写出下列词语的反义词

前行 ——　　　　境外 ——　　　　上限 ——

领先 ——　　　　引进 ——

二 用所给的词语组词

例如：工作 （商务工作）(工作愉快)

打出 （　　　　）(　　　　)　　沿着 （　　　　）(　　　　)
强烈 （　　　　）(　　　　)　　管理 （　　　　）(　　　　)
高度 （　　　　）(　　　　)　　引进 （　　　　）(　　　　)
争取 （　　　　）(　　　　)　　开通 （　　　　）(　　　　)
寻求 （　　　　）(　　　　)

三 用所给词语造句

1. 经历：
2. 打出：
3. 沿着：
4. 监管：

课文

北京银行

北京银行经历了两次更名，从北京城市合作银行、北京市商业银行到今天的北京银行，9年的发展使北京银行在首都金融界打出了品牌，强化了品牌效应，今后还将沿着市场化、区域化、国际化的轨道前行。从1996年底，一些国际知名的金融机构就已有与其合作之意。2004年国际金融机构表示出参股的强烈愿望，经过实际考察，对北京银行的技术产品和管理团队给予了高度评价。北京银行将引进两家以上国际知名的境外投资者，预计参股比例将接近银监会规定的25％的上限，有可能达到24.98％，同时北京银行还将争取明年在国内上市。

北京银行2005年的工作重点是服务百姓的个人金融、支持奥运战略和企业发展的专家型金融服务，其中北京银行将开通

全国首家真正意义上的女子银行,为白领女性提供专业化服务。同时,北京银行在未来几年内还将走出北京市场,寻求在外地的发展机会。

截至2004年末,北京银行资产总额突破2000亿元,资本充足率达到8.3%,不良贷款率为4.8%,全部达到银监会的监管要求,在国内银行界处于领先水平。

(据《北京青年报》2005年1月9日王旭《北京银行密谋引进洋股东,争取明年国内上市》)

 语言点

1. 从北京城市合作银行、北京市商业银行到今天的北京银行

"从……到……"表示事物的发展或变化的情况。

例句:

1) 从两年前人均存款6000元到去年的8000元,银行的储蓄存款在不断增加。

2) 从北京、上海、天津到重庆,中国的直辖市发展到了4个。

2. 今后还将沿着市场化、区域化、国际化的轨道前行

"沿着"表示事物经过的线路、阶段。

例句:

1) 中国正在沿着有中国特色的社会主义道路发展。

2) 沿着这条路走,你会看到好几家银行。

3. 经过实际考察,对北京银行的技术产品和管理团队给予了高度评价

"经过"表示通过或经历某件事情或活动,后面可以跟名词、动词或句子。

例句:

1) 经过几年的发展,这家银行的规模越来越大。

2) 经过讨论,大家一致认为应该加强售后服务。

4. (北京银行)在国内银行界处于领先水平

"处于"表示位于某种情况、地位或状态。

例句:

1) 那家工厂处于连年亏损状态。

2) 公司正处于进退两难的境地。

语言点练习

一 选择填空

从……到 沿着 经过 处于

1. 这家企业_____世界500强之列。
2. _____他指引的方向望去,果然前面不远处就有一家很大的超市。
3. _____整顿,公司的经济效益提高了。
4. 经过_____小_____大的不断发展,她的小店终于成为远近闻名的连锁店了。

二 用所给句式回答问题

1. 你的汉语水平怎么样?(从……到……)

2. 怎样才能找到王府井?(沿着)

3. 他是怎样取得成功的?(经过)

4. 这家银行与其他银行相比如何?(处于)

综合练习

一　　解释画线部分在句子中的含义

1. 一些国际知名的金融机构就已有与其<u>合作之意</u>。
2. 2004年国际金融机构表示出<u>参股</u>的强烈愿望。
3. 北京银行还将争取明年在国内<u>上市</u>。
4. 在国内银行界<u>处于领先水平</u>。

二　　根据课文内容回答问题

1. 北京银行的名称是怎样变化的？
2. 北京银行今后将沿着哪"三化"方向发展？
3. 银监会规定外资参股中资银行的最高比例是多少？
4. 北京银行2005年的主要工作有哪些？

补充阅读

银行大量发放中小企业贷款可行吗

一些中资银行认为大量发放中小企业贷款对商业银行是不现实的。在中资银行还在"嫌小爱大"的时候,外资银行却仿佛发现了一个"聚宝盆",即中小企业理财将是中国个人信贷业务之后另外一块还未被瓜分的大蛋糕。外资银行正在大力开拓自己的中小企业贷款业务,如渣打银行已经在上海、深圳两地开设了中小企业理财业务,汇丰银行也表示将在2005年开始进军中小企业贷款市场。

据统计,2003年中小企业创造了60%的国内生产总值、60%的出口额,并提供了75%的就业机会。然而这些发展势头强劲的中小企业获得的银行贷款仅为银行贷款总量的32%左右。也就是说,近70%的金融资源配置竟给了创造40%价值的国有企业。

现在很多中资银行都在拼抢国有大企业客户资源,其实蕴涵着很大的风险。银行80%—90%的利润都来源于几个大客户,依存度太高,风险也会随之增加。一旦这些大企业倒下,银行就面临着破产的威胁。

从2004年的福布斯富豪榜可以看出,中国最有钱的企业在5年前都是中小企业,这说明中小企业发展的潜力是十分巨大的。今天的中小企业客户今后很可能成为渣打银行的VIP客户。对中小企业的贷款,其实也是在培养潜在的大客户。

(据《中国经营报》2005年1月31日
《中小企业贷款潜力可期,外资银行抢跑》)

 生词语

1. 发放	(动)	fāfàng	to provide; to grant
2. 仿佛	(副)	fǎngfú	as if; be alike
3. 瓜分	(动)	guāfēn	to divide; to carve up
4. 开设	(动)	kāishè	to establish; to offer
5. 进军	(动)	jìnjūn	to march
6. 创造	(动)	chuàngzào	to create
7. 总量	(名)	zǒngliàng	gross; quantum
8. 配置	(名)	pèizhì	collocation scheme
9. 拼抢	(动)	pīnqiǎng	to strive dead hard for
10. 破产	(动)	pòchǎn	to go bankrupt; to go into bankruptcy
11. 富豪	(名)	fùháo	magnate; plutocrat
12. 榜	(名)	bǎng	a list of names posted up

专有名词

1. 渣打银行　　Zhādǎ Yínháng　　Standard Chartered Bank (SCB)
2. 汇丰银行　　Huìfēng Yínháng　　Hongkong and Shanghai Banking Corporation (HSBC)

3. 《福布斯》　　　　Fúbùsī　　　Forbes

 阅读练习

一　　解释画线部分在句子中的意思

1. 在中资银行还在"<u>嫌小爱大</u>"的时候,外资银行却仿佛发现了一个"<u>聚宝盆</u>",即中小企业理财将是中国个人信贷业务之后另外一块还未被瓜分的<u>大蛋糕</u>。
2. 汇丰银行也表示将在2005年开始<u>进军</u>中小企业贷款市场。
3. 银行80%—90%的利润都来源于几个大客户,<u>依存度</u>太高。
4. <u>一旦</u>这些大企业<u>倒下</u>,银行就面临着破产的威胁。
5. 今天的中小企业客户今后很可能成为渣打银行的<u>VIP客户</u>。

二　　根据课文回答问题

1. 中资银行与外资银行对大量发放中小企业贷款各有什么看法?
2. 2003年中小企业的发展与其得到的银行贷款情况如何?
3. 中资银行拼抢国有大企业客户资源存在着什么样的风险?
4. 怎样理解"对中小企业的贷款,其实也是在培养潜在的大客户"这句话?

相关链接

应该取消利息税吗

储蓄存款利息个人所得税自1999年11月1日起征收,其目的是刺激居民消费,拉动内需。但截止至2004年11月1日,利息税已经征收了5年,效果却不明显。也就是当初想通过征税"把储蓄赶出去"的目的,现在看来并没有达到。据中国人民银行统计数据显示:2000年1月份,我国居民储蓄余额超过6万亿元;2001年8月末突破7万亿元;而2004年则超越了12万亿元。这表明历年储蓄存款余额依然呈高扬的上抛物线态势。另外,在征收利息税的 2000 年以后,居民消费增长慢于 GDP 的增长,这也足见征收利息税在促进消费上的乏力。征收利息税难以起到刺激消费的效用,继续征收利息税已经没有实际意义。

有人认为,中国的高储蓄还与社会保障体系不健全有很大关系。当预期支出增加而各项保障机制还不健全时,人们可能就只有通过储蓄来寻求安全感了。简而言之,就是征收利息税对于刺激消费而言只能治标不能治本,难以实现原有征收初衷。

还有人认为,有很重要一点不能忽略,就是征收利息税在很大程度上其实也是对于储户利益的剥夺。尽管在国家财政收入中所占比重不算大,但利息税已成财政收入稳定来源之一是不争的事实。银行、企业与政府的利益不能不顾及,但广大储户的利益亦不能不顾,因而取消利息税、维护储户利益也应尽早提上议事日程。

(据 2005 年 2 月 1 日《市场报》魏文彪
《负利率使民众损失 7000 亿,取消利息税应尽快行动》)

二

 热身话题

1. 你知道目前中国有哪些中资保险公司或外资保险公司?
2. 你知道哪些保险险种?
3. 外资保险进入中国有什么意义?
4. 请谈谈你知道的保险理陪案例。

 生词语

1. 痛苦　　　(名)　　　tòngkǔ　　　agony; pain; suffering

第十二课　银行与保险

2. 丰富	（形）	fēngfù	rich; abundant; plentiful
3. 初级	（形）	chūjí	primary; elementary
4. 保障	（动）	bǎozhàng	to ensure; to guarantee
5. 功能	（名）	gōngnéng	function
6. 养老	（动）	yǎnglǎo	to provide for the aged
7. 寿险	（名）	shòuxiǎn	life insurance
8. 疾病	（名）	jíbìng	disease; illness
9. 健康险	（名）	jiànkāngxiǎn	health insurance
10. 分红		fēn hóng	to share out bonus
11. 险种	（名）	xiǎnzhǒng	coverage
12. 保费	（名）	bǎofèi	insurance; insurance premium
13. 迅速	（形）	xùnsù	rapid; swift; quick
14. 核心	（名）	héxīn	core; nucleus
15. 理财	（动）	lǐcái	manage money matters; to administer financial transactions
16. 购买	（动）	gòumǎi	to purchase; to buy
17. 障碍	（名）	zhàng'ài	obstacle; barrier
18. 传统	（形）	chuántǒng	traditional
19. 体系	（名）	tǐxì	system; setup
20. 特色	（名）	tèsè	characteristic; distingushing feature
21. 发挥	（动）	fāhuī	to bring into play; to develop; to exert
22. 困扰	（动）	kùnrǎo	to puzzle; to perplex
23. 收益	（名）	shōuyì	income; profit
24. 投保	（动）	tóubǎo	to insure
25. 防范	（动）	fángfàn	to be on guard; to keep a lookout
26. 迷惑	（动）	míhuò	to confuse; to delude

 专业词语

1. 投资收益		tóuzī shōuyì	return of investment; investment yield
2. 收益率	（名）	shōuyìlǜ	rate of income; earning rate

词语练习

一、用词语中画线的字组词

例如：<u>工</u>人（<u>工</u>作）（<u>工</u>资）

<u>保</u>险（　　）（　　）　　<u>险</u>种（　　）（　　）

<u>理</u>财（　　）（　　）　　<u>发</u>挥（　　）（　　）

<u>投</u>保（　　）（　　）　　<u>购</u>买（　　）（　　）

<u>初</u>级（　　）（　　）

二、选词填空

理财　保费　保障　丰富　困扰　分红　防范

1. 有的保险公司的险种非常_____。
2. 很多人认为自己身体很好，不需要保险做_____。
3. 这家保险公司经营得很好，年年都有_____。
4. 是否能买到适合自己的保险一直是一个_____他的问题。
5. 保险的重要作用之一就是_____风险。
6. 投资保险也是一种_____方式。
7. 随着保险业的发展，保险公司的_____收入也在不断增加。

课文

买外资保险还是买中资保险

消费者常常会面临两种痛苦，一种是别无选择的痛苦，另一种则是不知如何选择的痛苦。中国保险市场完全开放后，消费者将面对如此多的保险公司、如此丰富的保险产品，要做出正确的选择太不容易了。

中国保险市场还处于发展的初级阶段，大多数人需要保险提供风险保障功能，如养老的传统寿险、针对疾病的健康险等。

而新开业的外资保险公司产品比较单一，以分红等投资型险种为主，目标消费群为有消费能力的中产阶层。投资型保险人均保费高，可以迅速实现规模增长。外资保险公司有着投资型保险的丰富经验，而国内投资型保险起步晚，所以市场空间大。然而，投资型保险的核心是理财，风险保障只是其中的一部分，且多为意外保险。

外资保险产品单一，对风险保障不足，是众多消费者购买保险的障碍。可以预计，外资保险公司在完成"本土化"即具备一定量的机构、销售人员、服务人员后，会发展传统的人身险，但至少还需要三五年的时间。中资保险公司经过十几年的发展，产品体系已初步形成，在传统的人身险、健康险等方面具有一定的特色，发挥了保障作用。

对等待选择保险的消费者来说，等待本身意味着风险的困扰和收益的损失，要尽快投保来防范风险。选择保险时，不要被"外资保险就是最好的"想法迷惑，要分清自己需要的是风险保障还是投资收益。如果以风险保障为主，则要多从中资保险公司中挑选传统保障型产品；如果以收益等为主，则要比较各相关产品的收益率、理财指导等因素，这样购买的保险才会发挥作用。

（据 2005 年 3 月 7 日 http://finance.tom.com 马飞孝
《打破选择保险惯性思维：外资保险一定是最好的》）

语言点

1. 消费者常常会面临两种痛苦,一种是别无选择的痛苦,另一种则是不知如何选择的痛苦

   "一种……,另一种……"中,"种"同"类"。表示在两种情况中除有一种情况外,还有另外一种情况。

   例句:
   1) 这种衣服有两种颜色,一种是红色,另一种是黄色。
   2) 住房贷款的还款方式有两种,一种是等额本金方式,另一种则是等额本息方式。

2. 消费者将面对如此多的保险公司、如此丰富的保险产品

   "如此"这样,可用来修饰形容词,且可以多个连用。

   例句:
   1) 如此便宜的商品,只有在名品折扣店才能买到。
   2) 如此精美的水晶灯才100元一个。

3. 风险保障只是其中的一部分,且多为意外保险

   "且"表示"并且"的意思。连接前后两个句子,后一句进一步说明前面情况。

   例句:
   1) 他工作极为认真,且效率极高。
   2) 公司有很多客户,且他们多是老客户。

 语言点练习

一 用指定的句式完成句子

1. 这种商品的价格有两种,_____。(一种……,另一种……)
2. 她_____,大家都喜欢她。(如此)
3. 他的学习在班里名列前茅,_____。(且)

第十二课　银行与保险

二　用所给句式回答问题

1. 请说说你认为管理公司的两种好方法？（一种……，另一种……）

2. 为什么那家商店门前车水马龙？（如此）

3. 你喜欢旅游的原因是什么？（且）

综合练习

一　解释画线部分在句子中的含义

1. 一种是<u>别无选择</u>的痛苦，另一种则是不知如何选择的痛苦。
2. 而新开业的外资保险公司产品比较<u>单一</u>，以分红等投资型险种为主。
3. 投资型保险的<u>核心</u>是理财，风险保障只是其中的一部分，且多为意外保险。
4. 不要<u>被</u>"外资保险就是最好的"想法<u>迷惑</u>。

二　根据课文内容回答问题

1. 消费者往往面临哪两种痛苦？
2. 试比较中资保险与外资保险在险种方面的异同？
3. 试比较中资保险与外资保险的优势与不足？
4. 消费者应该怎样选择保险？是买中资保险还是买外资保险？为什么？

补充阅读

外资保险进入中国

中国保险业的开放是全面入世的最后一道屏障，当时中资保险公司的压力非常大，唯恐成为保险业开放的牺牲品。然而从这几年中资保险业取得的成绩看,这种担心是没有必要的。外资保险公司进来后,在公司结构治理、风险控制、服务及产品等方面,都给中资保险公司带来了压力和动力,现在保险业已经在金融行业改革方面走在了最前列。外资保险的进入对中国保险业是个利好。中国保监会的调研发现,保险业开放到哪里,哪里中资保险公司的管理水平就有所提高。

保险业开放之初,一个很大的担忧就是担心造成人才流失,但是目前看来并没有出现较为严重的人才流失现象,外资还是更注重培养自己的人才。事实上中资保险公司人才流失最严重的是外资还没进入的中部地区。

中资保险企业仅仅完成企业改制上市是不够的,还应加强公司治理、建立现代企业制度,并学习外资企业的成功经验。

(据《新京报》2005年1月19日
《吴小平:外资进入对保险业利好,18家获准筹建公司不一定都能开业》)

 生 词 语

1. 开放	(动)	kāifàng	to be open to
2. 屏障	(名)	píngzhàng	barrier
3. 唯恐	(副)	wéikǒng	for fear that; lest
4. 牺牲品	(名)	xīshēngpǐn	sacrificial lamb; victim
5. 担心	(动)	dānxīn	to worry; to feel anxious
6. 治理	(动)	zhìlǐ	to administer; to govern; to manage
7. 前列	(名)	qiánliè	antecedent
8. 利好	(名)	lìhǎo	bull
9. 调研	(动)	diàoyán	to survey
10. 担忧	(动)	dānyōu	to be afraid of; to worry about
11. 造成	(动)	zàochéng	to create; to cause
12. 流失	(动)	liúshī	to go away; to be washed away
13. 严重	(形)	yánzhòng	serious
14. 注重	(动)	zhùzhòng	to lay stress on; to pay attention to
15. 改制	(动)	gǎizhì	to convert the system

专有名词

中国保监会（中国保险监督管理委员会）
Zhōngguó Bǎojiānhuì (Zhōngguó Bǎoxiǎn Jiāndū Guǎnlǐ Wěiyuánhuì)
China Insurance Regulatory Commission (CIRC)

 专业词语

现代企业制度　　　　xiàndài qǐyè zhìdù　　　　modern enterprise system

 阅读练习

一　　根据课文内容回答问题

1. 为什么说外资保险的进入对中国保险业是个利好？
2. 中国保险业刚开放时，中资保险公司最担心的是什么？
3. 中资保险公司今后应该怎样继续发展？

二　　根据课文内容判断下面句子是否正确

1. 中国保险业的开放是中国全面入世的第一步。　　□
2. 现在中国保险业改革在金融行业改革中是最快的。　　□
3. 中资保险公司是外资保险进入中国的牺牲品。　　□
4. 外资还没进入的中部地区的中资保险公司人才流失最严重。　　□

相关链接

亚洲海啸导致全球保险业损失50亿至100亿美元

国际保险协会称,亚洲海啸灾难对全球保险业造成的损失总额可能在50亿至100亿美元之间。一些分析师预测说,保险业在这次海啸灾难中的损失总额,将位于国际保险协会预测区间的低端。一位银行和保险业专业经纪商的分析师预计,保险业的损失总额将接近50亿美元。受灾最严重的沿海地区保险覆盖率低,其赔偿金额也相对较低。与影响大面积内陆地区的暴风不同,海啸只影响相对较小的内陆区域。保险公司可能会面临商业中断的索赔以及个人意外事故和旅行保险的索赔,尽管后者的风险很可能是由许多保险公司分担的。

国际保险协会首席执行官玛丽·路易丝·罗西说:最近几年,东南亚的许多国家已发展了金融服务业,许多索赔将得到当地保险公司的赔付。但一些理赔责任已通过伦敦市场进行了再保险。国际保险协会占据伦敦市场大约半数的保费收入,劳合社占了另一半,国际保险协会代表在伦敦市场开展保险和再保险业务的公司都不是劳合社成员。

(据《国际金融报》2005年1月6日
《南亚海啸导致全球保险业损失50亿至100亿美元》)

第十三课　金融市场

导读

本课主要围绕金融市场学习很多关于股市和期货市场方面的专业词语。此外还通过介绍通货膨胀率、利率、汇率等方面的知识以及西方央行的一些做法，进一步学习国际金融方面的专业词语。

一

 热身话题

1. 请说说什么是股票？什么是汇率？什么是期货？
2. 请谈谈你们国家的股市、汇市或期货市场的情况。

 生词语

1. 财富	（名）	cáifù	wealth; riches
2. 缩水	（动）	suōshuǐ	to shrink through wetting
3. 制度	（名）	zhìdù	system; institution
4. 岁末	（名）	suìmò	the end of the year
5. 报	（动）	bào	to report
6. 跌幅	（名）	diēfú	drop range
7. 下跌	（动）	xiàdiē	to depreciate; to fall
8. 同步	（形）	tóngbù	synchronous
9. 大幅	（副）	dàfú	heavily; greatly; fully
10. 总和	（名）	zǒnghé	sum; total; sum total
11. 损失	（动）	sǔnshī	to lose; to damnify
12. 稍	（副）	shāo	a few of
13. 盈利	（名）	yínglì	profit; gain
14. 步入		bùrù	to walk into; to step into
15. 漫漫	（形）	mànmàn	very long
16. 宏观经济		hóngguān jīngjì	macro-economy
17. 高速	（名）	gāosù	high speed

18. 体现	（动）	tǐxiàn	to reflect; to incarnate
19. 向好	（动）	xiànghǎo	up-and-up
20. 回报	（名）	huíbào	repay; return
21. 成熟	（形）	chéngshú	ripe; mature; opportune
22. 融资	（动）	róngzī	to finance; to secure financing
23. 丧失	（动）	sàngshī	to forfeit; to lose
24. 呈	（动）	chéng	to appear; to present
25. 递增	（动）	dìzēng	to increase by degrees
26. 违规	（形）	wéiguī	to get out of line
27. 诚信	（名）	chéngxìn	good faith

专业词语

1. 股市	（名）	gǔshì	stock market
2. 盘点	（动）	pándiǎn	to check; to make an inventory of
3. 上证综指		Shàngzhèng Zōngzhǐ	Composite index of Shanghai stock market
4. 开盘		kāi pán	to open quotation
5. 收盘		shōu pán	to close quotation
6. 点	（名）	diǎn	point
7. 深圳成指		Shēnzhèn Chéngzhǐ	component index of Shenzhen stock market
8. 股票市值		gǔpiào shìzhí	market price of stock
9. 流通市值		liútōng shìzhí	market price of circulation
10. 熊途	（名）	xióngtú	bear route
11. 股指	（名）	gǔzhǐ	share index
12. 圈钱		quān qián	to get the money by trap

词语练习

一、组词

跌（　　）（　　）　　幅（　　）（　　）
步（　　）（　　）　　失（　　）（　　）
速（　　）（　　）　　利（　　）（　　）
报（　　）（　　）　　规（　　）（　　）

二、请写出下列词语的反义词

跌幅——　　　　下跌——　　　　小幅——
盈利——　　　　递增——　　　　开盘——

三、请用所给词语完成句子

1. 东南亚海啸，_____。（损失）
2. 股市变幻无常，_____。（稍）
3. 中国经济快速发展，_____。（体现）
4. 看准市场就应该马上行动，否则_____。（丧失）

课文

中国股市投资者财富缩水，加强制度建设是关键

　　2004年已成过去，岁末盘点：上证综指以1492.72点开盘，年末收盘报1266.5点，跌幅为15.4%；同期深圳成指年末收盘报3067.57点，下跌412.23点，跌幅为11.85%。与股指下跌同步进行的是投资者股票市值的大幅缩水，去年两市流通市值总和为11687亿元，减少1489亿元，损失11.3%，如果加上新股发行等因素，则投资者的平均损失应在15%之上。刚过去的这一年，只

有近5%的投资者稍有盈利。

中国股市虽然有诸多利好,但自上证综指从2245点下跌以来,中国股市即步入漫漫熊途。为什么这几年中国宏观经济保持高速增长,可股市并没有体现出"经济晴雨表"的作用?为什么上市公司的业绩逐渐向好,但它的投资者却不能得到应有的回报,反倒是财富在缩水呢?

中国股市经过十几年的发展,虽然投资者在慢慢地走向成熟,但股市却存在许许多多的问题。

"重融资、轻回报"是股市中最普遍的现象。对于许多上市公司来讲,融资是第一位的,至于是否会有回报则在其次,这也是中国股市是融资场所而非投资场所的原因。令人遗憾的是在4月初股指开始下跌后,上市公司的圈钱行为有增无减,这使得投资者对股票市场的信心慢慢地丧失。与此同时,上市公司呈递增趋势的大量违规行为,使其诚信也在慢慢地丧失。

投资者信心的丧失、上市公司诚信的丧失等,反映出的是制度建设的问题,而这也是投资者财富大幅缩水的最根本原因。对于经过14年风雨历程的中国股市而言,加强制度建设才是关键。

(据2005年1月5日 www.tom.com 曹中铭文章)

语言点

1. **与股指下跌同步进行的是投资者股票市值的大幅缩水**

    "与"后面经常用"不同"、"相同"、"差不多"等,以此用来引进比较的对象,同"跟"。

    例句:

    1) 与中国经济发展速度相同的是IT行业的快速发展。
    2) 与去年情况差不多的是国民经济仍然平稳地发展。

2. **如果加上新股发行等因素,则投资者的平均损失应在15%之上**

    "如果"表示假设,后边的句子常用"则"、"那么"等引导。

    例句:

    1) 股市是经济的"晴雨表",如果经济出现波动,则会通过股市表现出来。
    2) 如果一支股票狂涨,则会引来许多跟风的投资者。

3. **但它的投资者却不能得到应有的回报,反倒是财富在缩水**

    "反倒"与"反而"相同。"反倒"常用于口语,在句子中起转折作用,引出的句子与前面的句子导致的后果正相反。

    例句:

    1) 许多汽车的销售价格不断下降,销售量反倒不见增加。
    2) 商品房价格越来越高,买房的人反倒越来越多。

4. **对于许多上市公司来讲,融资是第一位的,至于是否会有回报则在其次**

    "至于"引出的句子是与之相关的另一个话题。

    例句:

    1) 对他来说,只要有事情做就好,至于能得到多少报酬则无所谓。
    2) 实施新的发展战略是把产品的销量搞上去了,至于具体的实施步骤还是应该再仔细探讨的。

5. **对于经过14年风雨历程的中国股市而言,加强制度建设才是关键**

    "对于……而言"同"就……而言",表示从某一方面来讲或从某一方面进行说明或论述。

    例句:

    1) 对于维护消费者权益而言,任何时候消费者都应该有知情权。
    2) 对于商品包装而言,选择质量好的包装材料十分重要。

语言点练习

一 —— 用所给句式完成句子

1. 这种商品_____。（与……不同）
2. 消费者应该得到法律的保护，_____
   _____。（如果……则……）
3. 市中心又建了一座立交桥，本来以为交通拥堵状况会有所好转，可没有想到_____。（反倒）
4. 他只顾自己的职位是否能够得到提升，_____
   _____。（至于）
5. _____
   _____，扩大进出口贸易十分重要。（对于……而言）

二 —— 用所给句式回答问题

1. 发展地铁与发展私家车相比，有什么利弊？（与……不同）

2. 解决交通拥堵有什么好的办法？（如果……则……）

3. 什么事情与你所想的或所做的正好相反？（反倒）

4. 你除了考虑自己的工作外，还考虑别的什么事情？（至于）

5. 什么事情是一个人最重要的？（对于……而言）

综合练习

一 —— "股票市值缩水"与"衣服缩水"中的"缩水"一词意思一样吗

二 —— 你认为股市作为经济的"晴雨表"应该怎样反映经济

三 —— 根据本文,中国股市存在哪些问题

四 —— 上市公司"重融资、轻回报"的现象在文章中主要表现为什么

五 —— 中国股市要使投资者的财富不缩水,最重要的办法是什么

补充阅读

2005开市第一天深沪股市大幅下挫

股指情况:2005年第一天早市,深成指和沪综指分别以3051.24点和1260.78点开盘,之后在两市石化股大力打压下,大盘进入了调整阶段。盘中仅有湖北迈亚、浪潮信息、海鸟发展等部分个股活跃,大多数个股处于调整状态,市场积弱难返特征明显。10:30深成指收盘3039.88点,跌27.69点,成交7.78亿元。10:30沪指报收1249.04点,跌17.46点,成交13.72亿元。

盘面特点:周一大盘大幅下挫,石化板块作用很大,石化股的下调引发了大盘下挫,对大盘产生了不利的影响。中国石化、扬子石化、齐鲁石化、上海石化这些昔日呼风唤雨的品种,全部大幅下跌,成为盘中主要做空力量,沪综指亦因此创出了67个月以来的新低。中石化近日再度下调成品油出厂价格,其中汽油每吨下调150元,柴油每吨下调150元,石油每吨上调450元。这是中石化继去年12月5日以来第二次对成品油批发价格做出的大幅调整,也正是石化股大幅下调的主要原因。

从整体来看,股票市场上空乌云盖顶,在各种不利因素困扰下,新年开局首日黑色已成定局,后市进一步下探1200点整数关不是没有可能,投资者仍需谨慎。

(据 www.tom.com 2005年1月4日专稿)

生词语

1. 下挫	（动）	xiàcuò	glide
2. 调整	（动）	tiáozhěng	to adjust; to restructure
3. 积弱难返		jīruònánfǎn	too difficult to rebund accumulated declining tendency
4. 成交	（动）	chéngjiāo	to close a deal; to strike a bargain
5. 不利	（形）	búlì	unfavorable; harmful
6. 昔日	（名）	xīrì	in former days
7. 呼风唤雨		hūfēng-huànyǔ	to control the forces of nature with the ability to summon wind and rain
8. 再度	（副）	zàidù	once more; once again
9. 下调	（动）	xiàtiáo	to transfer to a lower unit
10. 成品油	（名）	chéngpǐnyóu	oil products
11. 出厂价格		chūchǎng jiàgé	factory price; manufacturer's price
12. 汽油	（名）	qìyóu	gasoline; petrol
13. 柴油	（名）	cháiyóu	diesel oil
14. 石油	（名）	shíyóu	petroleum
15. 继	（动）	jì	to follow; to succeed
16. 批发价格		pīfā jiàgé	trade price
17. 乌云盖顶		wūyún gài dǐng	rampant
18. 开局		kāi jú	to have a new game
19. 定局	（名）	dìngjú	finality

 专有名词

中石化(中国石油化工股份有限公司)
Zhōngshíhuà(Zhōngguó Shíyóu Huàgōng Gǔfèn Yǒuxiàn Gōngsī)
China Petroleum & Chemical Corporation (Sinope Corp.)

专业词语

1. 开市		kāi shì	to open; the first transaction of a day's business
2. 早市	（名）	zǎoshì	morning sales
3. 大盘	（名）	dàpán	the general price of stock market
4. 个股	（名）	gègǔ	individual stock
5. 跌	（动）	diē	to drop; to fall, to decline
6. 报收	（动）	bàoshōu	to close
7. 盘面	（名）	pánmiàn	the situation of stock price
8. 石化板块		shíhuà bǎnkuài	the stock range of petrifaction
9. 做空	（动）	zuòkōng	not be bullish
10. 石化股		shíhuàgǔ	the petrifaction stock
11. 黑色	（名）	hēisè	black; blackness
12. 后市	（名）	hòushì	afternoon market; afternoon session
13. 下探	（动）	xiàtàn	descend
14. 整数关	（名）	zhěngshùguān	the point of integer

阅读练习

一 文章所述的是中国股市2005年第一天收盘后的情况吗

二 请试着描述一个股市的股指情况和盘面特点

三 "积弱难返"、"功不可没"、"呼风唤雨"和"乌云盖顶"这四个词在本文中分别有什么特殊含义

四 石化股"成为盘中主要做空力量"的原因是什么

五 "新年开局首日黑色"是什么意思

相关链接

什么是红筹股

红筹股这一概念诞生于20世纪90年代初期的香港股票市场。中华人民共和国在国际上有时被称为红色中国，相应地，中国香港和国际投资者把在境外注册、在香港上市的那些带有中国概念的股票称为红筹股。红筹股的兴起和发展，对香港股市产生了积极的影响。

如何具体定义红筹股，主要的观点有两种：一种观点认为，应该按照业务范围来区分。如果某个上市公司的主要业务在中国，其盈利中的大部分也来自该业务，那么这家在中国境外注册、在香港上市的股票就是红筹股。另一种观点认为，应该按照权益多寡来划分。如果一家上市公司股东权益的大部分直接来自中国或具有中国背景，也就是为中资所控股，那么这家在中国境外注册、在香港上市的股票才属于红筹股之列。通常这两类公司的股票都被投资者视为红筹股。

早期的红筹股，主要是一些中资公司收购香港中小型上市公司后改造而形成的，如中信泰富等。近年来出现的红筹股，主要是中国一些省市将其在香港的窗口公司改组并在香港上市后形成，如上海实业、北京控股等。红筹股已经成了除B股、H股外中国企业进入国际资本市场筹资的一条重要渠道。

（据2004年2月11日百度快照《什么是红筹股》）

 热身话题

通货膨胀率、利率、汇率三者之间有什么联系吗？

🎧 生词语

1. 衡量	（动）	héngliáng	to weigh; to measure
2. 物价	（名）	wùjià	commodity price
3. 需求	（名）	xūqiú	demand; requirement
4. 走高		zǒu gāo	to ascend; to go up; to rise
5. 制定	（动）	zhìdìng	to constitute; to establish
6. 目标	（名）	mùbiāo	target; goal
7. 标尺	（名）	biāochǐ	staff gauge; surveyor's staff
8. 加息		jiā xī	to add the rate of bank interest
9. 控制	（动）	kòngzhì	to control; to command
10. 不景气		bù jǐngqì	depression; recession
11. 伴随	（动）	bànsuí	to accompany; to go along with
12. 刺激	（动）	cìjī	to stimulate
13. 悲观	（形）	bēiguān	pessimistic
14. 气氛	（名）	qìfēn	ambience; atmosphere
15. 上扬	（动）	shàngyáng	bullish
16. 支持	（动）	zhīchí	to prop up; to support
17. 上调	（动）	shàngtiáo	to raise
18. 计价		jì jià	to make a price
19. 走俏	（形）	zǒuqiào	to have a good sale; to sell well; to become popular
20. 反之亦然		fǎnzhīyìrán	vice versa
21. 飙升	（动）	biāoshēng	to increase rapidly
22. 获利		huò lì	to pay off; to reap profit; to clean up
23. 了结	（动）	liǎojié	to dispose of; to end; to bring to an end
24. 减轻	（动）	jiǎnqīng	to lighten; to reduce

 专业词语

1. 利率	（名）	lìlǜ	interest rate
2. 央行	（名）	yāngháng	central bank

3. 通胀率	（名）	tōngzhànglǜ	rate of inflation
4. 利空	（动）	lìkōng	bear
5. 卖压	（名）	màiyā	the pressure of sale
6. 汇市	（名）	huìshì	foreign exchange market
7. 汇率	（名）	huìlǜ	exchange rate
8. 资产收益率		zīchǎn shōuyìlǜ	rate of return on capital
9. 国际资本		guójì zīběn	international capital
10. 热钱	（名）	rèqián	speculating capital
11. 中短线	（名）	zhōngduǎnxiàn	middle or short term
12. 炒作	（动）	chǎozuò	to speculate
13. 多头头寸		duōtóutóucùn	long position cash

 词语练习

一 ── 用所给的词语填空

　　　　扩大　　上调　　走俏　　不景气

利率（　　）　需求（　　）　经济（　　）　商品（　　）

　　　　减轻　　刺激　　制定　　提高　　控制

（　　）消费　（　　）目标　（　　）冲击　（　　）风险　（　　）利率

二 ── 用所给词语完成句子

1. 为了规避风险，_____。（获利）
2. 当股市出现利好消息，_____。（飙升）
3. 当股市出现利空消息，_____。（悲观）
4. _____，失业的人就会越来越多。（不景气）

课文

通货膨胀及利率对汇市的影响

通货膨胀与利率是两个常见的经济词语。通胀衡量的是物价的上涨幅度,通常在一国经济发展较快、消费需求旺盛的时候,通胀就会逐渐走高。西方央行大多都会制定通胀目标,作为衡量通胀水平是否合理的标尺,通胀率通常是在2.0%—2.5%之间。当通胀超过这一目标时,央行就会考虑提高利率,即加息,以控制物价;当经济不景气时,多数都伴随着通胀率降低,此时央行就会考虑降低利率,即减息,来刺激经济发展。

当一国货币进入加息周期时,不断的加息预期会对该货币提供长期的利好支持;反之将引发悲观气氛,带来长期的利空压力。当然,通胀与利率的上扬也是有一定限度的,并不是越高越好。如果通胀达到两位数,而利率也达到两位数的话,表明该国经济问题严重,这时对该国货币就绝不是利好支持,而是利空卖压。

一般说来,通胀与利率对汇市有重要而明显的影响,通常与一国货币的汇率成正比。以英镑举例来说,当英镑利率逐渐上调时,以英镑计价的资产收益率也会逐渐上升,大量寻求利润的国际资本会纷纷涌入英国或是转向英镑资产,引发英镑走俏,致使长期内英镑兑其他货币的汇率不断上扬。反之亦然。这些资本是以投资为目的的,各国政府都比较欢迎;但同时还有大量的投机性资本,即热钱,他们并不是以投资为目的,而是以中短线投机炒作为主,当英镑有加息预期时,这些资本便会建立英镑多头头寸,使英镑汇率在短期内飙升,当加息成为事实时,这些资本便会获利了结。因此,经常会出现加息前汇率上扬,而加息后汇率下跌的现象。对于热钱,各国政府都会密切监视,用各种办法限制他们的行动,但目前还没有更好的办法来减轻热钱对金融的冲击。

(据 2005 年 1 月 7 日 www.tom.com
《外汇通:通胀与利率对汇市的影响——基本面系列》)

 语 言 点

1. **通胀率通常是在 2.0%—2.5%之间**

"在……之间"在动词后面,用来表示一定的数量、时间、地点等范围。

例句:

1) 英镑与美元的汇率昨日是在 1.918—1.925 之间波动。

2) 人的血压在多少之间是正常的?

2. **当通胀超过这一目标时,央行就会考虑提高利率**

"当……时/的时候"用在主语的前面,用逗号隔开,表示事情发生的时间。"当"与"时"的中间是句子。

例句:

1) 当一国经济过热时,就应该预防经济泡沫的出现。

2) 当他到达机场的时候,飞机已经起飞了。

3. **央行就会考虑提高利率,即加息,以控制物价**

"即"是"就是"的意思,用于进一步说明或解释前面的部分,用做插入语。

例句:

1) 那年国庆节,即 1999 年 10 月 1 日,全国举行了盛大的庆祝活动。

2) 通胀,即通货膨胀,是一种经济现象。

4. **当英镑利率逐渐上调时,以英镑计价的资产收益率也会逐渐上升,大量寻求利润的国际资本会纷纷涌入英国或是转向英镑资产,引发英镑走俏,致使长期内英镑兑其他货币的汇率不断上扬。反之亦然**

   "反之亦然"同"反之也一样",表示从相反的方面来说前面的事实或观点也是正确的。

   例句：

   1) 水在摄氏零度以下就会结冰,反之亦然。
   2) 一般说来,一种股票的价格上涨,买这种股票的人就会增加。反之亦然。

5. **他们并不是以投资为目的,而是以中短线投机炒作为主**

   "并"常在"不"、"未"、"没"、"非"等前面,用于进一步加强否定。经常用于有转折意思的句子中,否定前者,肯定后者。

   例句：

   1) 他并不知道她这样做是在帮他,而以为她是在害他呢！
   2) 这笔钱他并不想用来买股票,而是想拿去做期货。

语言点练习

用所给句式回答问题

1. 他看上去有多大岁数？（在……之间）

2. 什么时候应该用加息的手段来控制物价的上涨？（当……时）

3. 人们常说的"便宜无好货"是什么意思？（即）

4. "便宜无好货"与"好货不便宜"的意思是一样的吗？（反之亦然）

5. 放假后,你想去欧洲旅游还是去东南亚旅游？（并）

综合练习

一 —— 解释画线部分在句子中的含义

1. 消费需求<u>旺盛</u>的时候，通胀就会逐渐走高。
2. 通胀与利率对汇市有重要而明显的影响，通常与一国货币的汇率<u>成正比</u>。
3. 大量寻求利润的国际资本会纷纷<u>涌入</u>英国或是转向英镑资产。
4. 这些资本便会<u>获利了结</u>。
5. 致使长期内英镑<u>兑</u>其他货币的汇率不断上扬。

二 —— 根据课文回答问题

1. 西方国家央行制定的合理的通货膨胀率是多少？
2. 通货膨胀对利率有什么影响？
3. 利率对汇率有什么影响？

补充阅读

1. 铜　低开高走

铜0505合约上涨200点，报收31340，成交48184手。沪铜今日小幅低开后强势向上拉升，创合约新高之后进入整理状态。

2. 胶　全线大涨

胶全线大涨，主力6月合约以涨停13695点报收，上涨395点，从盘面上看胶增仓上行，期价突破前期振荡区间，在国内需求旺盛、国际胶价坚挺的背景下，结合图形来看，胶将走出急拉上涨行情，操作上建议持有。

3. 豆粕　继续上涨

豆粕延续升势，继续大幅上涨。主力合约M0505涨停收盘2801点，上涨107点。豆粕在连续数日大幅拉升之后，短线面临调整风险，后市的振荡幅度也将加大，操作上注意控制风险，短线择机适量减持多单。

4. 玉米　全线上涨

大连玉米全线上涨，主力合约505最终收报于1234，较上一交易日上涨21点。从基本面上看,玉米出口有所增加,阿根廷玉米开始陆续上市,短期上涨,长期看空。

5. 燃油　涨势依旧

燃油各合约受原油期价带动延续牛市,主力505合约大幅上涨35点,收于2377。国际原油期价冲破历史高点。建议投资者保留多单,或在期价回调5日均线处吸入做多。

6. 铝　区间振荡

主力合约0505报收16790,下跌60点,成交12112手。铝今日低位反弹,5日线处回落后10日线处受支撑。由于最近市场成交清淡,铝可能再次进行区间整理。操作上建议观望。

(据2005年3月15日 finance.tom.com
《格林期货3月15日:沪铜低开高走,沪胶全线大涨》)

　生 词 语

1. 低开高走		dīkāigāozǒu	after beginning at a lower price, moving at a higher price
2. 合约	(名)	héyuē	agreement
3. 手	(量)	shǒu	the minimum unit of futures (one "shou" =10 tons)
4. 拉升	(动)	lāshēng	to run up
5. 整理	(动)	zhěnglǐ	to arrange; to put in order
6. 状态	(名)	zhuàngtài	state; condition
7. 胶	(名)	jiāo	rubber
8. 增仓	(动)	zēngcāng	to add storehouse
9. 上行	(动)	shàngxíng	go up
10. 振荡	(动)	zhèndàng	to surge
11. 区间	(名)	qūjiān	part of the normal route; interzone
12. 背景	(名)	bèijǐng	background
13. 豆粕	(名)	dòupò	bean pulp

14. 数日	（名）	shùrì	several days
15. 择机		zé jī	to choose chance
16. 适量	（形）	shìliàng	proper quantity
17. 减持	（动）	jiǎnchí	to reduce reserve
18. 全线	（名）	quánxiàn	all fronts; the whole line
19. 出口	（动）	chūkǒu	to export
20. 陆续	（副）	lùxù	constantly; continually
21. 燃油	（名）	rányóu	fuel
22. 均线	（名）	jūnxiàn	average line
23. 吸入		xī rù	to inbreathe; to inhale
24. 铝	（名）	lǚ	aluminum
25. 低位	（名）	dīwèi	lower price position
26. 反弹	（动）	fǎntán	to rebound
27. 清淡	（形）	qīngdàn	slack
28. 观望	（动）	guānwàng	to wait and see; to look on

阅读练习

一 给这六段合起来加上一个适当的总题目

二 文章中有几种期货价格在上涨

三 期货与股票相比较，在专业词语方面有哪些相同和不同

四 根据课文内容判断下列说法是否正确

1. 豆粕期价在短期内还会继续上涨。☐
2. 铝期货没有什么行情。☐
3. 铜今日开市时期价低于昨日收盘价。☐
4. 国际胶价在不断下跌。☐
5. 从盘面上看，买胶的人很多。☐
6. 玉米期价短时间内会上涨，长期看还会继续上涨。☐
7. 燃油期货行情持续向好。☐

相关链接

从股票市场走向外汇市场

股票市场对于中国大多数人来说已经不陌生了。然而,外汇市场是一个全新的市场。中国国内形成炒汇热也仅仅是近一两年的事情。从投资者的数量来讲,还远远不能与国内的股票市场相提并论。但从交易量来看,外汇市场却大于股票市场。随着我国加入WTO,外汇投资已经成为一个新的热点,越来越多的投资者开始对炒汇表现出浓厚的兴趣。

外汇市场存在一个谁来对谁进行标价的问题。传统上,经济强国都喜欢以本国货币来表示其他国家的货币。英国在早期是最强大的资本主义国家,英镑属于硬通货币,所以就形成了以1英镑等于多少美元的标价方法,澳大利亚、新西兰早年都是英国的殖民地,因此也沿用了英镑的标价方法,形成了1澳元、1新西兰元(纽元)等于多少美元的标价方法。后来,随着美国经济的强大,美国逐渐在世界范围内取代了英国传统资本主义强国的地位,美元成为流通全球的硬通货币,于是就形成了诸如1美元等于多少日元、瑞朗、加元的标价方法。欧元面世后,表现出要与美元抗衡的姿态,也选择了和英镑一样的标价方法。

外汇市场的标价方法很重要,它决定了投资者根据数值大小进行买卖时的方向问题。外汇标价方法有两种,即直接标价法和间接标价法。例如直接标价法:美元/日元=134.56/61、美元/港币=7.7940/50、美元/瑞朗=1.6840/45。间接标价法:欧元/美元=0.8750/55、英镑/美元=1.4143/50、澳元/美元=0.5102/09。

通俗地说,直接标价法就是直接用美元表示其他货币的标价方法。在这种标价法下,数值越大,表示与美元相对应的货币越不值钱,和股市中的价格是反向的。间接标价法就是用其他货币来表示美元的标价方法。在这种标价法下,数值越大,表示这种货币越值钱,和股市中的价格是一致的。

(据2004年11月3日百度快照《从股票市场走向外汇市场》)

第十四课　理财师的理财方案

导读

本课介绍理财方面的问题，你将学习到相关的词语，并且可以了解到中国经济生活中出现的新事物——理财师帮助个人理财。

一

 热身话题

1. 你每个月的开销是怎么安排的？
2. 你储蓄吗？

 生词语

1. 本科	（名）	běnkē	regular college course; undergraduate course
2. 开销	（名）	kāixiāo	spending; expense
3. 退休金	（名）	tuìxiūjīn	pension; superannuation
4. 医疗保险		yīliáo bǎoxiǎn	medicare; hospitalization insurance
5. 财务	（名）	cáiwù	financial affairs
6. 单位	（名）	dānwèi	unit
7. 股票	（名）	gǔpiào	shares; stock
8. 市值	（名）	shìzhí	market value
9. 套	（动）	tào	to hitch
10. 养老保险		yǎnglǎo bǎoxiǎn	endowment insurance
11. 上升	（动）	shàngshēng	to rise; to ascend
12. 优势	（名）	yōushì	predominance; advantage; preponderance
13. 原来	（形）	yuánlái	original; former
14. 救济金	（名）	jiùjìjīn	alms
15. 节俭	（形）	jiéjiǎn	frugal
16. 戒掉		jiè diào	to refrain from
17. 嗜好	（名）	shìhào	addiction; hobby
18. 支付	（动）	zhīfù	to pay

词语练习

一 写出下列词语的反义词

不良 —— 收入 —— 上升 ——
优势 —— 节俭 ——

二 选词填空

嗜好　经验　开销　规模　戒掉　单位　支付　学历　激烈

1. 抽了十多年的烟居然被他（　　　　）了，大家都很佩服他。
2. 国家规定（　　　　）必须给员工上养老保险。
3. 很多地方招聘人才都非常重视（　　　　），而忽视了人的实际能力。
4. 他年轻时家里非常贫困，所以他吃饭非常简单，住在学校的宿舍，生活（　　　　）很小。
5. 他身体健康，不喝酒、不抽烟，没有任何不良（　　　　）。
6. 为了帮助贫困儿童就医，贫困儿童的医疗互助保险费用由国家（　　　　）。
7. 小张在这个岗位上已经干了十年了，（　　　　）很丰富。
8. 中国由于人口众多，所以就业竞争非常（　　　　）。
9. 昨天，公司开了一个（　　　　）很大的新产品发布会，参加的人非常多。

课文

张先生的财务状况

　　张先生今年30岁，本科学历，5年工作经验，一向有吸烟的习惯。正在谈恋爱，爱情开销较大。父母均有退休金和医疗保险，身体健康，短期内无须照顾。

　　基本财务状况：在一家中等规模公司从事财务工作，竞争激烈。月平均收入6000元，银行存款20000元，股票市值40000元，但已被套，损失近10000元。现有经济型汽车一部，养车费用每月约500元；日常生活开销每月1800元；交际费用每月3200元。

保障情况：单位有社会养老保险和医疗保险，60岁时每月可领取1200元退休金。无商业保险。

近期生活目标：打算2年后结婚，结婚时出国旅游；计划35岁前购买一套两居室住房。

分析：张先生今年30岁，正是事业发展的上升阶段，从工作情况看，他所具有的本科学历和5年的工作经历在目前的财务人员中竞争优势一般。一旦失业，马上找到新工作的可能性较小，新工作的收入可能会低于原来的工资水平。虽然一般单位都会给员工上失业保险，但实际上所得到的失业救济金远不能满足张先生的消费水平，这就需要他提早意识到这一点，在平时的生活中注意节俭，留出足够的风险准备金，以备不时之需。

张先生有吸烟的嗜好，如果不能戒掉这一不良习惯，则应在医疗保险方面增加相应的投入。

每月1200元的退休金是不足以支付张先生的日常开销的，如果遇到大病，社会医疗保险也是远远不够的。因此商业保险应作为社会保险的必要补充。

 语言点

1. 张先生今年30岁，本科学历，5年工作经验，一向有吸烟的习惯

"一向"，副词，表示某种行为或情况从过去某个时候到现在都是这样，没有变化。可以用在某些动词或形容词前。

例句:
- 1) 这家公司一向喜欢找体育明星做产品代言人。
- 2) 他讲话一向干净、利落。

2. **他所具有的本科学历和5年的工作经历在目前的财务人员中竞争优势一般**

"具有",动词,"有"的意思,多用于抽象事物。

例句:
- 1) 两个公司顺利签订了合作协议,这对于他们的发展具有十分重大的意义。
- 2) 这种产品对老年人具有一定的吸引力。

3. **一旦失业,马上找到新工作的可能性较小**

"一旦",副词,不确定的时间词,表示有一天。用于已然,表示"忽然有一天";用于未然,表示"假如有一天"。

例句:
- 1) 他已经习惯了学校的生活,一旦离开学校,他感到处处都不适应。
- 2) 你一旦可以和当地人交流了,你就会觉得在外国生活非常有意思。

4. **新工作的收入可能会低于原来的工资水平**

"原来",形容词,起初、原先,做定语、状语、宾语。

例句:
- 1) 这里原来是一片荒地,现在都变成了高楼大厦了。
- 2) 这种药原来是为儿童开发的,后来也用于成人了。

 语言点练习

一 —— **选词填空**

具有　有

1. 她买了几件(　　　　)民族风格的衣服。
2. 他对汉语十分(　　　　)兴趣。
3. 我们(　　　　)决心完成这次任务。
4. 这次钢琴比赛(　　　　)国际水平。

一直　一向

1. 她(　　　　)为人正直,心地善良。
2. 这两天(　　　　)下雨,来公园的游客很少。

3. 因为感冒发烧，昨天我（　　　　）呆在房间，哪儿都没去。
4. 他说话（　　　　）和气，从来不发脾气。

二　完成句子

1. 一旦时间变化，_____。
2. 一旦工厂的管理工作搞好了，_____。
3. 他没有任何医疗保险，_____。（一旦）
4. 你不能每天吃安眠药，_____。（一旦）

三　用"原来"改写句子

1. 以前的朋友都失去了联系。
   _____

2. 这个大学的周边以前都是小平房。
   _____

3. 这座桥虽然后来修补了几次，但都是按照起初的样子修的。
   _____

4. 谁也想不到以前那么瘦小的孩子会成为宇航员。
   _____

综合练习

一　解释画线部分在句子中的含义

1. 正在谈恋爱，爱情开销较大。
2. 现有经济型汽车一部，养车费用每月约 500 元。
3. 张先生今年 30 岁，正是事业发展的上升阶段。
4. 在平时的生活中注意节俭，留出足够的风险准备金，以备不时之需。
5. 每月 1200 元的退休金是不足以支付张先生的日常开销的。

二 根据课文内容填写表中的(1)(2)(3)(4)(5)

张先生每月的收支表

	收入		支出	
	收入来源	金额(元)	支出项目	金额(元)
	工资	(1)	生活开支	(2)
			交际费用	(3)
			养车费用	(4)
小计	收入	6000	支出	5500
节余				(5)

三
课文第四段"从工作情况看,他所具有的本科学历和5年的工作经历在目前的财务人员中竞争优势一般。(1)一旦失业,马上找到新工作的可能性较小,(2)新工作的收入可能会低于原来的工资水平。(3)虽然一般单位都会给员工上失业保险,但实际上所得到的失业救济金远不能满足张先生的消费水平,这就需要他提早意识到这一点。"这段话中,画线部分所指的是什么?在(1)(2)(3)中选择

四
下面是《中国科技财富》杂志2004年第9期的目录,如果你要了解更多的和本课有关系的内容,你会读哪篇文章

- 12　财富观点
  股票溢价发行无需再经国务院证券监管机构批准(十则)
- 14　谁来装备中国
- 24　中国重化工的资源之忧
- 32　石油资源的发布与消费
- 38　较量汽车电子市场
- 44　手机游戏的财富机会
- 50　数码消费的中国角色
- 55　拿什么来"拯救"国产数码相机
- 60　揭开中国猎头业的面纱
- 66　中国农业信息化现状和趋势
- 68　城市土地调控政策费思量
- 76　自由贸易的收获
- 78　无线传感掌控生活

82　速度之王——宾利欧陆 GT
88　阅读华尔街
90　钻石

补充阅读

理财师的分析

　　生活支出方面,张先生月节余仅 500 元,且支出方向基本都是纯消费性质的,这说明其支出项目的不合理性,应多为将来的家庭打下一个良好的经济基础,尽量避免过度消费。同时张先生自己的生活开支也有节俭的余地。可以将节省下来的资金用于投资,以期获得更大的回报。

　　负债方面,目前既没有房贷、车贷等长期负债,也没有信用卡等短期负债,可以说张先生是无债一身轻。

　　资产方面,拥有经济型汽车一部,银行存款 20000 元,股票市值 40000 元,但已被套,损失近 10000 元。从中可以看出,张先生的流动资金只有两部分,即银行存款和股票,且股票因操作失误已有近 25% 的损失。很明显,这种投资方式虽然有一定的流动性,但品种比较单调,收益率也不能保证。因此应调整投资策略,盘活现有资产,使资金利用率提高,收益水平也随之上升。

生词语

1. 节余	(名)	jiéyú	surplus (as a result of economizing)
2. 性质	(名)	xìngzhì	character; property; quality
3. 纯	(形)	chún	pure
4. 尽量	(副)	jìnliàng	to the full
5. 过度	(形)	guòdù	excess; exorbitant
6. 节省	(动)	jiéshěng	to economize; to save
7. 房贷	(名)	fángdài	loan for housing
8. 车贷	(名)	chēdài	loan for car

9. 负债		fù zhài	to be in debt; to incur debts
10. 流动	（动）	liúdòng	to flow; to drift; to be on the move
11. 失误	（名）	shīwù	miscarriage
12. 单调	（形）	dāndiào	monotonous; drab

专业词语

盘活	（动）	pánhuó	enliven; revitalize; liberalize

阅读练习

根据课文判断正误

1. 张先生每个月工资中的大部分都花掉了。☐
2. 张先生用于生活上的钱很少，不能再节约了。☐
3. 理财师认为张先生应该增加投资。☐
4. 张先生目前没有任何贷款。☐
5. 张先生买的股票已经涨价了。☐
6. 理财师认为张先生投资方式有问题。☐

相关链接

社会保险

　　社会保险是国家通过立法的形式，由社会集中建立基金，以使劳动者在年老、患病、工伤、失业、生育等丧失劳动能力的情况下能够获得国家和社会帮助的一种社会保障制度。

　　以前所说的"三险"和现在的"四险"、"五险"就是对社保的概括。"三险"即"养老、医疗、失业"三项保险，"四险"即"养老、医疗、失业、工伤"四项保险,"五险"即"四险"加上生育险。

简单地说,社会保险是国家给劳动者的一种保险,以保障劳动者在不能劳动时有一些生活保障。这些保障是一个人生存的基本保障,是广覆盖、低保障的。前总理朱镕基说过:基本医疗保障只能是低水平的,保而不包,保即有一个基本保障,超出部分主要应该通过商业保险解决。

可以说社会保险的特性具有法定性、保障性和互济性。

 热身话题

1. 你买过什么保险?
2. 说说买保险的必要性。

 生词语

1. 压缩　　（动）　yāsuō　　　to compress
2. 开支　　（名）　kāizhī　　　expenses; expenditure
3. 其余　　（代）　qíyú　　　　the others; the rest
4. 证券　　（名）　zhèngquàn　bond; negotiable securities
5. 本身　　（代）　běnshēn　　itself
6. 价值　　（名）　jiàzhí　　　value; worth
7. 波动　　（动）　bōdòng　　to wave motion; to fluctuate
8. 导向　　（名）　dǎoxiàng　direction of guiding
9. 买入　　　　　　mǎi rù　　to purchase; to call
10. 成本　　（名）　chéngběn　cost
11. 所谓　　（形）　suǒwèi　　so-called
12. 若　　　（连）　ruò　　　　if
13. 采用　　（动）　cǎiyòng　　to adopt; to use

14. 年龄	（名）	niánlíng	age
15. 首付	（名）	shǒufù	down payment
16. 规划	（动）	guīhuà	to program; to plan; to design

 词语练习

一 —— 词语搭配

压缩（　　　）（　　　）　　首（　　　）（　　　）
分期（　　　）（　　　）　　资（　　　）（　　　）
平均（　　　）（　　　）　　价（　　　）（　　　）

二 —— 选词填空

压缩　围绕　价值　波动　采用　本身

1. 本次会议将（　　　）经济发展与环境保护这一主题进行讨论。
2. 电子类产品的附加（　　　）越来越高。
3. 高科技股今天出现小幅（　　　）。
4. 今年政府将继续（　　　）投资,以控制经济过热发展。
5. 因为（　　　）了世界最新的技术,因此产品质量有了保证。
6. 月亮（　　　）并不发光,我们能看到月亮,是因为太阳的光反射到了月球上。

课文

张先生如何实现5年内买房子的目标

张先生近期的目标是2年内结婚,并且要购买一套两居室住宅。以目前张先生每月仅节余500元的情况来看,5年内买房似乎是"天方夜谭"。为此,张先生请教了理财师,理财师认为张先生的目标是完全可以实现的,下面就是理财师的建议。

张先生每月只有500元的节余资金,这对于投资来说意义并不太大,因此应通过压缩消费开支的方法来增加可投资金额。

投资方面,每月固定拿出700元作为购买保险的费用,其余的2300元投资于证券投资基金,每个月分期购买。因为证券投资基金的价格是围绕其本身的价值上下波动的,同时也会受到来自市场和政策导向方面的影响,因此基金的价格是随时发生变化的。从短期来看,有时可能买入价格高了,有时买入价格可能相对较低,但是如果每个月都购买,从长远来看,买入这些基金的成本实际上是处于一个平均水平的。这就是所谓的平均成本法。若采用这个方法投资于年平均收益率为5%的证券投资基金,5年后就可以得到156400元的收益。5年后张先生是35岁,那时他的目标是买一套两居室,按照首付20%的比例,这15万元的投资收入就有可能作为购买一套价值75万元住房的首付款。

经过财务规划,张先生的月收支情况如下表

收入		支出	
收入来源	金额(元)	支出项目	金额(元)
工资	6000	生活开支	1000
		交际费用	1500
		养车费用	500
		保险费用	700
		股票型基金	1610

		平衡型基金	690
收入	6000	支出	6000

语言点

1. **因此应通过压缩消费开支的方法来增加可投资金额**

    "通过",介词,以人或事物为媒介或手段而达到某种目的。

    例句:

    1) 通过深入的调查,他们初步找到了这次事故的原因。

    2) 公司通过召开座谈会,征求大家的意见。

2. **每月固定拿出 700 元作为购买保险的费用,其余的 2300 元投资于证券投资基金**

    "其余",代词,剩下的。

    例句:

    1) 第一组、第二组的同学练习跑步,其余的休息。

    2) 工厂的设备除了一部分是国产的以外,其余大部分都是进口的。

3. **因此基金的价格是随时发生变化的**

    "随时",副词,不论什么时候。做状语,修饰动词。

    例句:

    1) 如果有什么问题可以随时提出来。

    2) 奶奶的病虽然现在治好了,但是这种病随时都有可能复发。

4. **这就是所谓的平均成本法**

    "所谓",形容词。(1)通常所说的,多用于需要解释的词语或总括,做定语。(2)用于引述别人的话或词语,含有不承认的意思。

    例句:

    1) 所谓"货币市场基金"就是指投资于货币市场上短期有价证券的一种基金。

    2) 他们所谓的"社会规律"就是穷人、是素质低下的人。

语言点练习

一 完成句子

1. _____,提高汉语水平。(通过)
2. _____,他终于实现了自己的理想。(通过)
3. 我翻译这本书的第一部分,_____。(其余)
4. _____,请你们快速离开这里。(随时)
5. 关于产品的任何问题,_____。(随时)
6. 晚会上只有两个人是我们公司的,_____。(其余)

二 使用"所谓"一词解释下列名词

1. 外企:
2. 保险:
3. 证券投资基金:
4. 理财师:

综合练习

一 解释画线部分在句子中的含义

1. 5年内买房似乎是"<u>天方夜谭</u>"。
2. 每月<u>固定</u>拿出700元作为购买保险的费用。
3. 因为证券投资基金的价格是围绕其本身的<u>价值上下波动的</u>。
4. 采用这个方法投资于<u>年平均收益率为5%</u>的证券投资基金。
5. 按照首付20%的比例,这15万元的投资收入就有可能作为购买一套价值75万元住房的首付款。

二 根据课文填空

证券投资基金的价格经常出现(　　　　),其中的一个原因是证券投资基金(　　　　)的价值出现了变化,另外一个原因是受市场和政策导向的(　　　　)。每月分期购买这些基金,可能购买时(　　　　)不同,有的时

第十四课　理财师的理财方案

候价格较高,有的时候(　　　)价格可能很低,但每月购买的话,购买基金的成本会处于(　　　)水平的。

三 —— 文章中解释了"平均成本法"的概念,请你说说什么是"平均成本法"——

四 —— 请你使用"所谓……,就是……"解释几个概念 ——

五 —— "若"的意思有以下几种,不用查字典,请你找出"若采用这个方法投资于年平均收益率为5%的证券投资基金,5年后就可以得到156400元的收益"中"若"的含义 ——

1. 如;好像
2. (书面语)如果
3. (书面语)你

补充阅读

张先生的健康及养老保险

　　张先生目前只有社会保险,其中养老保险可提供他退休后每月1200元的退休金,但这远远达不到张先生平时的生活水平。因此应加入商业保险作为必要的补充。随着中国医疗以及医药制度的改革,医疗费用也逐渐成为人们不可忽视的问题,一旦发生大病或意外伤害,费用会非常巨大,因此医疗保险和意外伤害保险自然也是必须购买的商业保险险种。建议张先生每年应购买8000元的保险,这样张先生到55岁时每月可领1000元的养老金,同时可以获得大病、住院、手术和意外伤害等多重保障。

　　留一部分钱做失业保障金。张先生所在的单位竞争激烈,如前所述,其目前的竞争实力尚属一般,所以必须做好面对失业的准备。可保留1万元银行存款,作为失业时的备用金,备用金的数量是按照每月生活开支2500元计算的,按照张先生目前每月1800元的生活开销和500元的养车费用来看,2500元的备用金可以大概维持4个月的生活费用。而4个月一般是再就业时间的平均水平。如果4个月后仍没有找到工作,则可以动用其余的资金。

生词语

1. 医药	（名）	yīyào	medicine
2. 改革	（动）	gǎigé	reform
3. 费用	（名）	fèiyòng	cost; expense
4. 忽视	（动）	hūshì	to neglect; to ignore; to pay no regard to
5. 意外	（形）	yìwài	accident; suddenness
6. 伤害	（动）	shānghài	hurt; injure; damage
7. 多重	（形）	duōchóng	multiple; multi-ply
8. 备用金	（名）	bèiyòngjīn	excess reserves; petty cash
9. 维持	（动）	wéichí	to maintain
10. 动用	（动）	dòngyòng	to take down

阅读练习

根据课文内容判断正误

1. 从目前的情况看，张先生退休以后每月可以得到1200元的退休金。 □
2. 社会保险和商业保险可以互相补充。 □
3. 张先生必须买商业保险，否则退休以后的生活会受影响。 □
4. 改革以后，中国的医疗、医药费用越来越低。 □
5. 1万元钱可以维持张先生4个月的生活。 □
6. 一般来说再就业需要的时间平均是4个月。 □
7. 目前看来，张先生没有失业的可能。 □

相关链接

证券投资基金

证券投资基金就是通过向社会公开发行基金单位筹集资金,并将资金用于证券投资。基金单位的持有者对基金享有资产所有权、收益分配权、剩余财产处置权和其他相关权利,并承担相应义务。

股票型基金

股票型基金是最主要的基金品种,以股票作为投资对象,包括优先股票和普通股票。股票基金的主要功能是将大众投资者的小额资金集中起来,投资于不同的股票组合。股票基金可以按照股票种类的不同,分为优先股基金和普通股基金。

平衡型基金

平衡型基金是既追求长期资本增值又追求当期收入的基金。这类基金主要投资于债券、优先股和部分普通股,这些有价证券在投资组合中有比较稳定的组合比例,一般是资产总额的25%—50%用于优先股和债券,其余用于普通股投资。其风险和收益状况介于成长型基金和收益型基金之间。

货币型基金

货币市场基金是指投资于货币市场上短期有价证券的一种基金。该基金资产主要投资于国库券、商业票据、银行定期存单、政府短期债券、企业债券等短期有价证券。它的特点是基金单位净值固定不变、基金安全性高。

(据《新京报》2005年5月11日《三十而立,正是投资提速时》)

第十五课　中国房地产

> **导读**
> 本课将学习有关房地产方面的问题,你除了将了解房地产中常用的词语以外,也可以了解中国房地产发展的情况和房地产行业的一些热门问题。

一

 热身话题

1. 你觉得在中国租房子贵不贵?
2. 在你们国家,人均住房面积大概是多少?

 生词语

1. 泡沫	（名）	pàomò		bubble
2. 破裂	（动）	pòliè		to break; to rupture
3. 偏颇	（形）	piānpō		biased; partial
4. 指标	（名）	zhǐbiāo		target; index; norm
5. 租金	（名）	zūjīn		rent; rental
6. 售价	（名）	shòujià		offering price; selling price
7. 空置率	（名）	kōngzhìlǜ		rate of empty
8. 平方米	（量）	píngfāngmǐ		square meter
9. 平稳	（形）	píngwěn		smooth and steady; smooth; stable
10. 局部	（名）	júbù		part; local
11. 供不应求		gōngbùyìngqiú		supply behind demand; demand exceeds supply
12. 招标		zhāo biāo		to invite public bidding; to bid
13. 高档	（形）	gāodàng		top grade; superior quality
14. 别墅	（名）	biéshù		villa

专有名词

1. 黄浦区　　　　　　　Huángpǔ Qū　　　　Huangpu District
2. 土地资源管理局　　　Tǔdì Zīyuán Guǎnlǐjú　Bureau of Land Administration
3. 上海房地局　　　　　Shànghǎi Fángdìjú　　Bureau of Shanghai House and Land Property

词语练习

一 词语搭配

(　　　)泡沫　(　　　)空置　核心(　　　)　高档(　　　)
(　　　)平稳　(　　　)规范　降幅(　　　)　局部(　　　)

二 用画线的汉字组词

指标 (　　　)(　　　)(　　　)(　　　)(　　　)
空置率 (　　　)(　　　)(　　　)(　　　)
房屋租金售价比 (　　　)(　　　)(　　　)(　　　)

三 选词填空

泡沫　租金　核心　平稳　供不应求　比例　炒作　招标

1. 五号线地铁建设工程已经开始公开(　　　)。
2. 很多专家都认为目前中国房地产已经产生(　　　)。
3. 几年来,物价没有太大的变化,一直非常(　　　)。
4. 经过媒体(　　　),这件事情变大了。
5. 目前我们公司已经掌握了这一技术的(　　　)部分。
6. 汽车产量迅速增加,改变了过去汽车(　　　)的局面。
7. 这个写字楼的(　　　)是以天为单位计算的。
8. 中国人拥有私人汽车的(　　　)并不高。

课文

上海房地产

有人说上海房地产泡沫不久就要破裂。其观点虽有偏颇之处,但是上海房地产中的一些奇怪现象让人不得不关注。

国外衡量房地产市场是否健康的几大指标在上海都亮起了红灯。国外租金售价比一般为1:10,也就是说,一套住房的10年租金就是其售价,而上海的房屋售价是其年租金的20倍乃至30倍。据国际中介机构的调查数据显示,上海住宅的空置率为9.38%,其核心区域黄浦区的空置率高达18.02%。

1月25日上海市统计局总经济师蔡旭初公布了一系列数字,其中上海家庭拥有房屋的比例为69%。上海每年的房屋供应量都高达2500万平方米左右,然而上海家庭住房自有率却从82%降到75%,现在又降低到69%,降幅明显。不难想象大量新售出的房子都落到了哪里。

上海市房屋土地资源管理局的有关人士表示:近年来,上海房地产市场发展总体上是平稳的、健康的,但是出现了一些新情况、新问题,主要是局部地区房价上涨过快、中低价普通商品房供不应求,市场秩序还有待于进一步规范。

针对目前房地产市场中存在的问题,房地局已经制定了一些政策措施,这些措施主要有:在土地招标中,发展普通商品住房,控制高档商品住房,停止别墅项目。遏制新建商品房屋市场中的短期炒作行为。

(据《中国经营报》2005年1月31日《房地产开发上海转向》)

 语言点

1. **而上海的房屋售价是其年租金的20倍乃至30倍**

   "乃至",副词,甚至,进一步扩大,多用于表示范围。

   例句:
   1) 这个牌子在中国乃至在世界上都是很有名的。
   2) 除夕之夜,青年人乃至老年人都喜欢看电视上的春节晚会。

2. **1月25日上海市统计局总经济师蔡旭初公布了一系列数字**

   "一系列",名词,有关联的成组或成套的事物。

   例句:
   1) 这一系列事实都说明我们的做法是正确的。
   2) 那个公司最近新推出一系列家电产品。

3. **市场秩序还有待于进一步规范**

   "有待",动词,要等待,常和"于"一起用。常用于书面。

   例句:
   1) 这个案件还有待于进一步调查。
   2) 广告的设计方案还有待于讨论,现在定不了。

语言点练习

一 用"有待于"、"乃至"、"一系列"填空

1. 春节期间我们将举行(　　　)的产品宣传活动。
2. 公司的未来还(　　　)你们去创造。
3. 目前城市的基础设施还比较落后,(　　　)进一步发展、完善。
4. 小学生(　　　)大学生都喜欢看这本漫画书。

二 完成句子

1. 上个学期学校举办了＿＿＿＿＿＿＿＿＿＿＿＿＿＿＿＿＿。(一系列)
2. 造成这次事故的原因还不清楚,＿＿＿＿＿＿＿＿＿＿＿＿＿＿＿。(有待于)
3. 他是个很受欢迎的歌手,＿＿＿＿＿＿＿＿＿＿＿＿＿＿＿＿＿。(乃至)
4. 这是个很重要的问题,这个问题不解决,＿＿＿＿＿＿＿＿＿＿。(一系列)

综合练习

一 解释画线部分的含义

1. 有人说上海房地产<u>泡沫</u>不久就要破裂。
2. 但是上海房地产中的一些奇怪现象让<u>人不得不关注</u>。
3. 国外衡量房地产市场是否健康的几大指标,在上海都<u>亮起了红灯</u>。
4. 上海住宅的<u>空置率</u>为9.38%,其核心<u>区域</u>黄浦区的空置率高达18.02%。
5. 然而上海家庭<u>住房自有率</u>却从82%降到75%。
6. 上海房地产市场发展总体上是<u>平稳的</u>、<u>健康的</u>。
7. 遏制新建商品房屋市场中的短期<u>炒作行为</u>。

二 在房地产市场是否健康的指标中,上海房地产在那个指标上有问题

三 "不难想象大量新售出的房子都落到了哪里"这句话的意思是

　A. 不知道大量的房子被谁买走了。
　B. 房子数量还不太多。
　C. 不知道哪里盖了房子。
　D. 知道房子被什么人买走了。

四 上海房地局的人认为目前上海房地产市场上存在的主要问题是什么？他们针对这些问题采取了什么措施

五 采访五位中国人，调查一下他们对目前中国房地产市场的看法，然后根据他们的看法写一篇有关房地产市场的调查报告

补充阅读

中国的房改

　　1998年，中国政府决定停止住房实物分配、开始逐步实行住房分配货币化，标志着中国的住房制度开始改革。随着住房分配制度改革的推进，带动了住房供应、金融和中介服务等方面的加速发展。

　　房改加快了改革旧体制的步伐：公房租金水平由20世纪90年代初的几分钱和1995年的每平方米0.60元左右，提高到2元左右；城镇可售公有住房已经出售给了职工，从根本上改变了持续近40年的公房低租金、福利性使用制度，旧的住房体制基本打破。随着房改的推进，城镇居民"等、靠、要"的福利性住房观念已经向商品化的观念转变，自己买房住和住房保值增值的观念基本形成，住房投资和消费的积极性得到了充分调动，居住理念也正在发生着重要变化。

　　近年来，个人购买商品住宅的比例有了大幅度提高。广西、海南、重庆、吉林、湖南、天津、江苏7个省（区、市）个人购房比例超过95%。城镇居民已经成为住房投资和消费的主体。

　　住房消费主体的转变，带动了个人住房贷款的增长和住房信贷结构的调整。1995年以来，商业银行个人住房贷款每年都以1倍以上的速度增长；

2000年1—11月份,商业银行新增住房消费贷款1610亿元,是1999年的216%,占整个消费贷款余额75%,是商业银行增长最快、质量最好的信贷资产。

 生词语

1. 中介	(名)	zhōngjiè	agency; medium
2. 房改	(动)	fánggǎi	house reform
3. 体制	(名)	tǐzhì	system of organization; system
4. 公房	(名)	gōngfáng	public house
5. 打破	(动)	dǎpò	to break
6. 主体	(名)	zhǔtǐ	main body; main part
7. 亿	(量)	yì	a hundred million

阅读练习

根据文章判断正误

1. 房改以前,房屋不是商品。 □
2. 房改以前,人们租公房的租金极低。 □
3. 1998年以后,人们只能买房居住。 □
4. 商品房是中国近年来出现的新事物。 □
5. 房改以后,公有住房不能买卖。 □
6. 个人消费贷款中,住房贷款占的比例比较大。 □
7. 目前房屋购买的主体还不是城镇居民个人。 □

第十五课 中国房地产

相关链接

北京楼市上扬大势将不会改变

目前北京与上海房产市场和其他城市的很大不同在于异地购买者,对两个市场而言,本地购买者可能会对高价承受不了,但是港台投资客还是愿意在京、沪购房。例如有资料显示,上海目前偏高档的房子70%是外地人购买的,还有许多国际买家购买房产后不会入住,只等人民币升值。这说明上海的房产市场开放程度高,对市场评估时就不能只考虑本地普通居民的购买意见。北京的房地产市场与上海很相似,与楼市泡沫破裂、楼市地产"黄昏"的到来还有很长一段距离。

北京某房地产公司负责人认为,北京楼市的泡沫并不大,与股市相比,楼市未来的表现还会是稳中有升的。股票的投机性强,受政府政策的短期影响很大,但是对于楼市而言,即使银行继续加息,楼市所受的影响也将是有限的,楼市的上扬趋势是不会逆转的。自1998年以来,北京楼市一直处于高速增长的发展水平。随着今年土地供应量的减少,需求并没有明显衰退,所以楼市上升的大势将不会改变。

有数据显示,境外发达国家的个人资产分配方面,不动产占个人资产的50%。就城市发展程度而言,目前北京的房价水平和港台以及周边的日韩等相比,并不高。北京人的资产分配中,不动产的比例还远远小于发达国家,所以未来十年北京楼市的发展空间依然会很大。

(据《新京报》2005年3月4日《北京楼市上扬大势将不会改变》)

 热身话题

1. 你认为你们国家的房价怎么样?
2. 在你们国家,租房住合适还是买房子住合适?

生词语

1. 权威	（名）	quánwēi	authority
2. 机构	（名）	jīgòu	institution; organization
3. 楼市	（名）	lóushì	housing market
4. 坚挺	（形）	jiāntǐng	hard; strong
5. 缘何	（副）	yuánhé	because
6. 促使	（动）	cùshǐ	to impel; to urge
7. 提升	（动）	tíshēng	to promote; to advance; to elevate
8. 演变	（动）	yǎnbiàn	to develop; to evolve
9. 平衡	（形）	pínghéng	balance; counterpoise; equipoise
10. 承受力	（名）	chéngshòulì	bearing strength
11. 存款	（名）	cúnkuǎn	deposit
12. 相当于		xiāngdāngyú	to equal to
13. 省份	（名）	shěngfèn	province
14. 买家	（名）	mǎijiā	buyer
15. 步伐	（名）	bùfá	step; pace
16. 缓和	（动）	huǎnhé	to relax; to ease up; to demulcent; to alleviate
17. 升势	（名）	shēngshì	ascending trend

专业词语

基础设施　　jīchǔ shèshī　　part of the infrastructure projects for basis facilities

第十五课　中国房地产

词语练习

一 词语搭配

产生(　　　)　改进(　　　)　平衡(　　　)　持有(　　　)
抬高(　　　)　增加(　　　)　缓和(　　　)　维护(　　　)

二 用下列词语中画线的字组词

城市<u>化</u>

(　　　)化　(　　　)化　(　　　)化　(　　　)化

三 选词填空

带动　上涨　坚挺　因素　趋势　缓和　买家　提升　省份

1. 除了北京,中国还有很多(　　　)也存在缺水的问题。
2. 从健康角度看,人们的饮食档次需要(　　　)。
3. 房地产的发展(　　　)了很多相关产业。
4. 和平解决争端是未来的发展(　　　)。
5. 目前股票市场普遍低迷,只有科技股还一直比较(　　　),给人带来信心。
6. 7月份的商品零售价格比去年同期(　　　)了3%。
7. 我们在选置住房时,不能忽略交通这个(　　　)。
8. 现在汽车的供需矛盾已经开始(　　　)。
9. 政府机关也是电脑市场的大(　　　)。

课文

房价还会上涨吗

权威机构的统计显示,2004年,上海的楼价上涨了16%、北京涨了12%、天津涨了20%、南京涨了8%、重庆涨了34%、成都涨了15%、深圳涨了5%、广州涨了4%，全国总体楼价涨了13%。投资界普遍认为，在鸡年中国的楼价仍然有较大机会再次上升。是什么能够让中国楼市如此坚挺？中国人在房产消费与投资上缘何有如此强的涨价承受能力？日前，著名国际金融机构摩根士丹利的地产分析师专门写了一篇有关中国房地产行业的研究报告。

报告中指出，带动房地产行业长期发展的因素包括人口、经济动力、持续的城市化和不断改善的基础设施。这些都促使人们对提升生活环境产生强烈愿望。与此同时，自上个世纪90年代末以来，国内的房地产市场迅速发展。在过去的六七年间，房屋在面积、种类和质量上均出现急剧的改进，它们随着买家的需求而不断演变。在这方面的升级也是造成价格较高的部分原因。因此中国的住宅需求是一个长期消费趋势，它将会持续多年。如何达到平衡，将取决于市场的承受能力，也就是需求能否赶得上价格。

人均收入的增长也是推动房地产发展的不可忽视的因素。中国城市家庭人均可支配收入自1992年起平均复合增长(CAGR)14%，是提高住宅市场承受力和需求的主要因素。再加上城市家庭的存款年增长18%，实际上每个家庭平均持有相当于年收入两倍的存款，潜在的需求动力显然十分庞大。

值得注意的是，在抬高一些地区楼价的因素当中，有很大部分是来自海外或其他省份的买家,使价格以远高于当地居民收入增长的步伐增长。对此,政府只有增加供应,特别是在较低档次层面,才能缓和价格的升势和维护市场的承受力。

(据《北京晚报》2005 年 3 月 12 日
《是什么能够让中国楼市如此坚挺》)

语言点

1. **自上个世纪 90 年代末以来,国内的房地产市场迅速发展**
   "以来",用在表示时间的词语之后,表示从过去的某个时候直到说话时为止的一段时间,常和"自"、"从"、"自从"等词一起使用。
   例句:
   　　1)自从改革开放以来,中国人的生活发生了很大的变化。
   　　2)到中国以来,这是我第一次去旅游。

2. **如何达到平衡,将取决于市场的承受能力**
   "取决于",A 取决于 B,A 由 B 决定。
   例句:
   　　1)能不能签协议取决于今天的谈判结果。
   　　2)能不能按时开工取决于资金是否及时到位。

3. **对此,政府只有增加供应,特别是在较低档次层面,才能缓和价格的升势和维护市场的承受力**
   "只有……才……",连词,表示唯一的条件,非此不可,后面常有"才"呼应。
   例句:
   　　1)只有经济水平提高了,环境卫生才能得到彻底的改变。
   　　2)只有保证产品质量,才能吸引顾客。

语言点练习

一 完成句子

1. 是否在这个地方投资，＿＿＿＿＿＿＿＿＿＿＿＿＿＿＿＿＿＿＿＿＿＿。（取决于）
2. ＿＿＿＿＿＿＿＿＿＿＿＿＿＿＿＿＿＿，才能发展偏远山区的经济。（只有）
3. ＿＿＿＿＿＿＿＿＿＿＿＿＿＿＿＿＿，否则他不会出席这个会议。（只有）
4. ＿＿＿＿＿＿＿＿＿＿＿＿＿＿＿＿，两国的交流日益增加。（自从……以来）

二 用指定词语回答问题

1. 我们这种新产品怎么才能顺利地打入中国市场呢？（只有……才）

2. 今年年底我们能不能涨工资？（取决于）

3. 你多长时间没去健身房了？（以来）

4. 那个地方还不通火车，我们怎么才能去那儿呢？（只有……才）

综合练习

一 解释画线部分在本句中的含义

1. 中国人在房产消费与投资上<u>缘何</u>有如此强的涨价承受能力？
2. 带动房地产行业长期发展的因素包括人口、经济动力、<u>持续的城市化和不断改善的基础设施</u>。
3. 房屋在面积、种类和质量上，均出现急剧的改进。
4. <u>在这方面的升级</u>也是造成价格较高的部分原因。
5. 有很大部分是来自海外或其他省份的买家，使<u>价格以远高于当地居民收入增长的步伐增长</u>。

第十五课　中国房地产

二　判断对错

1. 2005年房价将继续上涨。　□
2. 房价继续上涨主要是房子太少而买房的人太多造成的。　□
3. 跟以前相比,房屋的质量急需提高。　□
4. 目前家庭存款没有年收入多。　□
5. 因为外国人也到中国买房子,所以房价越来越高。　□
6. 政府应该增加便宜房子的供应。　□
7. 人们对高质量房子的需求也是房子越来越贵的原因之一。　□

三　"与此同时"常用在文章中起连接作用,用来陈述并列的另外一个理由或者另外一种情况。请你在本文的第二段找出"与此同时"及与之连接的房地产行业发展迅速的两个原因

根据课文内容填表

年度	总体发展情况	2005年房地产市场将继续坚挺的原因
2004年	全国总体楼价上涨13%	1. 2.
2005年		3. 4.

补充阅读

1. 对于中国来说,我们需要问两个问题。中国房地产价格太高了吗?中国房地产价格上涨得太快了吗?如果我们把整个中国看做一个房地产市场时,我们的答案是否定的。

2. 因此,我们认为中国房地产价格的增长可能是适度的,那些认为房地产价格上涨得过快的观点并不合理。

3. 在这个问题上,一个核心的数据比观点更有说服力。从房地产价格指数看,中国房地产和土地价格现在的年度增长率为10%左右,比过去5年的增长还快,但这并不能成为房地产泡沫的论据。事实上,最近10年,城市的工资收入比房地产价格增长得更快。所以,房地产价格很可能再上涨。但是,相对而言,房地产价格一直在变得更加便宜。

4. 先让我们准确地定义什么是泡沫？经济泡沫的本质是不可持续性。经典的答案非常简单：价格不断上涨，快速上涨直到不合理的水平，然后开始急剧下跌。

生词语

1. 否定	（形）	fǒudìng	negative
2. 适度	（形）	shìdù	moderate
3. 指数	（名）	zhǐshù	index number
4. 土地	（名）	tǔdì	land; field
5. 论据	（名）	lùnjù	basis of an argument; talking point
6. 工资	（名）	gōngzī	salary; wages; pay
7. 相对而言		xiāngduì'éryán	relatively
8. 准确	（形）	zhǔnquè	exact; accurate; precise
9. 持续	（动）	chíxù	to sustain; to continue
10. 合理	（形）	hélǐ	rational; reasonable; fair
11. 急剧	（形）	jíjù	steep; sharp

阅读练习

一　给这篇文章加一个合适的题目

二　这四段话是一篇完整的文章，请你给排出合适的顺序

三　根据本文回答什么是经济泡沫

四　为什么说房地产的价格变得更加便宜了

五　本文作者认为目前中国房地产市场有没有出现泡沫

相关链接

北京市1998年—2004年11月已落成对比已销售面积

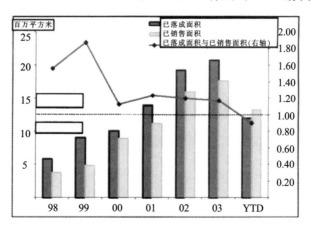

中国人均年收入对比储蓄存款

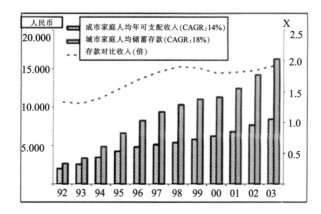

(据摩根士丹利研究部、中国社会科学院、CEIC、IBES)

第十六课 住 房

导读

本课介绍了中国住房改革的概况、房价现状以及房改后出现的有关银行房贷、个人提前还贷或炒房等新情况、新问题,学习有关房地产方面的词语。

一

 热身话题

1. 你知道中国住房改革前后的情况吗?
2. 请谈谈你们国家住房销售价格情况。

 生词语

1. 无偿	(形)	wúcháng	gratuitous; free; gratis
2. 逐年	(副)	zhúnián	year after year; year by year
3. 同期	(名)	tóngqī	the corresponding period
4. 新盘	(名)	xīnpán	new commercial housing
5. 公寓	(名)	gōngyù	apartment; boarding house
6. 接近	(动)	jiējìn	to be close to
7. 超过	(动)	chāoguò	to surpass; to exceed
8. 吸引	(动)	xīyǐn	to attract
9. 户籍	(名)	hùjí	domiciliary register; household register
10. 群体	(名)	qúntǐ	colony; group
11. 繁荣	(形)	fánróng	flourishing; brisk; blooming
12. 稳定	(形)	wěndìng	stable; firm; steady
13. 欲望	(名)	yùwàng	desire; lust
14. 雇员	(名)	gùyuán	employee
15. 股份制	(名)	gǔfènzhì	share holding system; joint-stock system
16. 运行	(动)	yùnxíng	to circulate
17. 升级换代		shēngjí huàndài	upgrade and renew themselves

专业词语

三资企业　　sānzī qǐyè　　enterprises in the three forms of ventures; sino-foreign joint ventures

词语练习

一 写出下列词语的反义词

无偿——　　售价——　　新盘——　　繁荣——

二 组词

例如：工作（商务工作）　（工作愉快）

逐年（　　）（　　）　明显（　　）（　　）
稳定（　　）（　　）　运行（　　）（　　）

三 用所给词语造句

1. 接近：
2. 支撑：

课文

北京商品房价格

　　中国经过二十多年的住房制度改革，住房供应由计划经济体制下的国家统建统分、低租金、无偿使用，发展成为市场经济条件下的市场化、社会化、货币化的商品房供应体系。随着住房商品化制度的形成与发展,商品房价格逐年上升。2004年1—6月,北京商品房平均售价4490元/平方米,比上年同期增长118元/平方米。

2004年9月以来,北京住房新盘的均价为6303元/平方米。其中,普通住房、公寓、别墅的均价分别为4861元/平方米、8734元/平方米、5164元/平方米。北京商品房价格是非常高的。虽然深圳商品房的价格与北京接近,但深圳城市居民的家庭收入或人均GDP的水平要高出北京约30%;虽然上海商品房价格已超过北京,但上海人均GDP及家庭收入也明显高于北京;天津人均GDP及家庭收入比北京低30%左右,但房价却比北京低50%以上。

支撑着北京商品房价格水平较高的原因有二。一是北京的政治、文化中心的地位,吸引着投资者和普通劳动者,形成了庞大的住房市场需求。北京1/3的购房者为外地来京的工作者,这反映出非北京户籍的人在京购房的比例较高。二是北京有高收入群体,住房消费层次和购买力较高。由于国内经济繁荣稳定,该群体对高档住房有着强烈的购买、投资欲望。在购买商品房的人当中,三资企业雇员占35.4%,经营管理人员占31.8%,教师、工程师、律师等专业技术人员占6.8%,股份制单位雇员占5.6%,私营企业雇员占3.5%,公务员和普通居民仅占16.9%。

> 　　国内的宏观经济运行良好,居民住房消费处于升级换代阶段,外来人员购房速度呈上升趋势,北京房价仍会持续上升。
>
> 　　　　　　　　　　　　(据2004年11月22日人民网
> 　　　　　　　　　　　　罗兆文《对北京商品房价格的探讨》)

 语言点

1. **随着住房商品化制度的形成与发展,其价格逐年上升**
   　　"随"表示"跟"、"跟随"的意思,后面常带"着"。
   例句:
   　　1) 随着中国改革开放的深入,经济形势越来越好。
   　　2) 随着公司效益的提高,公司职员的工作积极性也提高了。

2. **2004年1—6月,北京商品房平均售价4490元/平方米,比上年同期增长118元/平方米**
   　　"比"表示比较的意思,后面的宾语可以是名词、动词、形容词或句子。
   例句:
   　　1) 现在的房子结构比以前合理多了。
   　　2) 两个装修队正在比装修质量。

3. **虽然深圳商品房的价格与北京接近,但深圳城市居民的家庭收入或人均GDP的水平要高出北京约30%**
   　　"虽然"表示让步,承认其后引出的事实。后面小句常用"但"、"但是"、"可是"等引导,意思有转折。
   例句:
   　　1) 虽然现在的商品房价格很高,但他还是要买。
   　　2) 虽然国家在平抑商品房价格,但有些地方的商品房价格就是居高不下。

语言点练习

一　选择填空

比　随　虽然……但……

1. 这幢房子_____看起来很漂亮，_____建筑质量很差。
2. _____着物质条件的好转，人们的生活水平得到提高。
3. 这个住宅小区_____旁边那个要高档得多。

二　用所给句式回答问题

1. 今年的商品房价格真的要下降了吗？（比）

2. 这家公司的产品质量越来越好了吗？（随）

3. 是不是住房面积越大住着就越舒服呢？（虽然……但）

综合练习

一　解释画线部分在本句中的含义

1. 中国经过二十多年的住房制度改革，住房供应由计划经济体制下的国家统建统分、低租金、无偿使用，发展成为市场经济条件下的市场化、社会化、货币化的商品房供应体系。
2. 北京商品房价格是非常高的。虽然深圳商品房的价格与北京接近，但深圳城市居民的家庭收入或人均GDP的水平要高出北京约30%。
3. 北京 1/3 的购房者为外地来京的工作者，这反映出非北京户籍的人在京购房的比例较高。
4. 在购买商品房的人当中，三资企业雇员占 35.4%。

二 根据课文内容回答问题

1. 中国二十多年的住房改革使住房供应体系发生了什么变化？
2. 为什么说北京商品房价格在中国算是高的？
3. 导致北京商品房价格水平较高的原因是什么？
4. 本文作者对北京商品房房价有怎样的预测？

补充阅读

低价经济适用房为何遭冷遇

经济适用房出售时出现疯狂抢购的现象并不鲜见，但近期一些地区频频出现的低价经济适用房无人问津的情况则发人深思。

杭州出现了这样一幕：一方面是全市5万多低收入住房困难户急等要房；另一方面，2004年底登记销售当年最后一批2400多套经济适用住房时，有近千套在两天的时间里无人过问。究其最大的原因，是这批房子距离城区太远，一旦入住，综合生活成本将大幅增加，房子虽买得起但住不起。

这批经济适用房每平方米建筑面积售价一般为多层2470元、高层2930元。在目前市区普通商品房每平方米建筑面积均价高达近万元的情况下，其价格不可谓不诱人。问题是这批房子距杭州市区较远，一般都有15至20公里的路。由于有资格购买经济适用房的都是偏低收入的市民，不可能购置家用汽车，多数人又都在市区上班，上下班要跑这么远的路，不仅多花交通费用，且极不方便。一位老人反映，由于他经常要看病，还要送孩子上学和走亲访友等，几乎每天都要回一趟城里，仅他一人每月就至少增加了三四百元开支。他每个月的退休工资本来就少得可怜，现在还要把一半扔在进城的路上，这个经济适用房就显得一点儿都不经济了。

（据《北京青年报》2005年1月9日
《房子距离城区太远，低价经济房为何遭冷遇》）

生词语

1. 遭	（动）	zāo		to meet with; to suffer
2. 冷遇	（名）	lěngyù		cold shoulder; cold reception
3. 疯狂	（形）	fēngkuáng		insane; frenzied
4. 抢购	（动）	qiǎnggòu		to rush to purchase
5. 鲜见	（形）	xiǎnjiàn		singularly
6. 频频	（副）	pínpín		frequent
7. 无人问津		wúrénwènjīn		to not be attended to by anybody
8. 发人深思		fārénshēnsī		to make people think deeply
9. 幕	（名）	mù		scene; act
10. 登记	（动）	dēngjì		to register; to check in
11. 销售	（动）	xiāoshòu		to sell; to market
12. 究	（动）	jiū		to investigate
13. 距离	（动）	jùlí		to be apart from; to be at a distance from
14. 建筑面积		jiànzhù miànjī		build-up area
15. 诱人	（动）	yòurén		to attract
16. 购置	（动）	gòuzhì		to buy and keep
17. 走亲访友		zǒuqīn-fǎngyǒu		visit one's relatives and friends
18. 趟	（量）	tàng		one round trip; times
19. 退休	（动）	tuìxiū		to retire
20. 可怜	（形）	kělián		pitiful; pitiable
21. 不经济		bù jīngjì		diseconomy

 专业词语

1. 经济适用房	jīngjì shìyòngfáng	economical and applicable housing
2. 商品房	shāngpǐnfáng	commercial housing
3. 综合生活成本	zōnghé shēnghuó chéngběn	compositive living cost

第十六课　住　房

阅读练习

一 —— 解释画线部分在本句中的意思

1. 经济适用房出售时出现疯狂抢购的现象并不鲜见,但近期一些地区频频出现的低价经济适用房无人问津的情况则发人深思。
2. 究其最大的原因是这批房子距离城区太远,一旦入住,综合生活成本将大幅增加,房子虽买得起但住不起。
3. 在目前市区普通商品房每平方米建筑面积均价高达近万元的情况下,其价格不可谓不诱人。
4. 这个经济适用房就显得一点儿都不经济了。

二 —— 根据课文内容回答问题

1. 杭州2004年底最后一批经济适用房无人问津的原因是什么?
2. 经济适用房与商品房有哪些不同?

相关链接

多盖真正的经济适用房

所谓"经济适用房",应该是一个综合概念。低房价固然是其中一个最重要的要素,但仍要结合当前的社会总体需求水平,从困难群体的角度考虑,尽可能在其需求愿望、经济承受能力和整体生活成本诸因素之间找出一个最佳结合点。

首先是要尽一切可能避免经济适用房越盖越远。这一问题很难解决,但只要地方政府配套使用好行政、经济等调控手段,应该还是能想出办法来的。目前不少地方政府都把城区和城区边缘的地块拿去搞招标拍卖,主要原因是这些地块可以拍出高价,能增加地方财政收入。如果体察低收入工薪阶层的难处,就应该舍弃一些财政收入的好处,尽可能多地把城区或至少是城区边缘的地用于盖经济适用房。其次,应根据低收入家庭逐步改善居住条件的希望及实际可能,设计建造既经济又适用的户型房。住房不是一般消费品,而是供人们长期使用的耐用的特殊消费品。一些经济较发达、居民收入水平相对较高的地区,今后应把经济适用房主力户型定为能满足三口之家基本需要的100平方米左右的建筑面积为宜。购买者是要多花一点钱,但应该说还是愿意承受的。

(据《北京青年报》2005年1月9日
《房子距离城区太远,低价经济房为何遭冷遇》)

二

 热身话题

1. 你了解住房贷款吗?你认为在银行住房贷款利率上升后有必要提前还贷款吗?
2. 你知道银行房贷和个人炒房各有什么风险?

 生词语

1. 执行	(动)	zhíxíng	to execute; to carry out; to undertake
2. 利率	(名)	lìlǜ	interest rate
3. 还贷		huán dài	to repay loan
4. 升息		shēng xī	to promote interest
5. 借款人	(名)	jièkuǎnrén	borrower
6. 额	(名)	é	amount
7. 实实在在	(形)	shíshízàizài	literal
8. 有限	(形)	yǒuxiàn	limited; finite
9. 承受	(动)	chéngshòu	to bear; to sustain

10. 一笔	（量）	yìbǐ	one stroke
11. 运作	（动）	yùnzuò	to move and operate
12. 抵消	（动）	dǐxiāo	to offset; to counteract
13. 违约金	（名）	wéiyuējīn	penalty
14. 得不偿失		débùchángshī	the loss outweighs the gain; to gain does not equal to loss; gains cannot make up for losses
15. 不时之需		bùshízhīxū	untimely needs; sth. which may be needed any time
16. 风险	（名）	fēngxiǎn	risk; hazard
17. 量力而行		liànglì'érxíng	act according to one's capability; do what one is capable to
18. 审慎抉择		shěnshèn juézé	choose cautiously
19. 切忌	（动）	qièjì	to avoid by all means
20. 盲目冒进		mángmù màojìn	premature advance blindly

 专业词语

1. 房贷利率　　　　fángdài lìlǜ　　　　　　　　rate of housing loan
2. 商业性贷款利率　shāngyèxìng dàikuǎn lìlǜ　　rate of commercial loan
3. 闲置资金　　　　xiánzhì zījīn　　　　　　　　idle fund

词语练习

一 —— 用词语中画线的字组词

还<u>贷</u>（　　）（　　）　　　升<u>息</u>（　　）（　　）
有<u>限</u>（　　）（　　）　　　<u>运</u>作（　　）（　　）
<u>抵</u>消（　　）（　　）

二 选词填空

实实在在 得不偿失 不时之需 量力而行 审慎抉择 盲目冒进

1. 每个人在选择工作时,都应该_____,避免因选择不当而走弯路。
2. 他为人忠厚老实,大家都认为他是一个_____的人。
3. 一个国家的经济发展要_____,不能只顾发展而不管是否有足够的实力。
4. 经济的_____会带来生产规模的不适度扩大和经济效益的下降。
5. 一个家庭要有一定储蓄,以备_____。
6. 他本想在股市上赚点钱,结果不但没有赚到钱,反而把本儿也赔进去了,真是_____。

课文

新年执行新利率,提前还贷不必急

从 2005 年元月起,新的房贷利率正式实行。央行的升息举措,在每位房贷借款人的月还贷额中实实在在地体现出来。这是否意味着非提前还贷不可呢?其实不然。

首先,此次房贷升息的幅度十分有限。1 年—5 年及 6 年—30 年的商业性贷款利率仅分别上升了 0.18% 和 0.27%。如果以 15 年期、50 万元个人住房商业性贷款为例,在此贷款利率下,借款人每

月也只比原来增加70元的支出。本次房贷升息幅度在绝大多数借款人可承受范围之内,并未到非提前还贷不可的地步。

再者,提前还贷是需要具备一定条件的。其一,手头要有一笔现成的闲置资金。如果资金正在进行有效的投资运作,且收益率又高于房贷利率,则可以投资收益来抵消房贷利息,而不必急于提前还掉银行贷款。其二,提前还贷成本不可过高。合同未满一年时提前还贷,银行将按一定比例收取违约金。如果部分提前还贷后,又有贷款需求而向银行贷款,将执行更高的利率。提前还贷的成本高于提前还贷所减少的利息,显然得不偿失。第三,借款人需兼顾家庭意外或未来开支。如就医、保险、孩子入学等,一般应储蓄1/2的家庭年收入,以备不时之需。

总而言之,通过提前还贷来缩短贷款期限是降低利息支出的有效办法。但借款人应在综合分析各种因素、做好家庭财务风险防范的基础上,量力而行、审慎抉择是否提前还贷,切忌盲目冒进。

(据2005年1月8日《上海证券报》陆湘锷《新年执行新利率,提前还贷不必急,切忌盲目冒进》)

 语 言 点

1. 这是否意味着非提前还贷不可呢?其实不然

"其实",副词,表示事情是真实的。引出与前面所说的相反的情况。

例句:

1) 这个房子外观上不太好,其实建筑质量很好。

2) 别看他嘴上把事情的经过说得天花乱缀,其实不然。

2. 如果以15年期、50万元个人住房商业性贷款为例

"以……为……"同"把……作为……"。

例句:
1) 公司改革以提高经济效益为目标。
2) 有些厂家不顾产品质量好坏,而只以赚钱为目的。

3. **家庭一般应储蓄 1/2 的家庭年收入,以备不时之需**

"以……"表示目的,是"用来做……用"的意思。

例句:
1) 公司这次大量裁员,以降低成本。
2) 提高银行住房贷款利率,以打压房价。

语言点练习

一 —— 用指定句式或词语完成句子

1. 他看上去是一个非常讲效率的人,_____。(其实)
2. 他之所以这样做,_____。(以……为……)
3. 发展经济,_____。(以……)

二 —— 用所给句式回答问题

1. 你们公司经济效益真的那么好吗?(其实)

2. 公司为什么让他出任销售部经理?(以……为……)

3. 中国为什么要进行改革开放?(以……)

综合练习

一 —— 解释画线部分在本句中的含义

1. 此次房贷<u>升息</u>的幅度十分有限。
2. 可以投资收益来<u>抵消</u>房贷利息,而不必急于提前还掉银行贷款。

第十六课 住 房

3. 提前还贷的成本高于提前还贷所减少的利息,显然<u>得不偿失</u>。
4. 一般应储蓄1/2的家庭年收入,以备<u>不时之需</u>。
5. 借款人应在综合分析各种因素、做好家庭财务风险防范的基础上,<u>量力而行</u>、<u>审慎抉择</u>是否提前还贷,<u>切忌盲目冒进</u>。

二 根据课文内容回答问题

1. 不必急于提前还贷的原因是什么?
2. 提前还贷需要具备哪些条件?
3. 总的说来,是否提前还贷应该遵循什么样的原则?

补充阅读

要面对房贷信用风险

近年来房地产贷款大幅度增长的原因与我国房地产市场的发展有直接的关系。我国的住房改革是上个世纪末启动的,居民住房抵押贷款是房改后出现的新生事物。与传统贷款相比,房地产贷款收益比较稳定,所以银行发展这项业务的积极性很高。

但是应该清醒地看到,目前我国房地产贷款业务还没有经过经济周期变动的考验。由于我国银行开展房地产贷款业务刚起步几年,积累的数据尚不足以看出中长期的水平,并且现在我国经济正处在新一轮扩张期,经济的景气掩盖了房地产贷款业务隐含的风险。要知道,就像潮汐,经济繁荣状况总会有发生变化的时候,一旦进入萧条期,房地产违约情况就会发生,因此不能对目前蒸蒸日上的房地产信贷过于乐观。

要吸取日本房地产泡沫的教训。日本房地产泡沫破灭以后,银行呆坏账进一步上升,再加上日元升值的因素,使得日本经济步入了长达十多年的经济衰退期。

信用风险仍然是目前我国金融业面临的最主要风险,对此我们不能掉以轻心。

(据《第一财经日报》2005年4月28日李涛
《项俊波:房贷业务尚未经过经济周期变动考验》)

生词语

1. 信用	（名）	xìnyòng	credit; trustworthiness
2. 新生	（形）	xīnshēng	newborn
3. 业务	（名）	yèwù	professional work; business
4. 清醒	（形）	qīngxǐng	sober; clear
5. 考验	（动）	kǎoyàn	to test out
6. 积累	（动）	jīlěi	to amass; to roll up
7. 一轮	（量）	yìlún	one round
8. 扩张期	（名）	kuòzhāngqī	expanded period
9. 景气	（形）	jǐngqì	prosperous
10. 掩盖	（动）	yǎngài	to cover; to conceal
11. 隐含	（动）	yǐnhán	to implicate
12. 潮汐	（名）	cháoxī	tide; tidal wave
13. 违约		wéi yuē	to break a contract; to break one's promise
14. 蒸蒸日上		zhēngzhēng rìshàng	to become more prosperous every day
15. 吸取	（动）	xīqǔ	to absorb
16. 教训	（名）	jiàoxùn	lesson; moral
17. 升值	（动）	shēngzhí	to increase in value
18. 掉以轻心		diàoyǐqīngxīn	to treat sth. lightly; to lower one's guard

专业词语

1. 住房抵押贷款	zhùfáng dǐyā dàikuǎn	housing mortgage loan
2. 经济周期	jīngjì zhōuqī	economic cycle
3. 萧条期	xiāotiáoqī	slack time
4. 呆坏账	dāihuàizhàng	bad debt; doubtful account
5. 衰退期	shuāituìqī	stage of declining

阅读练习

一 根据课文内容回答问题

1. 为什么银行发展房地产贷款的积极性很高？
2. 为什么不能对目前蒸蒸日上的房地产信贷盲目乐观？
3. 日本房地产泡沫的教训是什么？
4. 目前中国金融业面临的最主要风险是什么？

二 解释画线部分在句子中的意思

1. 我国的住房改革是上个世纪末<u>启动</u>的，居民住房抵押贷款是房改后出现的<u>新生事物</u>。
2. 由于我国银行开展房地产贷款业务刚<u>起步</u>几年，所积累的数据<u>尚不足以</u>看出中长期的水平。
3. 经济的景气<u>掩盖</u>了房地产贷款业务<u>隐含</u>的风险。

相关链接

全民炒房时代正在终结

2005年，开征房地产税与房贷加息两大政策犹如高悬在房地产投资者头上的两把利剑，让因去年房价暴涨而热血沸腾的炒家们骤然冷却下来。这一切来得正是时候。的确，当投资不动产已从有钱人的专利演变为全民的共同认知时，当和你一起买菜的大爷大娘关心的话题已从猪肉太贵变为房价又涨了，当购买倾其毕生积蓄的重大消费品竟如商品短缺时期要排长队抢购时，这个楼市已不正常，房价该打压了。

两大政策都是从抑制购房需求入手，尤其要打击炒房者，从而达到降低房价的目的。房贷加息是去年利率上调的政策延续，旨在提高购房门槛、抑制炒房。在连续两次升息后，个人购房贷款年利率由5.06%升至5.51%，炒房成本大大提高。如果房价每年不涨7%，买房人实际是吃亏的。值得注意的是个人房贷两次升息竟集中在不到短短半年的时间里，政府打压房价的决心已定。如果房价继续攀升,个人房贷再次升息将势在必行。相比之下,开征房地产税更具威慑作用。我国目前在房地产保有和交易环节税费偏轻,对个人占用几乎不征税,刺激了房地产投机行为。减轻房地产开发环节的税费,加大房地产持有和交易环节的税费,无疑会降低房价,同时加大房屋转手、持有的成本以及炒房难度。

　　房价会因此下降吗?这仍是一个不易回答的问题。目前,土地、建材、金融等房地产开发成本上涨,而城市居民的购房需求日益提高,在不改变目前房产开发税费体制的前提下,整体房价降无可降。但今后的商品房购买力还会像去年那样强劲吗?我们表示怀疑。至少一个"只要买房就赚钱"的暴富时代一去不复返了。炒房变得越来越难,成为一项技术含量很高的活动,成为远离我们生活的神话。

(据2005年3月24日《华西都市报》李灵
《一个时代正离我们远去,全民炒房时代正在终结》)

词汇总表

(拼音后的数字表示所在课数,数字后的"b"表示这个词是"补充阅读"的)

A

安居乐业		ānjū-lèyè	4b	to live and work in peace and contentment	安定した生活をし、生業に励む；安居楽業	편안히 살면서 즐겁게 일하다
按揭	(动)	ànjiē	2	mortgage	抵当	(주택 구매를 위한) 대출 (금)
按照	(介)	ànzhào	1	according to	…に照らして、…によって	…에 비추어 …에 따라
熬	(动)	áo	1	to endure	辛抱する、我慢する	견디다, 인내하다

B

百分点	(名)	bǎifēndiǎn	1	percentage	パーセント	퍼센트
百姓	(名)	bǎixìng	12	common people	平民、人民	백성
摆脱	(动)	bǎituō	11	to break away; to get rid of	抜け出す, 逃れる、脱却する	벗어나다, 빠져 나오다
办理	(动)	bànlǐ	5	to handle; to conduct	取り扱う、処理する	처리하다, 취급하다, 해결하다
办学		bàn xué	3	to run a school	学校を経営する	학교를 설립하다, 학교를 경영(운영)하다
扮演	(动)	bànyǎn	8	to act; to personate	役を務める	…역을 맡아 연기하다, …인 체하다
伴随	(动)	bànsuí	13	to accompany; to go along with	伴う	동행하다, 수반하다
榜	(名)	bǎng	12	a list of names posted up	(名前の)掲示	(벽 등에) 붙인 (합격자 따위의) 명단
包装	(动)	bāozhuāng	3	to make up; to pack	包装する	포장하다
饱和	(动)	bǎohé	6b	to saturate; to fill to capacity	飽和する	(사물이)최대한도에 이르다, 잔뜩 함유하다
保费	(名)	bǎofèi	12	insurance; insurance premium	保険費	보험료
保护	(动)	bǎohù	3	to protect; to defend	保護する	보호하다
保全	(动)	bǎoquán	11	to preserve; to save from damage	保全する、守る	보전하다
保守	(形)	bǎoshǒu	8	conservative	保守だ	보수적이다
保养	(动)	bǎoyǎng	7	maintain	(機械などの)手入をする	보양하다
保有量	(名)	bǎoyǒuliàng	7	tenure quantity	保有量	보유량

保障	（动）	bǎozhàng	12	to ensure; to guarantee	保障する	보장하다
报	（动）	bào	13	to report	報告する	알리다, 보고하다
报复	（动）	bàofù	10	to retaliate; to revenge	報復する	보복하다
报价		bào jià	6b	quotation; to quoted price	オファー	가격을 알리다, 응찰하다, 매입가를 알리다, 입찰가격
报考	（动）	bàokǎo	3	enter oneself for an examination	受験を申し込む	응시원서를 내다, 시험에 응시하다
抱怨	（动）	bàoyuàn	5	to complain; to grumble	文句を言う	원망을 품다, 원망하다
暴露	（动）	bàolù	10b	to expose; to reveal	暴露する	폭로하다, 드러내다
杯水车薪		bēishuǐchēxīn	3	an utterly inadequate method in dealing with a severe situation; to try to put out a burning cartload of faggots with a cup of water	さかずき一杯の水で車に積んだ薪が燃えているのを消そうとする（効き目のないたとえ）	한잔의 물을 한 달구지의 장작불에 끼얹는다, 계란으로 바위치기
悲观	（形）	bēiguān	13	pessimistic	悲観的だ	비관적이다
备用金	（名）	bèiyòngjīn	14b	excess reserves; petty cash	必要に備えるお金	(은행의) 초과 준비금, 소액 지급 자금
背景	（名）	bèijǐng	13	background	背景	배경
倍	（量）	bèi	3	times	倍	…배
被访者	（名）	bèifǎngzhě	8	interviewee	訪問する者	회진, 방문 받는 사람
本科	（名）	běnkē	14	regular college course; undergraduate course	（大学の）本科	본과, 학부
本身	（代）	běnshēn	14	itself	自身	그 자신, 그 자체
比例	（名）	bǐlì	3	proportion; scale	比例、割合	비례, 비율, 비중
比重	（名）	bǐzhòng	4	proportion	比重	비중
必由之路		bìyóuzhīlù	9	inevitable course; necessary way	必ず通らなければならない道	반드시 거쳐야 하는 길, 반드시 준수해야 하는 규율
毕竟	（副）	bìjìng	3	after all; at all; all in all	つまり、結局、さすがに、なんといっても	드디어, 필경, 결국
壁垒	（名）	bìlěi	6	rampart; barrier	障碍	진영, 성채, 장벽
避免	（动）	bìmiǎn	10	to avoid; to prevent	避ける、防止する	피하다, 모면하다
避实击虚		bìshíjīxū	11	to stay clear of the enemy's main force and choose to attack the vulnerable spot	実を避け，その虚をつく，(敵の)力が集中したところを避け、手薄なところを攻撃する	적의 주력을 피하고 약한 곳을 골라서 치다

便捷	（形）	biànjié	2	convenient	便利だ	간편하다
标尺	（名）	biāochǐ	13	staff gauge; surveyor's staff	標尺	표척, 가늠자
飙升	（动）	biāoshēng	13	to increase rapidly	急速に上がる	급증하다, 급상하다
别墅	（名）	biéshù	15	villa	別荘	별장
并重	（动）	bìngzhòng	4	to pay equal attention to	同様に重んずる	다 같이 중시하다
拨打	（动）	bōdǎ	2b	to dial	電話をかける	전화를 걸다
波动	（动）	bōdòng	14	to wave motion; to fluctuate	揺れ動く，起伏する	기복이 있다, 오르내리다
玻璃	（名）	bōli	2	glass	ガラス	유리
薄弱	（形）	bóruò	10b	weak	弱い	박약하다, 취약하다
补偿	（名）	bǔcháng	3	compensation	補償	보상, 보충
补救	（动）	bǔjiù	10b	to rem	埋め合わせる、救済する	구제하다, 보완하다
补贴	（动）	bǔtiē	1b	subsidy; allowance	補助金、手当て	보조금, 수당
补助	（动）	bǔzhù	3	subsidy; allowance	補助	보조하다
补助费	（名）	bǔzhùfèi	3	allowance	補助費	(보조비용) 보조비
不得已而为之		bùdéyǐ-érwéizhī	5	to have no choice but to do	やむを得ない、どうしようもない	…하지 않을 수 없다
不佳	（形）	bùjiā	3	poor; bad	良くない	좋지 않다
不经济		bù jīngjì	16	diseconomy	経済的ではない、無駄だ	비경제적이다
不景气		bù jǐngqì	13	depression; recession	不景気	불경기
不利	（形）	búlì	13	unfavorable; harmful	不利だ	불편하다, 잘 되지 않다
不容忽视		bùrónghūshì	9	to allow of no neglect	無視するわけにわいかない	간과해선 안 된다
不时之需		bùshízhīxū	16	untimely needs; sth. which may be needed any time	ある時に必要になるもの	불시의 필요(수요)
不妥	（形）	bùtuǒ	10	to misfit	適当でない	타당하지 않다, 부적당하다
步伐	（名）	bùfá	15	step; pace	足並み	발걸음, 보조
步入		bù rù	13	to walk into; to step into	踏み込む	들어서다

C

财产	（名）	cáichǎn	4b	properties	財産	재산, 가산
财富	（名）	cáifù	13	wealth; riches	財産	부, 재산
财务	（名）	cáiwù	14	financial affairs	財務	재무, 재정
财政收入		cáizhèng shōurù	1b	financial income; financial revenue	財政収入	재정수입

裁员		cái yuán	3	to reduce the staff	人員を削減する	정리하다(줄이다) 감원하다
采取	(动)	cǎiqǔ	10	to adopt; to take	採用する、用いる	채용하다, 채택하다
采用	(动)	cǎiyòng	14	to adopt; to use	採用する	채용하다
参股		cān gǔ	12	equity participation; mutual shareholding	株式を一部分購入する	주식투자에 참가하다
参与	(动)	cānyù	2b	to participate in	参加する	참가하다, 참여하다
餐饮	(名)	cānyǐn	4	bite and sup	料理と飲料	음식, 식사와 음료
策略	(名)	cèlüè	6b	strategy	策略	책략, 전술
层次	(名)	céngcì	4	levels	レベル	순서, 단계, 등급
层面	(名)	céngmiàn	4b	lay	層	방면, 범위, 영역, 총면
差距	(名)	chājù	6	gap; difference	格差	차, 격차, 갭
柴油	(名)	cháiyóu	13	diesel oil	ディーゼル・オイル	경유
产业	(名)	chǎnyè	9	industry	産業	산업
产业结构		chǎnyè jiégòu	9	composition of industry; industrial structure	産業の結構	산업구조
长足	(形)	chángzú	9	rapid	長足の	빠르게 진전함
倡议	(动)	chàngyì	10	to sponsor; to propose	提唱する	제안하다, 제의하다
超过	(动)	chāoguò	16	to surpass; to exceed	追い越す、超える、上回る	초과하다, 추월하다
超值	(形)	chāozhí	2b	overflow	値を超える	(사람, 물건이) 다 들어가지 못하고… 에서 넘쳐 나오다, 남아돌다
潮汐	(名)	cháoxī	16	tide; tidal wave	潮汐	밀물과 썰물, 해조
炒家	(名)	chǎojiā	11	speculating person	投機する者	투기꾼
车贷	(名)	chēdài	14b	loan for car	車のローン	차량구입융자금
车会	(名)	chēhuì	5	Automobile Association	車サークル	자동차 협회
车迷	(名)	chēmí	5	car fan	カー・ファン	차 애호가
车商	(名)	chēshāng	5	car dealers	車商人	차 상인
彻底	(形)	chèdǐ	5	thoroughgoing; exhaustive	徹底的だ	철저하다, 투철하다, 철저히 하다
沉闷	(形)	chénmèn	3	oppressive; depressing; tedious	(性格が)沈みがちだ、気分がふさぐ、晴れ晴れしない	(날씨, 분위기)무겁다, (기분이) 침울하다
趁机	(副)	chènjī	11	to seize the opportunity; to take the chance of	機会に乗じる	기회를 타다
成	(量)	chéng	3	one tenth	割	10 분의 1, 1 할

词汇总表

成本	（名）	chéngběn	14	cost	コスト	원가, 생산비
成交	（动）	chéngjiāo	13	to close a deal; to strike a bargain	成約する，取り引きが成立する	거래가 성립되다
成就	（动）	chéngjiù	8	to achieve; to accomplish	成就する	성취하다, 완성하다, 이루다
成立	（动）	chénglì	7	to found	成立する	(조직, 기구)설치하다, 결성하다
成品油	（名）	chéngpǐnyóu	13	oil products	完成品の油	석유 산출 산업
成熟	（形）	chéngshú	13	ripe; mature; opportune	成熟	성숙하다, 적당한 시기에 이르다
呈	（动）	chéng	13	to appear; to present	現す	나타내다, 드러내다
承担	（动）	chéngdān	5	to undertake; to take on	担当する	담당하다, 맡다
承诺	（动）	chéngnuò	9	to promise to undertake	承諾する	승낙하다, 대답하다
承受	（动）	chéngshòu	16	to bear; to sustain	耐える	감당하다, 이겨내다, 이어받다, 승낙하다
承受力	（名）	chéngshòulì	15	bearing strength	忍耐力	인수, 승낙 가능한 여력
诚惶诚恐		chénghuáng chéngkǒng	11	with reverence and awe; in fear and trepidation	恐れは入ってびくびくする	대단히 두렵고 불안하다
诚信	（名）	chéngxìn	13	good faith	信用と誠意	성실, 신용
诚意	（名）	chéngyì	11	sincerity; good faith	誠意	성의, 진심
城镇	（名）	chéngzhèn	1	cities and towns	都市と町	도시와 읍
乘胜追击		chéngshèng zhuījī	11	to pursue enemy troops in retreat	勝ちに乗じて追う	승기를 타고 적을 추격하다
驰名	（形）	chímíng	10b	well-known; famous	有名だ	명성을 유명한
迟迟	（副）	chíchí	7b	slowly	遅々としている	느릿한 모양, (태도, 마음)느긋하다, 유연하다
持续	（动）	chíxù	15b	to sustaine; to continue	持続する	지속하다, 계속 유지하다
充足	（形）	chōngzú	2	abundant; plentiful	十分だ	풍부한, 많은, (자원 등이) 풍부하다
冲击	（动）	chōngjī	1b	to impulse; to impact	突撃する	(흐르는 물 따위가) 세차게 부딪치다, 충돌하다
崇拜者	（名）	chóngbàizhě	5	adorer; idolater	崇拝者	숭배자
筹备	（动）	chóubèi	7	to found; to prepare	準備する	사전에 기획 준비하다, 준비하다
出厂价格		chūchǎng jiàgé	13	factory price; manufacturer's price	工場から製品を送り出すときの価格	출하가격

出口	（动）	chūkǒu	13	to export	輸出する	수출하다
出路	（名）	chūlù	3	exit; escape	進路、活路	출구, 활로 (상품의)판로
出资		chū zī	6	to invest	投資する	자금을 공급하다, 출자하다
初级	（形）	chūjí	12	primary; elementary	初級の	초급의
传统	（形）	chuántǒng	12	traditional	伝統的だ	전통의
串联	（动）	chuànlián	2	to establish ties; to contact	順繰りにつながりをつける	(하나 하나) 차례로 있다, 결탁하다
创业	（动）	chuàngyè	3	to carve out	創業する	사업을 시작하다, 창업하다
创造	（动）	chuàngzào	12	to create	創造する	창조하다
纯	（形）	chún	14b	pure	純粋だ	순수하다
辞去		cí qù	3	to resign	やめる	작별 인사를 하고 떠나다, 물러나다, 사직하다
磁浮列车		cífú lièchē	5	magnetic suspension train	マグネチック列車	청룡열차
刺激	（动）	cìjī	13	to stimulate	刺激する	자극하다
粗放	（形）	cūfàng	1	extensive	粗放だ	거칠다, 면밀하지 않다.거칠고 호방하다
促使	（动）	cùshǐ	15	to impel; to urge	…するように促す	…도록 (재촉) 하다, …하게 하다
促销	（动）	cùxiāo	6	sales promotion	売りを進めること	판매를 촉진시키다
存款	（名）	cúnkuǎn	15	deposit	預金	저금, 예금
措施	（名）	cuòshī	10	measure	措置	조치, 대책

D

打出		dǎ chū	12	to create	作り出す	만들어내다
打动	（动）	dǎdòng	3	to move; to touch	感動する	마음을 움직이다, 감동시키다
打火机	（名）	dǎhuǒjī	10b	lighter	ライター	라이터
打破	（动）	dǎpò	15b	to break	打破する	타파하다
打压	（动）	dǎyā	11	to exert pressure, force, or influence	打って押さえる	강압적인 영향력을 지속적으로 행사하다, 가하다
打造	（动）	dǎzào	5	to build; to construct	製造する	(주로 금속 제품을) 만들다, 제조하다
大坝	（名）	dàbà	2b	dam	ダム	댐, 뚝

大队人马		dàduì rénmǎ	5	a large group of people	大勢の人	큰 병력
大幅	（副）	dàfú	13	heavily; greatly; fully	大幅に	대폭적인
大手大脚		dàshǒu-dàjiǎo	4b	extravagant; wasteful	金遣いが荒い	돈을 물 쓰듯 쓰다, 돈이나 물건을 헤프게 쓰다
大侠	（名）	dàxiá	2b	superior	偉い人	의협심이 강한 사람
大增		dà zēng	5	increase rapidly	大幅に増える	급속히 증가하다
大宗	（形）	dàzōng	7	a large amount or quantity; staple	大量	거액의, 대량의
代价	（名）	dàijià	1	cost; price	代価	물건 값, 대금, 대가
待业		dài yè	3	to wait for a job	失業する	취직을 기다리다
待遇	（名）	dàiyù	3	treatment	待遇	(봉급,보수,권리,지위)대우, 취급
贷款		dài kuǎn	7b	to loan	金を貸し付ける	대부하다, 대출하다, 차입하다
担心	（动）	dānxīn	12	to worry; to feel anxious	心配する	염려하다, 걱정하다
担忧	（动）	dānyōu	12	to be afraid of; to worry about	心配する	걱정하다, 근심하다
单调	（形）	dāndiào	14b	monotonous; drab	単調だ	단조롭다
单位	（名）	dānwèi	14	unit	勤務先	단위, 부문
耽误	（动）	dānwù	3	to delay; to hold up	遅らせる	(시간을 지체하다가) 일을 그르치다, 시간을 허비하다
诞生	（动）	dànshēng	3	to be born; to come into being	誕生する、生まれる	출생하다, 탄생하다
当之无愧		dāngzhīwúkuì	11	to be worthy of; to deserve the reward	与えられた地位や栄誉に恥じない	그것으로도 (그 이름에) 부끄럽지 않다
档次	（名）	dàngcì	9	grade	等級	(품질 등의) 등급, 등차
导向	（名）	dǎoxiàng	14	direction of guiding	指導の方向	유도방향, 발전의 방향
导游费	（名）	dǎoyóufèi	5	guide fee	案内費	관광 안내비
道	（量）	dào	5	path	道	(강, 하천같이 긴 것을 세는 데 쓰임)
得不偿失		débùchángshī	16	the loss outweighs the gain; to gain does not equal to loss; gains cannot make up for losses	得よりも損のほうが大きい、引き合わない	얻은 것 보다 잃은 것이 많다

登记	（动）	dēngjì	16	to register; to check in	登録する	등기하다
低端	（形）	dīduān	9	lower extreme	下等だ	극도로 낮은
低开高走		dīkāigāozǒu	13	after beginning at a lower price, moving at a higher price	最初は安いが、後は高い	저가로 시작하여 가격이 오르다
低位	（名）	dīwèi	13	lower price position	低い値段	저가 상태
抵达	（动）	dǐdá	2	to arrive; to reach	到着する，着く	도달하다, 도착하다
抵消	（动）	dǐxiāo	16	to offset; to counteract	相殺する	상쇄하다
底气	（名）	dǐqì	3	basic strength and confidence	声の勢い、気力	(신분, 지위가) 낮다, 천하다
底线	（名）	dǐxiàn	11	baseline	最低限度	최대한계
地位	（名）	dìwèi	3	position; place; status	地位	지위
地域	（名）	dìyù	6	district; region	地域	지역, 본고장, 본토
递减	（动）	dìjiǎn	11	to decrease by degrees; to decrease successively	すごしずつ減らす	점차 줄다, 체감하다
递增	（动）	dìzēng	13	to increase by degrees	少しずつ増やす	점차 늘다, 체증하다
典礼	（名）	diǎnlǐ	7	ceremony; celebration	典礼、式典	전례, 의식
电视塔	（名）	diànshìtǎ	5	television tower	テレビ・タワー	텔레비전 탑
电信	（名）	diànxìn	4	telecommunication	電信	전신
店铺	（名）	diànpù	6b	shop; store	店	점포, 상점, 가게
奠定	（动）	diàndìng	1	to establish; to settle	定める、かためる	다지다, 닦다, 안정시키다
奠基	（动）	diànjī	7	to lay a foundation	基礎を定める	기초를 잡다, (정하다, 닦다)
调研	（动）	diàoyán	12	to survey	調査し研究する	조사 연구하다
掉以轻心		diàoyǐqīngxīn	16	to treat sth. lightly; to lower one's guard	高をくくって油断する	대수롭지 않게 여기다, 소홀히 하다
跌幅	（名）	diēfú	13	drop range	値下がりする幅	하락 폭
订房		dìng fáng	5	to book a room	部屋を予約する	방을 예약하다
定价	（动）	dìngjià	6b	to fix a price; to make a price	定価する	정가, 가격을 정하다
定局	（名）	dìngjú	13	finality	決まったこと	정해진 국면
定义	（名）	dìngyì	4b	definition	定義	정의
动力	（名）	dònglì	1	motive power; impetus	動力	동력, 원동력
动漫	（名）	dòngmàn	2b	cartoon	カトンー	(시사)만화, 연재만화, 만화 영화
动用	（动）	dòngyòng	14b	to take down	使用する	사용하다, 유용하다
洞察	（动）	dòngchá	8	to have a insight into; to observe	洞察する	통찰하다

兜	（名）	dōu	6b	pocket	ポケット	호주머니
豆粕	（名）	dòupò	13	bean pulp	豆のかす	콩 깻묵
逗留	（动）	dòuliú	6	to stay; to linger	滞在する	머물다, 체류하다, 체재하다
独特	（形）	dútè	5	unique; unusual	独特だ	독특한, 특별하다
镀金	（动）	dùjīn	3	to get gilded	金メッキ	도금하다
短缺	（动）	duǎnquē	3	to fall short	（物が）不足する	결핍하다, 부족하다
对口	（形）	duìkǒu	3	geared to the needs of the job	（両方の仕事の内容や性質が）一致する	쌍방의 희망 조건이 일치하다
对立	（形）	duìlì	9	to oppose	対立する	대립하다
对象	（名）	duìxiàng	3	target; object	対象	대상, 목표, (결혼의) 상대
对峙	（动）	duìzhì	11	to stand facing each other; to confront each other	対峙する、にらみ合う	대치하다
吨	（量）	dūn	6b	ton	トン	톤
多重	（形）	duōchóng	14b	multiple; multi-ply	重なりの	복합의, 다양한

E

额	（名）	é	16	amount	額	일정한 수량, 분량
额度	（名）	édù	4	amount	総額	양
额外	（形）	éwài	11	extra; additional	一定の数量以外の	정액 외의, 초과의
遏止	（动）	èzhǐ	11	to check; to hold back	抑止する、制止する、食い止める	억제하다

F

发放	（动）	fāfàng	12	to provide; to grant	放出する	(돈, 식량 등을) 방출하다
发挥	（动）	fāhuī	12	to bring into play; to develop; to exert	発揮する	발휘하다
发牌		fā pái	8	to deal	トランプを配る	카드를 돌리다
发人深思		fārénshēnsī	16	to make people think deeply	人の心を打って深く考えさせる	사람을 깊이 생각하게 하다
发誓	（动）	fāshì	3	to swear	誓いを立てる	맹세하다
砝码	（名）	fǎmǎ	11	poise; weight	分銅	저울추
番	（量）	fān	5	time; fold	倍	번, 차례, 바탕
翻	（动）	fān	5	to multiply	倍増する	(수나 양이) 배로 증가하다, 곱이 되다
繁荣	（形）	fánróng	16	flourishing; brisk; blooming	繁栄	번영하다

反弹	（动）	fǎntán	13	to rebound	反発する	(시세, 기온 등이) 내렸다가 다시 오르다
反倾销		fǎnqīngxiāo	9	anti-dumping	アンテイー・ダンピング	덤핑방지의
反映	（动）	fǎnyìng	7b	to reflect; to mirror	反映する	반영하다, 반영시키다
反之亦然		fǎnzhīyìrán	13	vice versa	逆もまた同様	반대로, 거꾸로
防范	（动）	fángfàn	12	to be on guard; to keep a lookout	警備する, 防備する	방비하다, 경비하다
房贷	（名）	fángdài	14b	loan for housing	家屋のローン	주택구입융자금
房改	（动）	fánggǎi	15b	house reform	家屋の改造	주택제도 개혁
仿佛	（副）	fǎngfú	12	as if; be alike	あたかも…ようだ、そっくりだ	마치…인 듯 하다
纺织	（动）	fǎngzhī	10	to spin; to weave	紡織する	방직하다
放弃	（动）	fàngqì	11	to abandon; to give up	あきらめる、放棄する	포기하다
非关税壁垒		fēiguānshuì bìlěi	10b	non-tariff barrier; non-tariff obstacle	ナン・タリフ・バリア	비관세장벽
非同寻常		fēitóngxúncháng	9	unusual	非常に普通ではない	보통이 아니다
废物	（名）	fèiwù	1	waste	廃物	폐물
费用	（名）	fèiyòng	14b	cost; expense	費用	비용, 지출
分割	（动）	fēngē	6b	division; to divide up	切り離す、分割りする	분할하다, 갈라놓다, 분할, 분단
分红		fēn hóng	12	to share out bonus	利益を配当する	이익을 배당하다
分歧	（名）	fēnqí	11	bifurcation; branching	相違	(의견 따위의) 불일치, 상이
分食	（动）	fēnshí	10b	to split	裂き取る	분할하다
分享	（动）	fēnxiǎng	5	to share	分かち合う	몫을 받다, 배당을 받다, (기쁨, 행복) 함께 나누다, 누리다
氛围	（名）	fēnwéi	4b	atmosphere	雰囲気	분위기
份额	（名）	fèn'é	6	share; portion	割前	배당, 몫, (상품의) 시장 점유율
愤愤	（形）	fènfèn	3	angrily	怒る	성내서, 화내어
丰富	（形）	fēngfù	12	rich; abundant; plentiful	豊富だ、豊かだ	풍부하다
风险	（名）	fēngxiǎn	16	risk; hazard	万一の危険、リスク	위험
疯狂	（形）	fēngkuáng	16	insane; frenzied	気が狂う	미치다, 실성하다

否定	（形）	fǒudìng	15b	negative	否定的だ	부정의, 부정적인
幅度	（名）	fúdù	10	extent; range	幅	정도, 폭
福利	（名）	fúlì	3	welfare; well-being	福祉	복리, 복지, 후생
辅导	（动）	fǔdǎo	2b	tutor	補導	(학습, 훈련) 도우며 지도하다
负担	（名）	fùdān	1b	burden	負担	부담, 책임
负债	（动）	fùzhài	14b	to be in debt; to incur debts	債務を負う	(빚, 부채)를 지다
赴	（动）	fù	10b	to go to	行く	(…로) 가다, 향하다
富豪	（名）	fùháo	12	magnate; plutocrat	富豪、権勢のある大金持ち	부호
富有	（动）	fùyǒu	6	to be rich in; to be full of	…に富む	유복하다, 풍부하다, 강하다

G

改革	（动）	gǎigé	14b	reform	改革	개혁
改观	（动）	gǎiguān	1b	to change the appearance	外観を変える	변모하다
改制	（动）	gǎizhì	12	to convert the system	制度を改める	(사회제도 등을) 고치다
概念	（名）	gàiniàn	4b	idea; concept	コンセプト	개념
尴尬	（形）	gāngà	11	awkward; embarrassed	気まずい、具合が悪い	난처하다, 곤란하다
感官	（名）	gǎnguān	2	sense organ	感覚器官	감각 기관
钢材	（名）	gāngcái	10	steel products	鋼材	강재
钢坯	（名）	gāngpī	11	steel billet	ビレット	강철괴, 강철조각
高档	（形）	gāodàng	15	top grade; superior quality	高級の、上等の	고급의, 상등의
高度	（形）	gāodù	12	with the highest degree	高度だ	정도가 매우 높다
高端	（名）	gāoduān	9	top grade	高等	고급
高炉	（名）	gāolú	11	blast furnace	高炉、溶鉱炉	용광로
高速	（名）	gāosù	13	high speed	高速	고속
高薪	（名）	gāoxīn	2b	well-paid	高い給料	높은 봉급(임금)
高雅	（形）	gāoyǎ	8	elegant	上品、高尚だ	고아하다, 고상하고 우아하다
隔	（介）	gé	2	at a distance from	隔てる	막히다, 사이를 두다, 간격을 두다
个性	（名）	gèxìng	8	individuality	個性	개성
个性化	（形）	gèxìnghuà	6b	individuation	個性化	개성화, 개별화
更名		gēng míng	12	to change name	名前を改める、改名する	개명하다

更新换代		gēngxīn-huàndài	4	renew	再び新しくする	낡은 것을 새것으로 바꾸다, 갱신하다
工商管理		gōngshāng guǎnlǐ	3	business administration	商工管理	상공관리
工业品	(名)	gōngyèpǐn	9	industrial product	工業製品	공산품
工资	(名)	gōngzī	15b	salary; wages; pay	給料	임금, 노임
公布	(动)	gōngbù	5	to promulgate; to publish	公表する	공포하다, 공표하다
公房	(名)	gōngfáng	15b	public house	公の家屋	사택, 관사
公斤	(量)	gōngjīn	6b	kilogram	キログラム	킬로그램
公务员	(名)	gōngwùyuán	3	civil servant; official	公務員	공무원
公益心	(名)	gōngyìxīn	4b	commonweal heart	公益の精神	공익심
公寓	(名)	gōngyù	16	apartment; boarding house	アパート	아파트, 공동주택, 사글세여관
功不可没		gōngbùkěmò	1b	to be highly meritorious	すごく立派だ	높이 칭찬할만한, 높이 가치 있는
功能	(名)	gōngnéng	12	function	功能、機能	기능, 작용
供不应求		gōngbù-yìngqiú	15	supply behind demand; demand exceeds supply	供給が需要に応じ切れない	공급이 수요를 따르지 못하다
供应	(动)	gōngyìng	1	supply	供給	제공, 공급, 보급
供应商	(名)	gōngyìngshāng	11	supplier merchant	供給する商人	공급상인
构建	(动)	gòujiàn	11	to construct	建設する、構成する	세우다
购货量	(名)	gòuhuòliàng	11	purchase amount	購買量	구입량
购买	(动)	gòumǎi	12	to purchase; to buy	購買する	구매하다
购置	(动)	gòuzhì	16	to buy and keep	買い入れる	(장기간 사용할 물건을) 사들이다
估计	(动)	gūjì	5	to evaluate; to estimate	見積もる	예측하다, 평가하다, 계산(고려)에 넣다, 추정하다
股份制	(名)	gǔfènzhì	16	share holding system; joint-stock system	株式制度	주식제도
股票	(名)	gǔpiào	14	shares; stock	株券	증권
固定	(形)	gùdìng	2	fixed; regular	固定だ	고정된
固体	(名)	gùtǐ	1	solid	固体	고체
顾此失彼		gùcǐshībǐ	11	to attend to one thing and lose sight of another	一方に気を取られると他方がおろそかになる	이것을 돌보다가 저것을 놓치다
雇员	(名)	gùyuán	16	employee	雇員	임시직 직원
瓜分	(动)	guāfēn	12	to divide; to carve up	分割する	분할, 분배하다

关键	（名）	guānjiàn	11	key; inchpin	肝心な点、キーポイント	관건, 열쇠
关税	（名）	guānshuì	9	tariff; custom	関税	관세
关注	（动）	guānzhù	4	to concern	関心を持つ	…에 관계되다…에 있어서 중요하다
观望	（动）	guānwàng	13	to wait and see; to look on	傍観する、あたりを見回す	관망하다, 형편을 살피다
管理	（动）	guǎnlǐ	12	to supervise; to manage; to administrate	管理する	관리하다
逛街		guàng jiē	6	to stroll along the street	ショッピングする	거리를 거닐다, 거리 구경을 하다
归根到底		guīgēndàodǐ	4b	in the final analysis	結局	마침내, 결말이 나다
规范	（动）	guīfàn	11	standard; norm	規範	규범
规划	（动）	guīhuà	14	to program; to plan; to design	計画する	계획하다, 기획하다
规律	（名）	guīlǜ	1b	law; rule	規律	법칙, 규칙, 규율
规模	（名）	guīmó	4	dimension; size	規模	규모
轨道	（名）	guǐdào	4	orbit	軌道	궤도, 선로, (행동상의)규칙, 범위
柜台	（名）	guìtái	3	counter	カウンター	계산대, 카운터, 바
贵族	（名）	guìzú	4	nobleman	貴族	귀족
国际化		guójìhuà	8	internationalization	国際化	국제화
国际收支		guójì shōuzhī	1b	international balance of payments	国際収支	국제수지
过度	（形）	guòdù	14b	excess; exorbitant	過度…しすぎる	지나치다, 과도하다
过渡	（动）	guòdù	5	transition; interim	過渡期	과도
过热	（形）	guòrè	1b	overheated	熱すぎる	과열되다, 너무 뜨겁다

H

海外扩张		hǎiwài kuòzhāng	10b	to expand abroad	海外へ拡大する	해외확장
含金量	（名）	hánjīnliàng	3	gold content	金を含める量	금 함유량
含量	（名）	hánliàng	9	content	含有量	함량
行业	（名）	hángyè	3	vocation; profession; calling	職種、業種	업무, 작업
毫不掩饰		háobùyǎnshì	9	to not cover up at all	全然隠さない	(결점, 실수 따위를) 조금도 숨기지 않다
耗减	（动）	hàojiǎn	1	depletion	減少	감손하다, 소모되어 감소하다

合理	（形）	hélǐ	15b	rational; reasonable; fair	合理だ	도리에 맞다, 합리적이다
合约	（名）	héyuē	13	agreement	契約	계약
核算	（动）	hésuàn	1	business accounting	（企業運営上、採算が取れるかどうかを）計算する	（자세히 따져) 계산하다, 견적하다, 체산하다
核心	（名）	héxīn	12	core; nucleus	核心	씨, 핵심
衡量	（动）	héngliáng	13	to weigh; to measure	量る	가늠하다, 따져보다
轰轰烈烈		hōnghōng-lièliè	9	amid fire and thunder; be dynamic; in mighty waves	規模が雄大で勢いのすさまじいさま	장렬하다, 기백이나 기세가 드높다
宏观经济		hóngguān jīngjì	13	macro-economy	巨視的な経済	거시경제
后发制人		hòufāzhìrén	11	to gain mastery by striking only after the enemy has struck	まず一歩譲って有利な立場を占めることによって相手を制する	상대가 먼저 공격해 오기를 기다려 적을 제압하다
后顾之忧		hòugùzhīyōu	5	fear of disturbance in the rear; trouble back at home	後で心配すること	뒷걱정, 뒷근심
呼风唤雨		hūfēnghuànyǔ	13	to control the forces of nature with the ability to summon wind and rain	風を吹かせ雨を降らせる、大自然を征服する力の形容	비바람을 부르다, 혼란을 일으키다, 자연을 지배하다
忽略不计		hūlüèbújì	3	to ignore; to neglect	無視する	소홀히 하여 문제 삼지 않다
忽视	（动）	hūshì	14b	to neglect; to ignore; to pay no regard to	無視する	소홀히 하다, 주의하지 않다, 경시하다
户籍	（名）	hùjí	16	domiciliary register; household register	戸籍	호적
化纤	（名）	huàxiān	9	chemical fibre	化学繊維	화학섬유
还贷		huán dài	16	to repay loan	ローンを返す	빌린 돈을 갚다
环境	（名）	huánjìng	1	environment	環境	환경
缓和	（动）	huǎnhé	15	to relax; to ease up; to demulcent; to alleviate	緩和する	완화시키다, 늦추다
黄金时期		huángjīn shíqī	4	golden age	黄金時代	황금시기
黄金周	（名）	huángjīnzhōu	2	the Golden Week (the two week-long holidays for National Day and Labor Day)	ゴウルデンウイーク	황금연휴

回报	(名)	huíbào	13	repay; return	報いる、仕返しする	대답, 보답, 회답
回合	(名)	huíhé	11	round; bout	渡り合う回数、対戦の数	(경기, 전투, 논쟁, 담판의) 횟수
回落	(动)	huíluò	2	to fall after a rise	一度上がった後下がる	(수위나 물가가) 올라갔다 도로 떨어지다
回旋	(动)	huíxuán	11	to turn about	旋回する、ぐるぐる回る	선회하다
混合	(动)	hùnhé	8	to mix; to blend	混合する	혼합하다
混乱	(形)	hùnluàn	10	disordered; jumbled	混乱だ	혼란하다
活钱	(名)	huóqián	7b	flexible money	手元の金	현금, 현찰, 융통할 수 있는 돈
伙伴	(名)	huǒbàn	10	partner; companion	仲間、同僚	동료, 파트너
获利		huò lì	13	to pay off; to reap profit; to clean up	利益を得る	이익을 얻다
获悉	(动)	huòxī	1	to learn	耳にする、知る	정보를 얻다, 소식(사실)을 알게되다

J

机构	(名)	jīgòu	15	institution; organization	機関	기구
机关	(名)	jīguān	3	establishment; organ	機関	기관
机会	(名)	jīhuì	8	chance; opportunity	機会	기회
机械	(名)	jīxiè	9	machine; machinery	機械	기계
机遇	(名)	jīyù	4	opportunity	機会	좋은 기회
机制	(名)	jīzhì	3	mechanism	メカニズム	메커니즘, 시스템, 구조, 조직 체계의 메커니즘
积累	(动)	jīlěi	16	to amass; to roll up	積み重ねる、蓄積する	쌓이다, 누적하다
积弱难返		jīruònánfǎn	13	too difficult to rebund accumulated declining tendency	長い間に形成した習慣は改正しにくい	약세가 지속되면 회복되기 어렵다
基础设施		jīchǔ shèshī	6b	parts of the infrastructure; projects for basic facilities	基礎となる施設	기초시설
基于		jī yú	7b	to be based upon; to ground on	…によって	…에 근거하다
激发	(动)	jīfā	6b	to arouse; to inspire	呼び起こす	(감정을) 불러 일으키다, 분발시키다
激励	(动)	jīlì	3	to encourage; to impel	励ます	격려하다

激烈	(形)	jīliè	8	intense; fury	激しい	격렬하다, 치열하다, 극렬하다
吉祥	(形)	jíxiáng	5	propitious; auspicious	吉祥だ	길하다, 운수가 좋다, 상서롭다
极品	(名)	jípǐn	8	masterwork; nonsuch	最高級品	최상품, 일등품
极速	(名)	jísù	5	rapid	早い、急速だ	고속 수송 열차, 고속 수송 체계
极限	(名)	jíxiàn	11	limit; high-point	極限	극한, 최대한
急剧	(形)	jíjù	15b	steep; sharp	急速だ、急激だ	급격하다, 급속하다
疾病	(名)	jíbìng	12	disease; illness	疾病	질병
挤出		jǐ chū	11	to extrude; to pile out	絞り出す、押し出す	(짜)내다
给予	(动)	jǐyǔ	3	to give; to render	給与する	주다
计价	(动)	jìjià	13	to make a price	価格を計算する	가격을 계산하다
技巧	(名)	jìqiǎo	3	skill; technique	技巧、テクニック	기교, 테크닉
技术	(名)	jìshù	12	technology; skill; technique	技術	기술
技术贸易壁垒		jìshù màoyì bìlěi	9	technology trade barrier	技術貿易障碍	기술무역장벽
季节	(名)	jìjié	2b	season	季節	계절, 철
继	(动)	jì	13	to follow; to succeed	受け続く	계속하다, 이어지다
觊觎	(动)	jìyú	6	to covet; to cast greedy eyes on	分不相応のことを希望する	(분에 넘치는 것을)바라다, 엿보다 (야심을 품고) 노리다
加价		jiā jià	11	to advance in price	値上げする	값을 올리다
加剧	(动)	jiājù	10	to exacerbate; to intensify	激化する	격화하다, 심해지다
加油		jiā yóu	7	refuel	給油する	기름을 넣다
加息		jiā xī	13	to add the rate of bank interest	利息を増やす	이자를 늘리다
家用电器		jiāyòng diànqì	8	home appliances; home electrical appliances	家庭電気	가정용 가전 제품
价值	(名)	jiàzhí	14	value; worth	価値	가치
驾车		jià chē	5	to drive a vehicle (car)	車を運転する	차를 몰다
坚挺	(形)	jiāntǐng	15	hard; strong	堅調(相場などが)強気(の)	굳세고 힘있다
监督	(动)	jiāndū	10	to supervise; to oversee; to superintend	監督する	감독하다

监管	（动） jiānguǎn	12	to watch and control; to take charge of	監視する、管理する	감시 관리하다
减持	（动） jiǎnchí	13	to reduce reserve	保存物を減らす	예비물을 줄이다
减轻	（动） jiǎnqīng	13	to lighten; to reduce	軽減する、軽くする	경감하다, 덜다
简历	（名） jiǎnlì	3	resume	略歴	약력
建设	（动） jiànshè	7	to construct; to build	建設する	건설하다
建筑面积	jiànzhù miànjī	16	build-up area	建築面積	건축면적
健康险	（名） jiànkāngxiǎn	12	health insurance	健康保険	건강보험
僵局	（名） jiāngjú	11	deadlock; logjam	膠着した局面	교착상태, 대치상태
奖学金	（名） jiǎngxuéjīn	2b	scholarship	奨学金	장학금
降幅	（名） jiàngfú	9	price declines range	下げ幅	하강폭
降税	jiàng shuì	9	tax breaks	税を下げる	세제(稅制)상의 우대조치, 감세
交流	（动） jiāoliú	8	to communicate; to exchange	交流する	교류하다
交涉	（动） jiāoshè	10b	to negotiate	交渉する	교섭하다, 절충하다
交通费用	jiāotōng fèiyòng	16	traffic fee	交通費用	교통비용
骄人	（形） jiāorén	2b	be proud by the others	誇りに感ずる	(남에게) 거만하게 굴다, 자랑스럽다
胶	（名） jiāo	13	rubber	にかわ、ゴム	고무
焦点	（名） jiāodiǎn	7	focus	フォーカス	초점
轿车	（名） jiàochē	7	saloon car	車	세단, 세단, 승용차
教训	（名） jiàoxùn	16	lesson; moral	教訓	교훈
接轨	jiē guǐ	9	connect tracks	つながる	연결하다, 접속하다
接近	（动） jiējìn	16	to be close to	近づく	접근하다
接踵而来	jiēzhǒng'érlái	4	to come on the heels of; to come one after another	次々と来る	잇따라 계속 오다
揭穿	（动） jiēchuān	11	to disclose; to expose	暴く、暴露する	폭로하다, 까발리다
节俭	（形） jiéjiǎn	14	frugalness	節約	절검하다, 절약하다
节省	（动） jiéshěng	14b	to economize; to save	節約する	아끼다, 절약하다
节余	（名） jiéyú	14b	surplus (as a result of economizing)	節約して残しておく	절약하여 남긴 금전 또는 물건
结构	（名） jiégòu	1	structure	結構	구조, 조직, 짜임새
截至	（动） jiézhì	12	by a specified time; up to	…間出に締め切る	(시간적으로)…에 이르다
竭尽全力	jiéjìnquánlì	11	to go to great lengths; to lay oneself out	全力を尽くす	전력을 다하다, 애쓰다
解除	（动） jiěchú	3	to relieve; to get rid of	解除する	없애다, 제거하다, 해제하다

戒掉		jiè diào	14	to refrain from	やめる	그만두다, 삼가다
借款人	(名)	jièkuǎnrén	16	borrower	借金者	돈을 빌린 사람
金额	(名)	jīn'é	4	sum	金額	금액
谨慎	(形)	jǐnshèn	8	careful; prudent	慎重だ	신중하다
尽量	(副)	jìnliàng	14b	to the full	できるだけ、なるべく	가능한 한, 최대한도로
进程	(名)	jìnchéng	7	course	コース	수속, 절차
进军	(动)	jìnjūn	12	to march	進軍する	진군하다
进口税	(名)	jìnkǒushuì	10	customs duties	輸入税	수입세
经济实力		jīngjì shílì	7b	economic strength; economic power	経済実力	경제력
经历	(动)	jīnglì	12	to experience; to go through	経験する	겪다, 경험하다
经验	(名)	jīngyàn	3	experience	経験	경험
经营	(动)	jīngyíng	3	to tend; to deal in	経営する	경영하다, 조직·계획·운영하다, 취급하다
精彩	(形)	jīngcǎi	2	splendid; wonderful	すばらしい	(공연, 전람, 말, 글) 뛰어나다, 훌륭하다, 근사하다
精打细算		jīngdǎ-xìsuàn	4b	to careful calculation and strict budgeting	綿密に計画する	정밀하게 계획하다, 면밀하게 계산하다
精加工		jīngjiāgōng	9	to finish machining	精密に加工する	마무리, 끝손질
精明	(形)	jīngmíng	3	intelligent; dexterous	頭が良い	총명하다, 일에 세심하고 똑똑하다
精神文化	(名)	jīngshén wénhuà	4	spiritual culture	精神文化	정신문화
精选	(动)	jīngxuǎn	2b	to choose carefully	精選する	매우 정밀하게 고르다, 알짜만 골라내다
精致	(形)	jīngzhì	8	delicate; refined	精緻だ	세밀하다, 정교하다, 우수하다
井喷	(名)	jǐngpēn	5	blowout; well gush	(石油の)噴出	우물 분출(내뿜음)
景气	(形)	jǐngqì	16	prosperous	景気	경기가 좋다
警告	(动)	jǐnggào	11	to warn	警告する	경고하다
竞技	(动)	jìngjì	9	sports; athletics	運動競技、スポーツ	경기
竞争	(动)	jìngzhēng	8	to compete	競争する	경쟁하다
境外	(名)	jìngwài	12	offshore	境界線の外、海外	경외, 일정한 지경 밖
究	(动)	jiū	16	to investigate	追究する	궁구하다

究竟	（副）	jiūjìng	4b	exactly; after all	いったい	도대체, 대관절
救济金	（名）	jiùjìjīn	14	alms	救済金	구제금
就范	（动）	jiùfàn	11	to submit	服従する	복종하다, 통제에 순종하다
就业		jiù yè	3	to take up an occupation	就職	취직, 취업
就职		jiù zhí	3	to assume office; to take up an appointment	就職	(정식으로) 취임하다, 취직하다
居住	（动）	jūzhù	2	to live	住まう	거주하다, 살다
局部	（名）	júbù	15	part; local	局部	국부, 일부분
局面	（名）	júmiàn	5	situation; complexion	局面、情勢	국면, 형세, 상태
举措	（名）	jǔcuò	10	act	動作、振る舞い	행동거지
巨头	（名）	jùtóu	8	magnate	ボス	거두, 우두머리
拒绝	（动）	jùjué	11	to refuse; to decline	拒否する、拒絶する、断る	거절하다, 거부하다
距离	（动）	jùlí	16	to be apart from; to be at a distance from	離れる、隔たる	(…로부터) 떨어지다, 사이를 두다
角色	（名）	juésè	8	role; part	役目	배역
崛起	（动）	juéqǐ	8	to grow up	決起する、奮い立つ	우뚝 솟다, 들고 일어나다
均价	（名）	jūnjià	2	average price	平均価格	평균 가격
均线	（名）	jūnxiàn	13	average line	平均線	평균선

K

卡	（名）	kǎ	5	card	カード	카드
开发	（动）	kāifā	2b	to develop; to exploit	開発する	개발하다
开放	（动）	kāifàng	12	to be open to	開放する	개방하다
开局		kāi jú	13	to have a new game	新しいゲームを開始する	(장기나 바둑 혹은 구기 시합을) 시작하다
开设	（动）	kāishè	12	to establish; to offer	設置する、開く	설립하다
开通	（动）	kāitōng	12	to open	開通する	개통하다, 열다
开拓	（动）	kāituò	8	to open up; to develop	開拓する	개척하다, 개간하다
开销	（名）	kāixiāo	14	spending; expense	費用、出費、支払い	지출하다, 지불하다
开业		kāi yè	1	to start business	開業する	개업하다
开支	（名）	kāizhī	14	expenses; expenditure	支出	지출, 비용
慨叹	（动）	kǎitàn	6b	to sigh with regret	慨嘆する	개탄하다, 탄식하다
坎	（名）	kǎn	5	the crucial juncture	一段高くなった所、不遇だ	관문, 고비, 위기
坎坷	（形）	kǎnkě	8	rough; full of frustrations	不遇だ	(길, 땅이) 울퉁불퉁하다, 뜻을 이루지 못하다

看重	（动）	kànzhòng	3	to value; to think a lot of	重視	중시하다
考虑	（动）	kǎolǜ	7b	to consider; to think over	考える、考慮する	고려하다
考验	（动）	kǎoyàn	16	to test out	試練を与える	시험하다, 검증하다
科技含量		kējì hánliàng	8	content of science and technology	科学技術の割合	과학기술함량
科贸	（名）	kēmào	2	science technology and trade	科学技術貿易	과학기술과 무역
可怜	（形）	kělián	16	pitiful; pitiable	かわいそう	가련하다, 불쌍하다
可谓	（动）	kěwèi	9	it may be said (called)	…といってもよい	…라고 할 만 하다
可行性	（名）	kěxíngxìng	10	feasibility	実行性	가능성
客流量	（名）	kèliúliàng	6	customer flow volume	乗客の流量	승객들의 흐름량
客源	（名）	kèyuán	5	passenger source	客の源	관광객의 내원
空白	（名）	kòngbái	1	blank	空白	공백, 여백
空间	（名）	kōngjiān	4	space	空間	공간
空前	（形）	kōngqián	9	unprecedented; as never before	空前だ、前例がない	공전의
空置率	（名）	kōngzhìlǜ	15	rate of empty	空っぽに置く割合	(방, 집) 아무도 거주하거나 사용되지 않는 비율
控制	（动）	kòngzhì	13	to control; to command	抑える、コントロールする	제어하다, 규제하다
跨过		kuà guò	5	to stride over	跨ぐ	뛰어넘다, 건너다
跨入		kuà rù	2b	to stride	わずかばかりの助力	확보하다, 넘어서다
框架	（名）	kuàngjià	1	frame	骨組み	(사물의) 조리, 구조, 구성
困扰	（动）	kùnrǎo	12	to puzzle; to perplex	困らせる	귀찮게 굴다, 괴롭히다
扩展	（动）	kuòzhǎn	5	to expand; to extend	拡大する、広げる、広める	확장하다, 신장하다
扩张	（动）	kuòzhāng	8	to expand; to extend	拡大する	확대하다, 확장하다
扩张期	（名）	kuòzhāngqī	16	expanded period	拡張期	확장기
拉动	（动）	lādòng	4	to promote	促進する	적극적으로 이끌다, (촉진하다)
拉升	（动）	lāshēng	13	to run up	上昇する	값이 오르다, (지출, 빚 따위가) 갑자기 늘다

乐观	（形）	lèguān	4	optimistic; hopeful	楽観だ	낙관적이다
勒紧		lēi jǐn	11	to tighten; to screw	きつく縛る	고삐를 바짝 당기다
类似	（动）	lèisì	6b	to be analogous; to be similar	…に似る	유사하다, 비슷하다
累计	（动）	lěijì	10b	to add up; to accumulate	累計する	누계하다, 합계하다
冷遇	（名）	lěngyù	16	cold shoulder; cold reception	冷遇	냉대하다
离场		lí chǎng	11	leave off	席を外す	그만두다, 멈추다
离职		lí zhí	3	to leave one's post	職を離れる	(잠시)직무를 떠나다, 사직하다
里程碑	（名）	lǐchéngbēi	9	milestone; landmark	里程標	이정표
理财		lǐ cái	12	to manage money matters; to administer financial transactions	財務を管理する	재정을 관리하다
理念	（名）	lǐniàn	8	idea; thought	理念	이념
力求	（动）	lìqiú	6	to make every effort to to	できるだけ…するようにする	힘써 노력하다, 되도록 힘쓰다
历时	（动）	lìshí	11	to last	経過する	시간이 경과하다 (걸리다)
立案		lì àn	10b	to register	登録する	입안하다
利好	（名）	lìhǎo	12	bull	買い方, 強気筋	(증권) 사는 쪽, 시세가 오르리라고 내다 보는 사람
利率	（名）	lìlǜ	16	interest rate	利率	이율
利润	（名）	lìrùn	4	profit; profit return	利潤	이윤
利益	（名）	lìyì	10	advantage; benefit	利益	이익
连锁店	（名）	liánsuǒdiàn	6	multiple shop	連鎖店	연쇄점, 체인 스토어
联合体	（名）	liánhétǐ	11	combo; association	連合体	연합조직
联想	（动）	liánxiǎng	8	to associate; thought of	連想する	연상하다
良机	（名）	liángjī	9	golden (good) opportunity	いいチャンス	호기, 좋은 기회
粮食	（名）	liángshi	1	foodstuff	食糧	양식, 식량
量化	（动）	liànghuà	4b	to quantify	量化する	양을 표시하다, 양을 정하다, 양을 재다
量力而行		liànglì'érxíng	16	act according to one's capability; do what one is capable to	自分の力を量ってことをする	능력을 헤아려서 행하다

了结	（动）	liǎojié	13	to dispose of; to end; to bring to an end	解決する、けりがつく	결말이 나다, 끝나다
列入		liè rù	7	to include	…のなかに入れる	집어넣다, 끼워넣다
列为		liè wéi	3	to rank	入れる	(어떤 부류에) 속하다, 들다
临	（动）	lín	2	to close to	…に近い	(어떤 장소에) 향하다, 이르다, (일에) 부닥치다
临时	（形）	línshí	10	casually; specially	臨時に	임시로, 부정기적으로
零部件	（名）	língbùjiàn	6	spare parts; accessory; part	パーツ	부속 부품
零关税	（名）	língguānshuì	9	zero custom	ゼロ関税	무세금
零售	（动）	língshòu	6	retail	小売	소매
零头	（名）	língtóu	6b	fractional amount	半端なもの	나머지
领先	（形）	lǐngxiān	12	to lead; to precede	率先する、リードする	선두에 서다, 앞서다
领域	（名）	lǐngyù	6b	field; domain; realm	領域	영역, 분야
流动	（动）	liúdòng	14b	to flow; to drift; to be on the move	流動する	흐르다, 유통하다
流失	（动）	liúshī	12	to go away; to be washed away	流失する	떠내려가 없어지다, 유실하다
流水账面		liúshuǐ zhàngmiàn	4	current (day-to-day) account	金銭出納帳、継続観定	금전출납부 장부의 면
留有		liú yǒu	11	to reserve; to preserve	残る	남겨두다
楼市	（名）	lóushì	15	housing market	住宅の市場	부동산 시장
漏洞	（名）	lòudòng	10b	flaw; weak points	弱点、抜け穴、手落ち	틈새, 약점
陆续	（副）	lùxù	13	constantly; continually	次々と	끊임없이, 계속하여
录取	（动）	lùqǔ	3	to enroll	(試験合格者を)採用する	(시범으로)채용하다, 합격시키다, 뽑다
路程	（名）	lùchéng	2	distance travelled; journey	行程、道のり	여정
铝	（名）	lǚ	13	aluminum	アルミニウム	알루미늄
履行	（动）	lǚxíng	3	to perform; to carry out	履行する	행하다, 실행하다, 실천하다
论据	（名）	lùnjù	15b	basis of an argument; talking point	論拠	논거
逻辑性	（名）	luójíxìng	6	logicality	論理性	논리성

络绎不绝		luòyìbùjué	6b	in an endless stream	交通が頻繁なさま	(사람, 말, 수레) 왕래가 잦아 끊이지 않다
				M		
买单		mǎi dān	3	to buy the bill	清算する	계산서, 주문서
买家	(名)	mǎijiā	15	buyer	購入者	살 사람, 사는 사람
买入		mǎi rù	14	to purchase; to call	購入する	매입하다, 사들이다
迈	(动)	mài	2b	to stride	(大きく歩をとって)歩く	나아가다, 앞지르다
迈入		mài rù	7	forge ahead	入る	매진하다
漫漫	(形)	mànmàn	13	very long	非常に長い	끝없다, 가없다
盲目冒进		mángmù màojìn	16	premature advance blindly	盲目に前に進む	맹목적으로 무모하게 돌진하다
贸易	(名)	màoyì	6	trade	貿易	무역
贸易摩擦		màoyì mócā	9	trade friction	貿易摩擦	무역마찰
媒体	(名)	méitǐ	3	medium	メディア	매개물, 매개체
煤	(名)	méi	1	coal	石炭	석탄
美观	(形)	měiguān	8	beautiful; pleasing to the eye	美しい、きれいだ、美観だ	(외관이) 보기 좋다, 아름답다
门店	(名)	méndiàn	8	shop; store	店	소매부, 구멍가게
门槛	(名)	ménkǎn	5	doorsill; threshold	敷居	문지방, 문턱, 넘어야 할 난관(어려움)
蒙受	(动)	méngshòu	11	to suffer; to sustain	蒙る、受ける	입다, 받다
弥漫	(动)	mímàn	5	to suffuse; to permeate	弥漫する	(연기나 안개가) 자욱하다, 널리 퍼지다
迷惑	(动)	míhuò	12	to confuse; to delude	戸惑う、惑う、惑わす	미혹되다, 판단력을 잃다
迷人	(形)	mírén	8	to bewitch	人をうっとりとさせる	사람을 미혹 시키다, 마음을 끌다
秘书长	(名)	mìshūzhǎng	6b	secretary-general	事務総長	비서
免费	(形)	miǎnfèi	5	gratis; be free of charge	無料だ	무료이다
免征		miǎn zhēng	3	to exempt from	徴収するのは免除する	징수를 면제하다 (받다)
面料	(名)	miànliào	9	outside material	服の表用の生地	옷감
面临	(动)	miànlín	9	to be faced with; to be confronted with	…面している	직면하다, 당면하다
面貌	(名)	miànmào	1b	features; looks	容貌、姿、状態、顔つき	용모, 얼굴 생김새, 상태, 상황

瞄准	(动)	miáozhǔn	6	to aim at	狙う	조준하다, 겨누다, 맞추다
民俗	(名)	mínsú	5	folk custom	民俗	민속
民营	(形)	mínyíng	6b	privately-run	民営	민영, 사영
民营企业		mínyíng qǐyè	3	private enterprise	民営企業	민영기업
敏感	(形)	mǐngǎn	10	sensitive; susceptible	敏感だ	민감하다
名副其实		míngfùqíshí	11	veritable; the name matches the reality	名実どうり	명실상부하다
名气	(名)	míngqì	3	reputation; fame	評判, 名声	명성, 평판
明显	(形)	míngxiǎn	7b	clear; obvious; evident	明らかだ	뚜렷하다, 분명하다, 분명히 드러나다
模糊不清		móhubùqīng	4b	slur	ぼんやりしている、曖昧だ	모호해서 분명치 않다
模式	(名)	móshì	1	pattern; mode	モデル	표준양식, 유형, 모델
谋求	(动)	móuqiú	11	to seek; to buck for	図る、追求する	강구하다, 모색하다
目标	(名)	mùbiāo	13	target; goal	目標	목표, 표적
幕	(名)	mù	16	scene; act	芝居の演技の一段落	(연극) 막

N

脑筋	(名)	nǎojīn	6b	brains; mind	頭脳、思想	두뇌, 머리, 의식
年历	(名)	niánlì	5	calendar	カレンダー	일년 달력
年龄	(名)	niánlíng	14	age	年齢	연령, 나이
年头	(名)	niántóu	3	year	年	해, 년, 햇수
酿酒		niàng jiǔ	8	to make wine; to brew beer	酒を醸造する	술을 담그다, 술을 빚다
扭转	(动)	niǔzhuǎn	1b	to turn back; to reverse	回す、ひっくり返す、転換する	(몸 따위를) 돌리다, 방향을 바로 잡다
农产品	(名)	nóngchǎnpǐn	9	agricultural product	農産物	농산물
农业税	(名)	nóngyèshuì	1b	agricultural tax	農業税	농업세

P

排名	(动)	páimíng	7	place; position in a name list	順位	이름을 순서에 따라 올리다
攀升	(动)	pānshēng	9	to ascend; to move up; to increase	上がる	오르다
判断	(动)	pànduàn	4b	to judge; to measure	判断する	판단하다
庞大	(形)	pángdà	8	enormous; huge; colossal	膨大だ	방대하다, 거대하다

泡沫	（名）	pàomò	15	bubble	あぶく	거품, 포말
陪同	（动）	péitóng	2b	to accompany	付き合う	모시고 다니다, 수행하다, 동반하다
培训	（动）	péixùn	8	to cultivate; to train	訓練する	배양하다, 양성하다
培养	（动）	péiyǎng	8	to foster; to train	育て上げる	양성하다, 키우다
配额	（名）	pèi'é	9	quota	クオーター	할당액
配套	（形）	pèitào	2	to form a complete set	組み合わせ1セットにする	하나의 세트로 만들다, 조립하다, 맞추다
配置	（名）	pèizhì	12	collocation scheme	配置する	배치하다, 할당, 배당
批发价格		pīfā jiàgé	13	trade price	卸売りの価格	도매 가격
偏低		piān dī	16	on the low side	低く偏する	너무 낮다
偏颇	（形）	piānpō	15	biased; partial	不公平だ	편파적이다
拼抢	（动）	pīnqiǎng	12	to strive dead hard for	全力で奪い取る	힘껏 빼앗다, 다투어 쟁탈하다
频频	（副）	pínpín	16	frequent	頻繁に	빈번히, 자주
品牌	（名）	pǐnpái	4	trademark	ブランド	상표
品位	（名）	pǐnwèi	4	quality	品位	품격과 지위
品质	（名）	pǐnzhì	3	character; quality	品質	품질
平方米	（量）	píngfāngmǐ	15	square meter	平方メートル	평방미터
平分秋色		píngfēnqiūsè	8	to have equal shares	（力、成績など が）対等だ	똑같이 나누어 가지다
平衡	（形）	pínghéng	15	balance; counterpoise; equipoise	均衡させる	평형 되게 하다, 균형 있게 하다
平价	（名）	píngjià	4	par value; parity	普通の価格、公定価格	공정가격, 적정가격, 보통가격
平均	（形）	píngjūn	3	average	平均	평균
平台	（名）	píngtái	5	platform; gondola	平らな台、プラットホーム	플랫폼, 건조대, 테라스
平稳	（形）	píngwěn	15	smooth and steady; smooth; stable	穏やかだ	평온하다, 편안하다
评价	（动）	píngjià	12	to appraise; to evaluate	評価する	평가하다
屏障	（名）	píngzhàng	12	barrier	障壁	장벽, 보호벽
颇	（副）	pō	11	considerably; very	甚だ	자못, 꽤
破产	（动）	pòchǎn	12	to go bankrupt; to go into bankruptcy	破産する	파산하다
破解	（动）	pòjiě	11	to explain; to dismiss	解決する、解釈する	(모르는 사람에게) 잘 말하여 이해시키다

破裂	（动）	pòliè	15	to break; to rupture	破裂する	파열되다, (사이가) 틀어지다
普及	（动）	pǔjí	7	popularize	普及する	(널리)보급하다

Q

期望	（动）	qīwàng	3	to hope; to expect	期待する	(앞날에 대해) 기대하다
期限	（名）	qīxiàn	10	time limit; deadline	期限	기한
齐全	（形）	qíquán	2	all complete	そろっていう	완전히 갖추다, 완비 하다, 마련하다
其乐融融		qílèróngróng	5	the joy is boundless	無限な面白み	기쁨이 끝이 없다
其余	（代）	qíyú	14	the others; the rest	残りの	나머지, 남은 것
祈福		qí fú	5	to pray for blessings	幸福を祈る	복을 기원하다
棋	（名）	qí	6	chess	碁，囲碁，将棋	장기, 바둑
旗舰店	（名）	qíjiàndiàn	4	flagship shop	旗艦店	기함, 군함 안의 상점
企业	（名）	qǐyè	2b	enterprise; corporation	企業	기업
启动	（动）	qǐdòng	1	to start	発動する	(기계, 설비 따위를) 시동하다
起步	（动）	qǐbù	7	to start	着手する、やりだす	(일, 사업을) 착수하다
气氛	（名）	qìfēn	13	ambience; atmosphere	雰囲気	분위기
气质	（名）	qìzhì	8	temperament	素質	성격, 기질, 성미, 성질
汽油	（名）	qìyóu	13	gasoline; petrol	ガソリン	가솔린
洽谈	（动）	qiàtán	8	to hold talks	面談する	(직접)상담하다, 교섭하다
迁就	（动）	qiānjiù	11	to indulge; to accommodate oneself to	折れ合う、譲る、譲歩する	옮겨가다, 타협하다, 조절하다
签署	（动）	qiānshǔ	5	to sign; to subscribe	サインする，署名する	(중요한 문서에 정식으로) 서명하다
签约		qiān yuē	11	to sign on; to sign up	契約書を結ぶ	(조약 또는 계약서에) 서명하다
前景	（名）	qiánjǐng	4	prospect; vista	将来性、未来図	전경, 장래, 희망, 전도
前列	（名）	qiánliè	12	antecedent	前列、先頭	전열, 앞의 줄
前途	（名）	qiántú	3	journey; future; prospect	前途	전도, 전망, 앞길
前途无望		qiántú wúwàng	3	at hopeless ends	前途は希望がない	앞날에 희망이 없다

前行	（动）	qiánxíng	12	go ahead	前に進む	전진하다
潜力	（名）	qiánlì	1	potential	潜在力	잠재(능)력, 숨은 힘, 저력
浅色	（名）	qiǎnsè	6	light-colour	明るい色	연한 색
嵌砌	（动）	qiànqì	2	to nest	はめ込んで積み上げる	보금자리를 지어주다, 편안하게 살도록 하다
强攻	（动）	qiánggōng	11	to aggress furiously	強攻する	강공하다
强化	（动）	qiánghuà	6	to strengthen	強化する	강화하다
强劲	（形）	qiángjìn	1	powerful; forceful	力強い	강력하다, 세차다
强烈	（形）	qiángliè	12	strong; intense; violent	強烈だ	강렬하다
强势	（名）	qiángshì	10b	strong force	強い勢力	강세
抢购	（动）	qiǎnggòu	16	to rush to purchase	争って買う	앞을 다투어 사다
抢手货	（名）	qiǎngshǒuhuò	9	shopping-rush goods	先を争って買う品物	인기상품
抢注		qiǎng zhù	10b	to rush to register	争って登録する	성급하게 등록하다
切忌	（动）	qièjì	16	to avoid by all means	決して…してはならない	극력 피하다, 극력 삼가다
轻言	（动）	qīngyán	1b	to say easily	簡単に言う	말하기 쉽다
倾向	（名）	qīngxiàng	11	incline; tendency	傾向	경향, 추세
清淡	（形）	qīngdàn	13	slack	淡い、あっさりしている	불경기의
清闲	（形）	qīngxián	3	vacant; leisured	暇で静かだ	한가하다, 조용하고 한적하다
清醒	（形）	qīngxǐng	16	sober; clear	冷静だ	(머릿 속이) 맑고 깨끗하다, 뚜렷하다
庆典	（名）	qìngdiǎn	8	celebration	祝典	축전, 축하 의식
穷光蛋	（名）	qióngguāngdàn	4b	pauper; penniless loafer	貧乏人，すかんぴん	빈털터리, 알거지
求职者	（名）	qiúzhízhě	3	job seeker	仕事を探る人	직업을 구하는 사람
区间	（名）	qūjiān	13	part of the normal route; interzone	区間	구간
区域	（名）	qūyù	12	region; area; district	区域	구역
屈从	（动）	qūcóng	11	to submit to; to yield to	屈従する、屈服する	굴복하다
趋旺		qū wàng	1	to tend to become prosperous	繁栄の傾向がある	왕성하게 되는 경향이 있다
趋于		qū yú	6b	to trend	…傾向がある	…으로 향하다, …으로 기울어지다
取消	（动）	qǔxiāo	1b	to cancel; to do away with	廃止する	취소하다, 제거하다, 없애다

全线	(名)	quánxiàn	13	all fronts; the whole line	全戦線	전 전선(全戰線)
权利	(名)	quánlì	6	droit; right	権利	권리
权威	(名)	quánwēi	15	authority	権威	권위
权益	(名)	quányì	3	rights and interests	権益	권익, 권리와 이익
缺乏	(动)	quēfá	10	to be short of; to lack	欠く	결핍되다, 모자라다
缺少	(动)	quēshǎo	5	to lack; to be short of	欠く	(사람, 물건의 수량)모자라다, 결핍하다
群体	(名)	qúntǐ	16	colony; group	群体	군체, 집합체

R

燃油	(名)	rányóu	13	fuel	燃料	연료
染整	(动)	rǎnzhěng	9	dye	染める	색공정
绕道	(动)	ràodào	11	to bypass; to make a detour	回り道をする	우회하다
热效应	(名)	rèxiàoyìng	3	heat effect	熱い効果	열 효과, 반응
热衷于		rèzhōngyú	8	to be wild about; to high on	…に夢中になる	…에 열중하다
人次	(量)	réncì	5	person-time	延べ人数	연인원
人均	(动)	rénjūn	4	per person	一人当たり	1인당 평균
人均收入		rénjūn shōurù	5	per capita income	人口一人当たりの収入	1인당 평균 수입
人均消费		rénjūn xiāofèi	5	per capita consumption	人口一人当たりの消費量	1인당 평균 소비
认可	(动)	rènkě	5	to approbate; to recognize	認可する	승낙하다, 인가하다, 허락하다
日用百货		rìyòng bǎihuò	8	articles for daily use	日用商品	일용백화
日用杂品		rìyòng zápǐn	6b	commodity	日用品	일용잡품
融资	(动)	róngzī	13	to finance; to secure financing	融資する	융자하다
如期	(副)	rúqī	9	as scheduled; on schedule	期限どおりに	기한대로, 예정대로
入住	(动)	rùzhù	2	live in	住み込む	입주
软件	(名)	ruǎnjiàn	2b	software	ソフトウエア	소프트웨어
若	(连)	ruò	14	if	もし	만약…이라면

S

赛车场	(名)	sàichēchǎng	5	racing ground	レース グランド	(자전거, 오토바이, 자동차, 트럭) 경기장
丧失	(动)	sàngshī	13	to forfeit; to lose	失う	상실하다, 잃다
搔	(动)	sāo	11	to scratch	かく	긁다

闪客	（名）	shǎnkè	2b	flash	フラッシュン	섬광, 번득임
伤害	（动）	shānghài	14b	hurt; injure; damage	傷害	상해하다, 손상시키다, 해치다
伤脑筋		shāng nǎojīn	5	bothersome; troublesome	頭を悩ます	골치를 앓다, 애를 먹다, 어찌할 바를 모르다
商标	（名）	shāngbiāo	10b	trademarks	商標，人レートマーク、ブランド	상표
商机	（名）	shāngjī	5	business chance	ビジネス チャンス	사업기회
商业	（名）	shāngyè	8	commerce; trade; business	商業	상업
上年	（名）	shàngnián	3	last year	去年	작년
上升	（动）	shàngshēng	14	to rise; to ascend	上がる	상승하다, 올라가다
上市		shàngshì	12	to come into the market	売り出される、店頭に現れる	출시되다
上调	（动）	shàngtiáo	13	to raise	上げる	가격을 올리다
上限	（名）	shàngxiàn	12	upper limit	上限、最大限	상한
上行		shàngxíng	13	go up	上がる	(공문을 상급 기관에) 올려 보내다
上扬	（动）	shàngyáng	13	bullish	上がる	(주가가) 상승하다, 시세가 오르다
尚	（副）	shàng	9	still; yet; even	まだ	아직, 또한
稍逊于		shāoxùnyú	8	slightly inferior to	…より遜色だ	…못하다, 뒤지다, 뒤떨어지다
稍有		shāo yǒu	13	a few of	少し	조금 있어
奢侈品	（名）	shēchǐpǐn	4	luxury	贅沢品	사치품
奢华	（形）	shēhuá	8	opulent; extravagant	贅沢だ	사치스럽고 화려하다
设计	（动）	shèjì	9	to design; to project	デザインする	설계하다, 계획하다
设施	（名）	shèshī	2	establishment	施設	시설
涉及	（动）	shèjí	9	to involve; to entangle	関連する、触れる	언급하다, 미치다
涉外	（形）	shèwài	1b	concerning foreign affairs	涉外	외교에 관련되다
申请	（动）	shēnqǐng	5	to apply for	申し込む	신청하다
伸缩性	（名）	shēnsuōxìng	4b	retractility	伸縮性	융통성, 신축성
深入人心		shēnrùrénxīn	8	to strike root in the hearts of the people; to be deeply rooted	人々の心に深く入れる	사람 마음 속에 깊이 파고 들다 (깊은 인상을 주아)
深思	（动）	shēnsī	9	to think deeply about	考え込む	깊이 생각하다
深造	（动）	shēnzào	3	to take a more advanced course of	深く研究する	깊이 연구하다, 파고들다

审核	（动）	shěnhé	11	to examine and verify	審査する	심사하여 결정하다, 심의하다
审批	（动）	shěnpī	7b	to examine and approve	審査して指示を与える	(상급 기관이 하급 기관의 보고, 계획 등을) 심사하여 허가(비준)하다
审慎抉择		shěnshèn juézé	16	choose cautiously	慎重に選択する	신중하게 선택하다
升级	（动）	shēngjí	4	to upgrade	進級する	승급되다, 격상하다, 승진하다, 품질을 향상시키다
升级换代		shēngjí huàndài	16	upgrade and renew themselves	進級して更新する	상품의 질량을 높이고 디자인을 새롭게 하다
升势	（名）	shēngshì	15	ascending trend	上がる傾向	상승세
升息		shēng xī	16	to promote interest	利息を上げる	이자가 늘다
升值	（动）	shēngzhí	16	to increase in value	平価を切り上げる	평가절상하다, 가치가 솟아 오르다
生产点	（名）	shēngchǎndiǎn	7	producing site	生産する所	생산점
生产线	（名）	shēngchǎnxiàn	5	product line	生産線	생산라인
生存权	（名）	shēngcúnquán	10b	survival right	生存権利	생존권
生态	（名）	shēngtài	5	ecology	生態	생태
声称	（动）	shēngchēng	10b	to claim; to purport	言明する	공언하다, 주장하다
省份	（名）	shěngfèn	15	province	省	성(省)
失误	（名）	shīwù	14b	miscarriage	ミス	실패, 잘못
失业		shī yè	3	to lose one's position	失業する	실업
失之交臂		shīzhījiāobì	3	just miss the opportunity	みすみす好機を逃してしまう	눈앞에 있는 좋은 기회를 놓치고 말다
施加	（动）	shījiā	11	to exert; to bring to bear	(圧力、影響など)を加える	(압력, 영향 따위)를 주다, 가하다
石油	（名）	shíyóu	13	petroleum	石油	석유
时间段	（名）	shíjiānduàn	6	time section	時間帯	시간 단계, 시기
时节	（名）	shíjié	2	season; time	時節	계절, 철, 절기, 시절, 때
时髦	（形）	shímáo	4b	fashion	流行だ；モダンだ	현대적 이다 (제철이다)
实惠	（名）	shíhuì	9	material benefit	実際の利益	실리, 실익

实力	（名）	shílì	3	strength	実力	실력, 힘
实施	（动）	shíshī	10	to actualize; to put in practice	実施する	실시하다
实实在在	（形）	shíshízàizài	16	literal	ありのままの	참으로, 실로
实物型		shíwùxíng	4	style of practicality	実物型	실물형
实用	（形）	shíyòng	6b	practical	実用だ	실용적이다, 실제로 사용하다
实战	（形）	shízhàn	2b	actual combat	実戦	실전, 실습
实质	（名）	shízhì	7	essential; quiddity	実質、本質	실질, 본질
食品	（名）	shípǐn	8	food; foodstuff	食品	음식
市场份额		shìchǎng fèn'é	5	market penetration; market share	市場の分け前	배당, 몫, (상품의)시장 점유율
市场化	（名）	shìchǎnghuà	3	marketization	市場化	시장화
市值	（名）	shìzhí	14	market value	市場価値	시장가치
势头	（名）	shìtóu	10	tendency	情勢、形勢	형세, 추세
视角	（名）	shìjiǎo	2	angle of view; visual angle	視角	시각(사물을 관찰하는 각도)
视野	（名）	shìyě	10b	visual field; horizon; ken	視野	시야
试点	（名）	shìdiǎn	1	to make experiments	試験（点）	시험을 하다
试探	（动）	shìtàn	11	to plough around; to sound out	試験的に探索する	탐색하다, 모색하다
适度	（形）	shìdù	15b	moderate	適度だ	(정도가) 적당하다, 적절하다
适量	（形）	shìliàng	13	proper quantity	適量だ	수량(분량)이 적당하다
嗜好	（名）	shìhào	14	addiction; hobby	趣味、好み	기호
收入	（名）	shōurù	3	income; earning	収入	수입
收益	（名）	shōuyì	12	income; profit	収益、利益	수익, 이득
手	（量）	shǒu	13	the minimum unit of futures	1 "shou" = 10 tons 金銭または金銭と関係のあるものについて言う量詞	1 "hou" = 10 tons 중량단위, 10 톤
守法		shǒu fǎ	4b	to abide by the law	法律を守る	법률을 준수하다
首付	（名）	shǒufù	14	down payment	最初の支払い	(할부금의) 첫 지불액
首付款	（名）	shǒufùkuǎn	7b	down payment	最初の支払い	첫, 시작 지불
寿险	（名）	shòuxiǎn	12	life insurance	生命保険	생명보험
受访者	（名）	shòufǎngzhě	7b	interviewee	訪問られる者	조사 받는 사람
售后服务		shòuhòu fúwù	8	after service	アフターサービス	애프터 서비스

售价	（名）	shòujià	15	offering price; selling price	売価	판매가격
输出国	（名）	shūchūguó	5	country of export	輸出国	수출국
熟练	（形）	shúliàn	11	proficient; skilled	熟練している	능숙하다
属	（动）	shǔ	5	to be born in the year of	生まれた年を言い表すときに用いる	…띠이다
数据	（名）	shùjù	1	data	データ	데이터, 통계수치, 실험, 설계, 계획 등에 필요한 자료
数码	（名）	shùmǎ	6	digital	デジタル	디지털
数日	（名）	shùrì	13	several days	数日	며칠
率先	（动）	shuàixiān	5	to take the lead in doing sth; to be the first to do sth	率先する	앞장서다, 솔선하다
水分	（名）	shuǐfèn	11	moisture content; surplus exaggeration	水分	수분, 과장
水准	（名）	shuǐzhǔn	4b	level	水準	수평면, 수평선
税目	（名）	shuìmù	9	tax items	税目	세목
税收	（名）	shuìshōu	1b	tax revenue	税収	세수, 세수입
顺畅	（形）	shùnchàng	2	unhindered; smooth	順調だ	거침없다, 순조롭(게 통하)다, 막힘이 없다
顺利	（形）	shùnlì	3	smooth; successful	順調だ	순조롭다
瞬息万变		shùnxī-wànbiàn	11	change quickly	きわめて短い時間にめまぐるしく変化する	변화가 아주 빠르다
丝绸	（名）	sīchóu	9	silk cloth; silk	シルク	비단
丝毫	（形）	sīháo	6	a bit; in the least	いささか	극히 적은 수량
诉讼	（名）	sùsòng	10	lawsuit; litigation; legal action	訴訟	소송
岁末	（名）	suìmò	13	the end of the year	年末	연말
隧道	（名）	suìdào	5	tunnel	トンネル	굴, 터널
损失	（动）	sǔnshī	13	to lose; to damnify	損なう	손해보다
缩水	（动）	suōshuǐ	13	to shrink through wetting	水にぬれると縮む	물에 줄어 들다, 축소하다, 감축하다
缩影	（名）	suōyǐng	3	miniature; epitome	縮図	축소판, (전자)에 피롬
所谓	（形）	suǒwèi	14	so-called	いわゆる	소위, 이른바
索赔		suǒ péi	11	to claim indemnity	クレームを出す	변상을 요구하다
锁定	（动）	suǒdìng	6	to lock	狙う、決める	잠그다

T

踏实	（形）	tāshi	7b	steady and sure; free from anxiety	まじめだ	성실하다, 알뜰하다, (마음이)놓이다
谈何容易		tánhéróngyì	3	be easier said than done; by no means easy	口で言うほど容易ではない	말은 쉽지만 실제는 상당히 어렵다, (말처럼 쉬운 것은 아니다.)
趟	（量）	tàng	16	one round trip; times	往復する動作の回数を数える量詞	차례, 번
掏	（动）	tāo	6b	to pull out	取り出す；掘る	(손이나 공구로) 물건을 꺼내다, 끌어내다, 끄집어내다, 파다, 후비다
讨价还价		tǎojià-huánjià	11	to bargain; to higgle	駆け引き	흥정하다
套	（动）	tào	14	to hitch	引っ掛ける	끌어당기다, 관계를 맺다, 틀에 맞추다
特价	（名）	tèjià	2	special offer; bargain price	特価	특가, 특별 할인 가격
特快	（形）	tèkuài	2	express	特急	특급열차, 특히 빠르다
特色	（名）	tèsè	12	characteristic; distingushing feature	特色、特徵	특색, 특징
提供	（动）	tígōng	4	to provide; to supply; to offer	提供する	제공하다
提前	（动）	tíqián	3	ahead of schedule	（予定の期限を）繰り上げる	(예정된 시간, 기한) 앞당기다
提升	（动）	tíshēng	15	to promote; to advance; to elevate	昇格する、昇進する	진급하다, 발탁하다
体面	（形）	tǐmiàn	4b	honorable; respectable	光栄だ、面目が立つ	떳떳하다, 어엿하다, 체면이 서다
体系	（名）	tǐxì	12	system; setup	体系	체계, 체제
体现	（动）	tǐxiàn	13	to reflect; to incarnate	体現する	구현하다, 체현하다
体验	（动）	tǐyàn	2	to experience	体験する	체험하다
体制	（名）	tǐzhì	15b	system of organization; system	体制	체제, 제도
天价	（名）	tiānjià	3	overbid	値段が高すぎる	최고가
天堂	（名）	tiāntáng	2b	heaven; paradise	天国	천국
调整	（动）	tiáozhěng	13	to adjust; to restructure	調整する	조정하다, 조절하다
挑战	（名）	tiǎozhàn	6	challenge	チャレンジ	도전하다

跳槽		tiào cáo	3	to job-hop	鞍替える	직업을 바꾸다
铁矿砂	(名)	tiěkuàngshā	9	ironstone	鉄鉱砂	철광석
铁矿石	(名)	tiěkuàngshí	11	iron ore; ironstone	鉄鉱石	철광석
停车位	(名)	tíngchēwèi	7b	parking space	停車の位置	주차장
通牒	(名)	tōngdié	11	diplomatic note	通牒	통첩
通信	(名)	tōngxìn	1b	communication	通信	통신, 뉴스, 기사
同比	(动)	tóngbǐ	7	to compare with	…と比べて	전년도 동시기 대비
同步	(形)	tóngbù	13	synchronous	同時性	동시성의, 동시발생
同期	(名)	tóngqī	16	the corresponding period	同期	같은 시기
铜	(名)	tóng	9	copper	銅	구리
统筹	(动)	tǒngchóu	8	to plan as a whole	統一して計画案配する	전면적인 계획을 세우다, 총괄하다
统计	(动)	tǒngjì	6	to do statistics	統計する	통계하다, 합산하다
痛苦	(名)	tòngkǔ	12	agony; pain; suffering	苦痛、苦しみ	고통
头脑	(名)	tóunǎo	4b	mind; head	頭脳	(사고능력, 실마리, 갈피)수뇌, 지도자
投保		tóu bǎo	12	to insure	保険をかける	보험에 가입하다
投机	(动)	tóujī	11	to speculate	投機をする；チャンスを狙う	투기하다
投入	(动)	tóurù	6	to throw into; to put into	投入する	뛰어들다, 참가하다, 투입하다
投石问路		tóushíwènlù	11	to explore road by throwing stones	まずある行動で試験的に探索するというたとえ	어떤 문제를 해결하기 위해 속을 떠보다
投资		tóu zī	4	to invest	投資する	투자하다
投资者	(名)	tóuzīzhě	8	investor	投資者	투자자
透支	(动)	tòuzhī	4b	to overdraw	支出超過	적자가 되다, 과도하게 정력을 사용하다, 소모하다
凸显	(动)	tūxiǎn	4	to protrude	突き出す	밀어내다, 내밀다, 불쑥 나오다, 비어져 나오다
土地	(名)	tǔdì	15b	land; field	土地	토지, 땅
团队	(名)	tuánduì	12	team	チーム	단체, 팀
推	(动)	tuī	9	to prorate	広げる、延べる	늘어놓다, 펴다
推出	(动)	tuīchū	2	recommend	(新しいものなどを世に)出す	(시장에 신상품이나 새로운 아이디어를) 내놓다, (신인을) 등용하다, 추천하다

推倒重来		tuīdǎo zhònglái	8	to detrude and come again	倒してからもう一度やる	버리고 다시
推动	(动)	tuīdòng	1b	to promote; to drive	促進する、推進する	밀고 나아가다, 추진하다, 촉진하다
推荐	(动)	tuījiàn	2b	to recommend	推薦する、薦める	추천하다
退休	(动)	tuìxiū	16	to retire	退職する	퇴직하다
退休金	(名)	tuìxiūjīn	14	pension; superannuation	退職年金	퇴직연금
脱离	(动)	tuōlí	5	to break away; to be divorced from	離れる	이탈하다, 떠나다, 관계를 끊다
妥协	(动)	tuǒxié	11	to compromise; to come to terms	妥協する、歩み寄る	타협하다
拓展	(动)	tuòzhǎn	5	to expand	広く開拓する	넓히다, 확장하다, 개척하다

W

外贸进出口额		wàimào jìnchūkǒu'é	9	the volume of import and	外国貿易輸出入額	대외무역수출입액
外资	(名)	wàizī	2b	foreign capital	外資	외자 (외국 자본)
挽回	(动)	wǎnhuí	10b	to retrieve; to redeem	挽回する、取り戻す	만회하다, (이권을) 되찾다
网络	(名)	wǎngluò	2	network	ネットワック	네트워크, 회로망
网民	(名)	wǎngmín	7b	net citizen	インターネットを使う者	네티즌
往返	(动)	wǎngfǎn	2	to go there and back; to journey to and from	往復する	왕복하다
旺季	(名)	wàngjì	2b	busy season; rush season	最盛期	(거래 따위가) 한창일 때, 성수기
旺盛	(形)	wàngshèng	1	exuberant; vigorous	旺盛だ	(기운이나 세력이) 성하다, 왕성하다, (생명력이) 강하다
围绕	(动)	wéirào	11	to circumfuse; to encircle	取り囲む、取り巻く、めぐる	둘러싸다
围魏救赵		wéiwèijiùzhào	11	to besiege Wei to rescue Zhao; to relieve the besieged by	魏を囲んで趙を救う、一方を牽制しておいて他方を救うこと	포위군의 근거지를 공격함으로써 포위당한 우군을 구출하다
违规	(形)	wéiguī	13	to get out of line	規則を違反する	규정을 어기다
违约		wéi yuē	16	to break a contract; to break one's promise	違約、約束を破棄す る、契約に違反する	약속을 어기다, 계약을 어기다
违约金	(名)	wéiyuējīn	16	penalty	違約金	위약금
唯恐	(副)	wéikǒng	12	for fear that; lest	…のみ恐れる	다만…가 두렵다
维持	(动)	wéichí	14b	to maintain	維持する	유지하다

维修	（动）	wéixiū	7	maintain	修理する	간수 수리하다
萎缩	（动）	wěisuō	8	to shrink	萎縮する	(몸이)위축하다, (경제가)쇠퇴하다, 부진하다
位居		wèi jū	7b	to lie; to locate; stand	…に位置する	…에 위치하다
位置	（名）	wèizhì	6	site; position	位置	위치, 지위
文凭	（名）	wénpíng	3	diploma	卒業証書	(졸업)증서, 자격증, 졸업장
稳定	（形）	wěndìng	16	stable; firm; steady	穏やかだ	안정하다
问卷	（名）	wènjuàn	8	questionnaire	アンケート	앙케이트
斡旋	（动）	wòxuán	11	to mediate	調停する	중재하다, 조정하다
乌云盖顶		wūyún gài dǐng	13	rampant	空に黒い雲いっぱい	먹구름이 덮치다
无偿	（形）	wúcháng	16	gratuitous; free; gratis	無償だ	무상의
无法	（动）	wúfǎ	3	unable; no way; incapable	しょうがない	…할 방법이 없다
无聊	（形）	wúliáo	3	bored	つまらない	지루한
无奈	（形）	wúnài	6b	to have no choice; to cannot help but	仕様がない	할 수 없다
无人问津		wúrénwènjīn	16	to not be attended to by anybody	誰も関心しない、参加しない	관심을 보이는 사람이 없다, 시도해 보려는 사람이 없다
无序	（形）	wúxù	10	out-of-order	順番がない	순서가 없는
务实	（形）	wùshí	3	pragmatic	実務に励む	구체적 사업 수행에 힘쓰다
物价	（名）	wùjià	13	commodity price	物価	물가
夕阳红	（名）	xīyánghóng	2b	the Red Setting Sun	夕日	석양
吸取	（动）	xīqǔ	16	to absorb	吸い取る、吸収する、取り入れる	흡수하다, 섭취하다
吸入		xī rù	13	to inbreathe; to inhale	吸入する	흡입하다, 빨아들이다
吸引	（动）	xīyǐn	16	to attract	引き付ける	매료시키다, 흡인하다
吸引力	（名）	xīyǐnlì	3	attraction; charm	魅力	흡인력, 매력
昔日	（名）	xīrì	13	in former days	昔、以前	옛날
牺牲品	（名）	xīshēngpǐn	12	sacrificial lamb; victim	犠牲品	희생품
稀奇	（形）	xīqí	4	strange	珍しい、奇妙だ	진기(희귀)하다, 드물다

系统	（形）	xìtǒng	3	systematically	システム的	조직적으로, 체계적으로
下挫	（动）	xiàcuò	13	glide	すべる	미끄러져 떨어지다
下跌	（动）	xiàdiē	13	to depreciate; to fall	下落する	하락하다, 떨어지다
下滑	（动）	xiàhuá	1b	to decline; to go down	下がる	아래로 기울다, (인기, 물가 등) 떨어지다
下调	（动）	xiàtiáo	13	to transfer to a lower unit	低く調整する	(가격을) 하향 조정하다
仙境	（名）	xiānjìng	2	fairyland; wonderland; paradise	仙境	경치가 아름답고 조용한 곳
纤维	（名）	xiānwéi	9	fibre	繊維	섬유
鲜见	（形）	xiǎnjiàn	16	singularly	珍しい	드물게 보이다, 드물다
鲜有	（形）	xiānyǒu	9	rare	珍しい	드물다, 희소하다
显示	（动）	xiǎnshì	7b	to show; to display	明らかに現す	과시하다, 뚜렷하게 나타내 보이다
险种	（名）	xiǎnzhòng	12	coverage	保険の種類	보험업종
现房	（名）	xiànfáng	2	spot house	現物の家屋	입주 가능한 집
线路	（名）	xiànlù	5	line; route	路線	(전기)회로, 노선, 선로, 오솔길
限产	（动）	xiànchǎn	11	to limit production	生産量を限定する	생산을 제한하다
限价	（动）	xiànjià	10	to limit price of a certain commodity	限定価格	가격을 제한하다
陷入	（动）	xiànrù	11	to get in; to get into; to plunge	陥る	몰두하다, 열중하다
相当于		xiāngdāngyú	15	to equal to	…に相当する	…와 같다, 상당하다
相对而言		xiāngduì-éryán	15b	relatively	比較的に言う	상대적으로 말하자면
相仿	（形）	xiāngfǎng	8	similar	似ている	대체로 비슷하다, 엇비슷하다
祥和	（形）	xiánghé	5	lucky; kind	優しい	상서롭고 화목하다, 자상하다, 인자하다
享受	（动）	xiǎngshòu	5	to enjoy	楽しむ	즐기다
向好	（动）	xiànghǎo	13	up-and-up	株価上昇	번영하다, 진보하다
项目	（名）	xiàngmù	2b	item	項目	항목, 사항
消费	（动）	xiāofèi	1	consumption; to consume	消費、消費する	소비(하다)

消费者	（名）	xiāofèizhě	9	consumer	消費者	소비자
销量	（名）	xiāoliàng	4	sales volume	商売量	판매량
销售	（动）	xiāoshòu	16	to sell; to market	売る、売りさばく	팔다, 판매하다
销售额	（名）	xiāoshòu'é	6	sales amount	売り上げ	매상고
小康	（形）	xiǎokāng	7	comfortable	小康	먹고 살 만하다
小麦	（名）	xiǎomài	1b	wheat	小麦	소맥, 밀
孝顺	（动）	xiàoshùn	4b	to be filial piety	親孝行だ	효도하다
肖像	（名）	xiàoxiàng	4b	portrait; portraiture	肖像	사진 (그림, 조각) 초상
效应	（名）	xiàoyìng	12	effect	効果、反応	효과
协调	（动）	xiétiáo	10	to coordinate; to harmonize	調和する	협조하다, 조화하다
欣喜	（形）	xīnxǐ	6b	to be glad; to be joyful	喜ぶ	기뻐하다, 즐거워하다
新盘	（名）	xīnpán	16	new commercial housing	新しい家屋	새로운 상업적인 주택공급
新生	（形）	xīnshēng	16	newborn	新しくうまれた、新たに現れた	갓 태어난
新兴	（形）	xīnxīng	8	rising; new and developing	新興の	신흥의, 새로 일어난
新颖	（形）	xīnyǐng	6	novel	新奇だ、奇抜だ、ユニークだ	참신하다, 새롭고 독특하다
薪资	（名）	xīnzī	3	salary; wage; pay	給料	임금, 급료
信贷	（名）	xìndài	4b	credit	（銀行の）預金と貸し金の総称	신용
信息	（名）	xìnxī	8	information; message	情報	소식, 뉴스, 정보
信用	（名）	xìnyòng	16	credit; trustworthiness	信用	신용
信用卡	（名）	xìnyòngkǎ	4b	credit card	クレジット・カード	신용카드
兴建	（动）	xīngjiàn	7	to build; to construct	建設する	건설하다, 창설하다, 건축하다
形势	（名）	xíngshì	3	situation; circumstance; condition	形勢	형세, 기세, 형편
性质	（名）	xìngzhì	14b	character; property; quality	性質	성질, 성격
雄心勃勃	（形）	xióngxīnbóbó	8	ambitious	遠大な抱負を持つ状態	용감한 기상이 가득 차 있다
需求	（名）	xūqiú	13	demand; requirement	需要、求め	수요, 요구
需求过剩		xūqiú guòshèng	3	excessive demand	求めが過剰する	수요과잉
宣布	（动）	xuānbù	10	to declare; to proclaim; to announce	公布する、発表する、宣する	선포하다, 공표하다

词汇总表

炫耀	（动） xuànyào	8	to show off	見せびらかす	자랑하다, 뽐내다
削价	（动） xuējià	11	to cut prices	値段をカットする	값을 내리다
学历	（名） xuélì	3	record of formal schooling; educational background	学歴	학력
学有所用	xuéyǒu-suǒyòng	3	study for the purpose of application	応用するために勉強する	특정업무를 목적으로 공부하다
寻求	（动） xúnqiú	12	to pursue; to explore; to seek	探し求める	찾다, 탐구하다
训练	（动） xùnliàn	3	to train; to drill	訓練する	훈련하다
迅速	（形） xùnsù	12	rapid; swift; quick	速い	신속하다, 재빠르다

Y

压力	（名） yālì	11	pressure	圧力	압력
压缩	（动） yāsuō	14	to compress	圧縮する	압축하다
延期交货	yánqī jiāo huò	11	to delay of the delivery; to spread delivery	商品を引き渡すことを延期する	납품을 연기하다
延伸	（动） yánshēn	5	to elongate; to extend; to stretch	延びる、延ばす	뻗다, (의미가)확대되다
严峻	（形） yánjùn	1	severe; rigorous	おごそかで厳しい	위엄이 있다, 가혹하다
严重	（形） yánzhòng	12	serious	厳しい、厳重だ	심각하다
沿着	yán zhe	12	along	沿う	…을 따라서
研发	（动） yánfā	9	to research and develop	研究して開発する	연구 제작하여 개발하다
掩盖	（动） yǎngài	16	to cover; to conceal	隠す、包み隠す	덮어 씌우다
掩饰	（动） yǎnshì	6	to leave in the dark; to gloss over	隠す、粉飾する	(결점, 실수 따위를) 덮어 숨기다, 속이다
眼光	（名） yǎnguāng	8	sight; vision	眼力	안목, 식견, 관찰력
演变	（动） yǎnbiàn	15	to develop; to evolve	進展変化する	변화 발전하다
演绎	（动） yǎnyì	5	to deduct	演繹する	연역하다
养老	（动） yǎnglǎo	12	to provide for the aged	老人をいたわり養う	노인을 봉양하다, 여생을 보내다
养老保险	（名） yǎnglǎo bǎoxiǎn	14	endowment insurance	老人をいたわり養う保険	양로보험
业绩	（名） yèjì	8	outstanding achievement	業績	업적
业务	（名） yèwù	16	professional work; business	業務	업무
一笔	（量） yìbǐ	16	one stroke	金銭または金銭と関係のあるものについて言う量詞	한

一臂之力		yíbìzhīlì	2b	a helping hand	一臂の力	힘, 조그마한 힘
一次性	（形）	yícìxìng	3	disposable	一回限りの	일회성
一番	（量）	yìfān	11	one time; one fold	一倍	한 차례
一轮	（量）	yìlún	16	one round	循環する事物や動作について言う量詞	일주, 한 바퀴
一系列	（名）	yíxìliè	7	a series of	シリーズ	일련의
伊始	（名）	yīshǐ	11	beginning	…してまもない	…의 처음, 시작
医疗	（名）	yīliáo	3	medical treatment	医療	의료
医疗保险		yīliáo bǎoxiǎn	14	medicare; hospitalization insurance	医療保険	의료보험
医药	（名）	yīyào	14b	medicine	医薬	의약
依存度	（名）	yīcúndù	1b	depending degree	依存度	의존도
依法纳税		yīfǎ nàshuì	4b	to pay taxes according to the law	法律どうりに納税する	법에 따른 세금을 지불하다
亿	（量）	yì	15b	a hundred million	億	억
意识	（名）	yìshi	8	consciousness	意識	의식
意外	（形）	yìwài	14b	accident; suddenness	意外	뜻 밖의 사고, 의외의 재난
意味	（动）	yìwèi	6	mean; signify; imply	意味する	의미, 뜻, 정취, 흥취, 흥미, 기분, 재미, 맛
意向	（名）	yìxiàng	7b	intention; purpose	意向	의향, 의도, 목적
意愿	（名）	yìyuàn	3	wish; desire; aspiration	望み、願望、意志、願い	소원, 염원
因素	（名）	yīnsù	8	factor; element	要素，要因	요소
音像制品		yīnxiàng zhìpǐn	8	phonotape and videotape products	テープとかビデオとかＶＣＤとかＤＶＤとかという商品	음향, 영상 제품
寅吃卯粮		yínchī-mǎoliáng	4b	eat next year's food this year	寅の年に卯の年の米を食べる、収入が支出に追いつかず、前借りをして暮らしをつなぐたとえ	돈을 미리 앞당겨 쓰다
引发	（动）	yǐnfā	3	to give rise to; lead to; to cause	誘発する	(폭발, 감정, 병)일으키다, 야기시키다
引进	（动）	yǐnjìn	12	to introduce into	引き取る、導入する	추천하다, …을 끌어들이다, 도입하다
饮料	（名）	yǐnliào	8	drink; beverage	飲料	음료

隐含	（动） yǐnhán	16	to implicate	暗に示す	은연중 내포하다
应对	（动） yìngduì	10b	to respond; to answer	応対する	대답하다, 응답하다
盈利	（名） yínglì	13	profit; gain	利潤が上がる	이익, 이득
营业点	（名） yíngyèdiǎn	6	sales department	営業の所	영업 부분
营造	（动） yíngzào	6	to construct; to build	営造する	집을 짓다, 건축물을 짓다
赢得	（动） yíngdé	11	to win; to obtain	勝つ	이기다, 승리를 얻다
拥堵	（名） yōngdǔ	7	traffic congestion	渋滞	한데 모이다
拥有	（动） yōngyǒu	8	to possess; to own	持つ	(토지, 인구, 재산)소유하다, 가지다
涌入	yǒng rù	10	to inburst; to swarm into	沸き込む	돌입하다, 침입하다
踊跃	（形） yǒngyuè	6b	eager; enthusiastical	活発だ	열렬하다, 활기가 있다, 껑충껑충 뛰다
优惠	（形） yōuhuì	11	preferential	特恵(の)	특혜의
优势	（名） yōushì	14	predominance; advantage; preponderance	優勢	우세, 우위
优质	（形） yōuzhì	3	high quality; high grade	優れた品質	우수한 품질, 양질
悠久	（形） yōujiǔ	2	long-standing; long-drawn-out	悠久だ	유구하다, 장구하다
犹豫	（动） yóuyù	1	to hesitate	ためらう	주저하다, 망설이다, 머뭇거리다
有限	（形） yǒuxiàn	16	limited; finite	有限だ	유한하다
有效	（形） yǒuxiào	5	efficacious; effective	有効だ	유효하다, 효력이 있다
诱人	（动） yòurén	16	to attract	引き付ける	사람을 꾀다(호리다)
迂回	（形） yūhuí	11	tortuous; indirect; roundabout	迂回する	우회하는
余地	（名） yúdì	11	have room to maneuver	余地	여지
娱乐	（名） yúlè	4	entertainment; amusement	娯楽	오락
玉米	（名） yùmǐ	1b	corn	トウモロコシ	옥수수
预计	（动） yùjì	6	to calculate in advance	あらかじめ計算する、見込む	미리 어림하다, 예상하다, 전망하다

预期	（名）	yùqī	11	anticipation	予期	소기(所期), 예기
预算	（名）	yùsuàn	11	budget	予算	예산
欲望	（名）	yùwàng	16	desire; lust	欲望	욕망
遇到	（动）	yùdào	3	to barge up against; to fall across	会う、逢う、遭う、遇う	만나다, 마주치다
冤大头	（名）	yuāndàtóu	3	someone be taken in	金をぼられた人	봉, 얼간이, 어수룩한 사람
原产地	（名）	yuánchǎndì	10b	place of origin	元の産地	원산지
原创	（形）	yuánchuàng	9	original	オレンジナル	원형의, 원본의
原来	（形）	yuánlái	14	original; former	もとの	원래, 본래, 알고 보니
原油	（名）	yuányóu	9	crude oil	原油	원유
圆满	（形）	yuánmǎn	11	satisfactory; orbicular	円満だ	원만하다, 완벽하다
缘何	（副）	yuánhé	15	because	なぜ	왜, 어째서
月薪	（名）	yuèxīn	3	monthly pay	月給	월급, 월봉
运行	（动）	yùnxíng	16	to circulate	運行する	운행하다
运营	（动）	yùnyíng	8	to run	営業する	운행, 영업하다
运用	（动）	yùnyòng	11	to apply; to put to use	応用する	운용하다, 활용하다
运作	（动）	yùnzuò	16	to move and operate	動かして操作する	(조직, 기구 등이) 활동하다
蕴涵	（动）	yùnhán	6b	contain; accumulate	含む、含まれる	포함하다, 내포하다

Z

载货	（动）	zàihuò	7	to carry cargo	品物を載せる	화물을 적재하다
载客	（动）	zàikè	7	to carry passenger	客を乗せる	승객
再度	（副）	zàidù	13	once more; once again	もう一度	두 번째, 재차
暂时	（副）	zànshí	3	temporarily	しばし、暫時	잠깐, 잠시, 일시
遭	（动）	zāo	16	to meet with; to suffer	遭う	만나다
遭到		zāo dào	10	to encounter; to suffer	遭う	(불행 등을)만나다, 당하다
遭遇	（动）	zāoyù	10b	to encounter with; to befall	遭う	부닥치다, 맞닥뜨리다
造成	（动）	zàochéng	12	to create; to cause	引き起こす、もたらす	조성하다, 만들다
造纸		zào zhǐ	10b	papermaking	製紙	제지
择机		zé jī	13	to choose chance	チャンスを選ぶ	기회를 잡다
择业		zé yè	3	to choose occupation	仕事を選択する	직업을 선택하다
责任	（名）	zérèn	4b	duty; responsibility	責任	책임
增仓	（动）	zēngcāng	13	to add storehouse	倉庫を増加する	창고를 늘리다
增长点	（名）	zēngzhǎng-diǎn	5	point of growth	増大する点	성장점

增至		zēng zhì	5	to add to; to increase to	…に増加する	더하다, 증가하다
沾沾自喜		zhānzhānzìxǐ	1	be pleased with oneself	独りで得意になる	득의양양하며 스스로 즐거워하다
崭露头角		zhǎnlùtóujiǎo	11	to cut a figure; to make a figure	ぬきんでる	두각을 나타내다
占	(动)	zhàn	11	to occupy; to take	占める	점유하다
占据	(动)	zhànjù	6	to occupy	占拠する	(지역, 장소) 점거하다, 차지하다
战略	(名)	zhànlüè	8	strategy	戦略	전략
涨幅	(名)	zhǎngfú	1	markup	上げ幅	(물가의) 상승폭
掌控	(动)	zhǎngkòng	8	to predominate; to command	指揮する	뛰어나다, 주권을 쥐다, 우세하다
障碍	(名)	zhàng'ài	12	obstacle; barrier	障碍	장애
招标		zhāo biāo	15	to invite public bidding; to bid	入札を募集する	입찰 공고를 하다
招生		zhāo shēng	3	to enroll new students	新入生を募集する	(학교가)(에서) 신입생을 모집하다
哲学	(名)	zhéxué	8	philosophy	哲学	철학
针对	(动)	zhēnduì	5	to aim at; to contrapose	…に対して、…を目安して	겨누다, 견주다, 맞추다, 조준하다
真诚	(形)	zhēnchéng	3	true genuine; sincere	誠実だ	진실하다, 성실하다
振荡	(动)	zhèndàng	13	to surge	振動する	진동하다
争取	(动)	zhēngqǔ	12	to strive for; to shoot for	勝ち取る、獲得するために努力する	쟁취하다, …을 얻으려고 애쓰다
征收	(动)	zhēngshōu	10	to levy	徴収する	징수하다
蒸蒸日上		zhēngzhēng-rìshàng	16	to become more prosperous every day	日に日に向上し発展する	나날이 향상 발전하다
整理	(动)	zhěnglǐ	13	to arrange; to put in order	整理する	정리하다, 정돈하다
整数	(名)	zhěngshù	6b	integer	整数	(우수리가 없는) 일정 단위의 수
证券	(名)	zhèngquàn	14	bond; negotiable securities	証券	증권, 유가증권
政策	(名)	zhèngcè	5	policy	政策	정책
支撑	(动)	zhīchēng	7	to prop up; to sustain	支える, 我慢する	버티다, 지탱하다
支持	(动)	zhīchí	13	to prop up; to support	支持する	지지하다, 후원하다
支出	(名)	zhīchū	1b	payout; expenditure	支出	지출
支付	(动)	zhīfù	14	to pay	支払う	지급하다, 지불하다
执行	(动)	zhíxíng	16	to execute; to carry out; to undertake	執行する、実行する、実施する	집행하다, 실행하다

值钱	（形）	zhíqián	3	costly; valuable	値段が高い、値打ちがある	값어치가 있다, 값나가다
职位	（名）	zhíwèi	3	position; post	職務上の地位	직위
职责	（名）	zhízé	8	duty; obligation; responsibility	職責	직책
指标	（名）	zhǐbiāo	15	target; index; norm	指標	지표, 목표
指数	（名）	zhǐshù	15b	index number	指数	지수
指左趋右		zhǐzuǒ-qūyòu	11	run in the opposite direction	左を指して右に行く	가리키는 방향과 반대 방향으로 달려가다
至关重要		zhìguān zhòngyào	8	very important	非常に重要だ	매우 중요한
至于	（介）	zhìyú	4b	as for; as to	（ある程度に）なる	…정도에 이르다, …할 지경이다
制裁	（动）	zhìcái	11	to crack down on	制裁を加える	제재하다
制定	（动）	zhìdìng	13	to constitute; to establish	制定する	제정하다, 세우다
制度	（名）	zhìdù	13	system; institution	制度	제도, 규정
制约	（动）	zhìyuē	9	to restrict	制約する	제약하다
治理	（动）	zhìlǐ	12	to administer; to govern; to manage	統治する、管理する、整備する	다스리다, 통치하다
质优价廉		zhìyōujiàlián	11	excellent quality and low price	質がよくて値段が低い	품질도 좋고 값도 싸다
致使	（动）	zhìshǐ	3	to cause; to result in	…の結果になる	…한 결과가 되다, …한 탓으로 하다
滞后	（动）	zhìhòu	1	to lag	遅れる	히스테레시스(독), 정체하다, 낙후하다, 뒤에 처지다
中产阶层		zhōngchǎn jiēcéng	4	middle class	中産階級	중산 계층
中坚	（名）	zhōngjiān	3	hard core; backbone; nucleus	中堅	중견
中介	（名）	zhōngjiè	15b	agency; medium	仲介する	중개, 매개
种类	（名）	zhǒnglèi	9	kind; sort; type	種類	종류
种植	（动）	zhòngzhí	1b	to grow	植える	심다, 재배하다
众说不一		zhòngshuō-bùyī	4b	opinions vary	みんなの意見がまちまちだ	여러 사람의 의견이 일치하지 않다
重点	（名）	zhòngdiǎn	12	stress; main point	ポイント、重点	중점
重头戏	（名）	zhòngtóuxì	8	an opera with much singing and acting	歌やせりふが多くて演じるのに骨が折れる	(극, 영화)절정

周期	（名）	zhōuqī	1b	period; cycle	周期	주기
诸多	（形）	zhūduō	9	a lot of; a good deal; great	いろいろ、たくさん	수많은, 허다한
逐年	（副）	zhúnián	16	year after year; year by year	年1年と	해마다, 매년
主动权	（名）	zhǔdòngquán	11	initiative power	積極的な権利	주동권
主体	（名）	zhǔtǐ	15b	main body; main part	主体	주체
瞩目	（动）	zhǔmù	10b	to focus attention upon; to fix eyes on	注目される	눈여겨보다, 주목하다
住宿	（动）	zhùsù	2	to stay; to get accommodation	泊まる	묵다, 유숙하다, 숙박하다
注册		zhù cè	10b	to enroll; to register	登録する	등기하다, 등록하다
注重	（动）	zhùzhòng	12	to lay stress on; to pay attention to	重視する	중시하다
专家型	（形）	zhuānjiāxíng	12	model of specialist	専門家型	전문가형
专属	（动）	zhuānshǔ	4	to be exclusive	専属する	독점적인, 한정된, 딴 곳에서 구할 수 없는
转让	（动）	zhuǎnràng	10b	to transfer the possession of; to make over	譲る、譲り渡す	양도하다
装置	（名）	zhuāngzhì	10b	installation; setting	装置	장치, 설비
状况	（名）	zhuàngkuàng	3	condition; status	状況	상황, 형편, 상태
状态	（名）	zhuàngtài	13	state; condition	状態	상태
追捧	（动）	zhuīpěng	8	to follow; to pursue	求める	취하다, 따르다
准确	（形）	zhǔnquè	15b	exact; accurate; precise	正確だ	확실하다, 틀림없다
资本	（名）	zīběn	9	capital	資本	자본
资格	（名）	zīgé	5	qualification; seniority	資格	자격
资历	（名）	zīlì	3	longevity	資格と経歴	자격과 경력, 이력
资源	（名）	zīyuán	1	resources	資源	자원
资质	（名）	zīzhì	11	natural endowments; intelligence	資質、素質	자질, 소질
自费	（形）	zìfèi	5	at one's own expenses	自費だ	자비
自驾游	（名）	zìjiàyóu	5	to travel by drive by oneself	自分で運転して旅行する	스스로 운전해서 하는 여행
自律	（动）	zìlǜ	10	to discipline oneself	自制する	스스로 억제하다
自有品牌		zìyǒu pǐnpái	6	one's own trademark	自分のブランド	자신의 상표
自主权	（名）	zìzhǔquán	10b	decision-making power	自主権利	자주권
总和	（名）	zǒnghé	13	sum; total; sum total	総和	총합하다, 종합하다
总量	（名）	zǒngliàng	12	gross; quantum	総量	총중량

总水平	（名）	zǒngshuǐpíng	9	gross level	全体の水準	합쳐진 수준
纵观	（动）	zòngguān	7b	to look far and wide; to scan; to survey	見渡す	마음대로 보다, 열람하다
走高		zǒu gāo	13	to ascend; to go up; to rise	上がる	(가격이) 오르다
走俏	（形）	zǒuqiào	13	to have a good sale; to sell well; to become popular	売れる	잘 팔리다, (상품이) 인기가 좋다
走亲访友		zǒuqīn-fǎngyǒu	16	visit one's relatives and friends	親戚回りをして友達を訪ねる	친척들과 친구들을 방문하다
租	（动）	zū	3	to rent	賃借りをする	임차하다, 세내다, 빌(리)다, 임대하다
租金	（名）	zūjīn	15	rent; rental	貸出料、貸し賃、借り賃	임대료
足迹	（名）	zújì	5	footprint; track	足跡	족적, 발자취
足以	（动）	zúyǐ	9	to be enough; to be sufficient	十分に足りる	충분히 …할 수 있다
组合	（动）	zǔhé	2	to make up; to compose	組み合わせる	조합하다, 짜 맞추다, 한데 묶다